Elham Gordi & Kourosh Beigpour

# An Anthology of Modern Persian Poetry

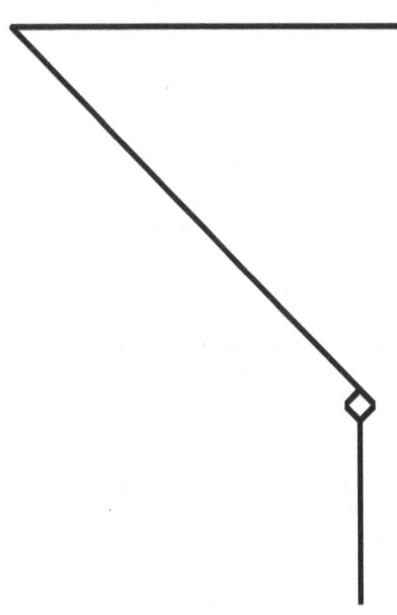

**An Anthology of Modern Persian Poetry** | Elham Gordi & Kourosh Beigpour

© Elham Gordi & Kourosh Beigpour 2017

Elham Gordi & Kourosh Beigpour are hereby identified as author of this work in accordance with Section 77 of the Copyright, Design and Patents Act 1988

Cover & Layout: Kourosh Beigpour | www.kbstudio.net
ISBN: 978-1-949743-34-0

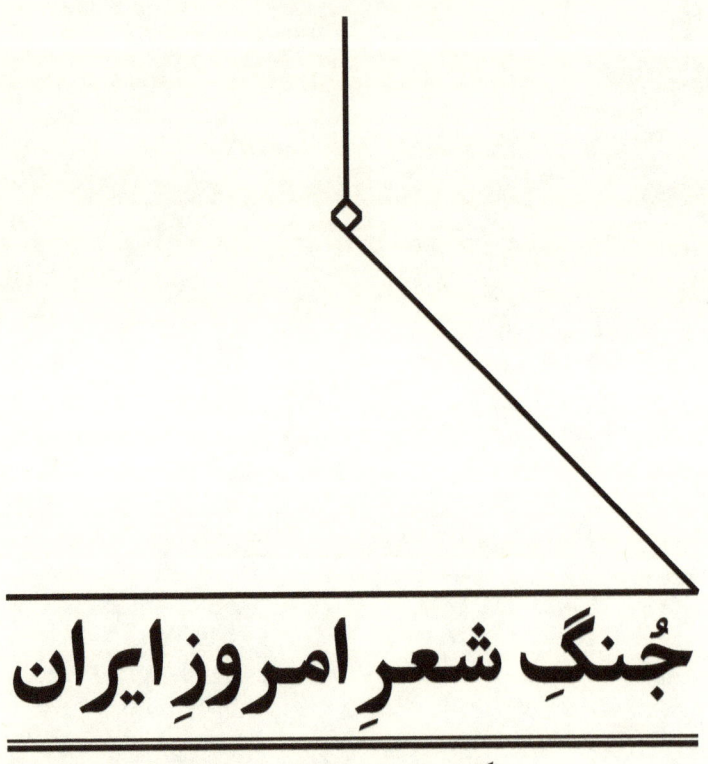

# جُنگِ شعرِ امروزِ ایران

گزیده‌ای از شاعران ده‌های ۴۰، ۵۰، ۶۰ و ۷۰

به کوشش الهام گردی و کورش بیگ‌پور

# جُنگِ شعرِ امروزِ ایران

UCI  Jordan Center for
      Persian Studies

**جنگِ شعرِ امروزِ ایران** ● به کوشش الهام گردی و کورش بیگ‌پور

□ روی جلد: کورش بیگ‌پور □ صفحه‌بندی: KB ـ STUDIO □ شابک: ۹۷۸۱۹۴۹۷۴۳۳۴۰ □

کتابی که پیش رو دارید، حاوی ۲۷۲ شعر از شاعران معاصر پارسی‌زبان است که به همت دو شاعر جوان، خانم الهام گردی و کورش بیگ‌پور در مرکز مطالعات ایران‌شناسی ساموئیل جردن به چاپ رسیده است.
امیدوارم این مجموعه نماینده‌ی این حقیقت باشد که شعر پارسی پس از درگذشت شاعرانی همانند نادر نادرپور و احمد شاملو، هم‌چنان زنده و پویاست و باید به نسل جوان، بسیار امیدوار بود.

تورج دریایی
سرپرست مرکز مطالعات ایران‌شناسی ساموئیل جردن
دانشگاه کالیفرنیا، اروین

از آقای هوشنگ دادگستر برای پشتیبانی از چاپ این کتاب سپاسگزاریم.

زیرا که در کثرت حکمت، کثرت غم است و هر که عِلم بیافزاید، حزن را می‌افزاید
کتاب جامعه، ۱/۱۸

از آن‌ها که در جامعه‌ی انفرادی خویش، صدای مستقل خویشتن بودند و در پِی کلماتِ روان، صدو سی و هفت تنهایی در اوراق این مجموعه گرد هم آمدند تا ادبیات معاصر ایران را به شیوه‌ای شخصی روایت کنند.
دست مریزاد بر آن که در جهان حذف، مقابل سانسور و خود-سانسوری می‌ایستد.
و اما..
رسم‌الخط کتاب، از شیوه‌ی قراردادی و عامیانه تبعیت نمی‌کند، هم‌چون حروفیه، نقطویه و در نمونه‌ی معاصر - اش، شاعران شعر دیگر و بسیاری از نویسندگان دهه‌ی چهل، راه خویش را می‌رود و اعتقاد دارد این شیوه در راحت‌خوانی و انتقال مفاهیم - در بستر معنایی‌شان - یاری بخش است.

## پیش‌گفتار

شعر امروز ایران ـ اگر پنداشت بر این باشد که این هنر، شیوه‌ی بیان و فرایند تراوش اندیشه‌ای است به زبانی آراسته یا "شاعرانه" ـ نماد راستین و نوای بی‌غل و غش برخاسته از توده‌ی فارسی زبان همچنان ادب‌دوست است. زبانی که با همه فروبستگی‌ها، فشارها و کاستی‌های برآمده از دل جامعه‌ی پُرتَنشِ گاه دشمن‌تراش راهی بس ناگوار و پُرسنگلاخ را پیموده تا به به کام برآید و سپس به روی کاغذ نشیند تا چون منی و یا چون تویی به دست و خوانش‌اش بگیرد. فضایی که در آن شعرِ امروزِ ایران زاده و پرورده می‌شود، رنجوری‌ها، آرزوها و نیازهایی که این هنر باید پاسخگو، برآورنده و یا دست کم نماینده‌ی آن باشد با حال و هوای برهه‌ها و دوره‌های ایران پیش از انقلاب اسلامی و یا حتی دوران آغازینِ پس از انقلاب پیوستگی چندانی ندارد. ابزار، نمادها، و بیش از همه گویندگان این اشعار، گستره‌ای به نسبت فراگیرتر و همگانی تر از جامعه‌ی آن روزگاران ایران را در خویش می‌گنجاند.

شعر امروزِ ایران از سُرایش دهه‌های آغازین زایشَش پس از انقلاب مشروطه،

دوران پادشاهی خاندان پهلوی، انقلاب اسلامی، پای‌گیری جمهوری اسلامی، جنگ هشت ساله با عراق و پیامدهای آن، تا خیزش‌های مردمیِ سازمان یافته و سازمان‌نیافته‌ی دهه‌ی هشتاد و نود خورشیدی راهی بسیار دراز پیموده و از فرازنای نوشته‌ی گروهِ فرهیخته و ادیب اندک‌شمار به دامنه‌ی جمعی بی‌گمان بزرگ‌تر، مردمی‌تر، همگانی‌تر و قابل لمس تر پیوسته است. شعر امروزِ ایران کمابیش دوره‌های آزمون و خطا را از سر گذرانده، با تحسین‌های گاه اغراق‌آمیز ستایندگان بی‌چون‌وچرایَش از سویی ـ و سرزنش‌ها و توبیخ‌های بی‌انصافانه‌ی منتقدانِ مته به خشخاش گذار و مأموران معذور و مقتدر ریش و قیچی به‌دستش از سویی دیگر ـ آشنا شده و تاوان خود را پس داده است. این بوته‌های آزمایش و تقدیر و اُفت و خیز شعر فارسی امروز را پس از چهار دهه به ژرفی دگرگون کرده است. این شعر دست کم در دست کسانی که خود را مسئول و نگران آینده‌ی ادبی و فرهنگی آن می‌شمارند زبانی یافته گریبانگیر و گلایه‌خوی، خاموشی‌ناپذیر و ستیزه‌جوی که به سادگی آشتی نمی‌پذیرد و دیگر خامِ شیرینی قند پارسی نمی‌شود و تنها به زیبایی بیان و شاعرانگی کلام نمی‌اندیشد. این دگرگونی پای را حتی از یک تغییر بنیادین فراتر گذاشته و به شکل یک دگردیسی درآمده است که در بستر آن سنجش ارزش ادبی و هنری نوشته‌های شاعرانِ امروز را چنان دشوار نموده که نخستین پیش فرض برای لب گشودن به تفسیر، تعبیر و یا تأویل آن، کنار گذاردنِ زیبایی‌شناسی سنتی و آیین‌گونه‌ای است که سرمشق‌های آن را شاعران چهره‌ی دهه‌های چهل و پنجاه خورشیدی تعیین می‌نموده‌اند. روشن‌تر بگویم: تکیه کردن به زبان و بیان شاملو، فروغ، اخوان ثالث، سهراب، ابتهاج، مشیری، آتشی و آن‌گاه سخن گفتن از شاعران این جُنگ ـ برای نمونه ـ کار را بسیار دشوار خواهد کرد و چه بسا به بیراهه خواهد کشاند. روشن‌ترین گواه این دیدگاه نگاهی است که من و شما اکنون به جامعه‌ی کنونی ایران داریم همراه با تجاربی برخاسته از سه دهه‌ی پس از جنگ و تحریم‌ها و نابرابری‌های هموار شده بر این سرزمین.

از این روی پایه‌ی سنجش و گزینش سروده‌های گردآوری شده در این کتاب را جای دیگری شاید جست. نخست آنکه شعرهای این گزیده را هر کدام از شاعران آن خود برگزیده و به گردآورندگان سپرده‌اند، بدین سان گزینش این اشعار تنها

به خواست ناشران آن نبوده. دوم آنکه انگیزه‌ی گزینش این سروده‌ها در بیشتر موارد نبود فضای مناسب برای چاپ و نشر آن‌ها درون ایران بوده‌است و یا آنکه تا کنون ـ بنا به هر دلیل خواسته و یا ناخواسته ـ در جای دیگری توان بالش و نمایش نداشته‌اند. بی‌گمان زیبایی‌شناسی و شفافیت گفتار، نیروی زایا و نمایاننده‌ی گوشه‌هایی از فضای ادبی، هنری، اجتماعی و سیاسی حاکم بر ایران کنونی و به فرجام نمایش سویه‌های گوناگون زبان شعری روایی و ادبی پیاپی دگرگون‌شونده و دیگرسان امروز ـ در تقابل با آنچه که شعر سپید معاصر ایران در دهه‌های گذشته نماینده‌ی آن بوده ـ از معیارهای بنیادین گزینش این مجموعه بوده‌است.

نگاه داشتن کمیت و کیفت سروده‌های گنجانده شده در این جُنگ به گونه‌ای که به هیچ کدام از این دو ستون کیفی و کمی آسیبی نرسد از چالش‌های پردردسرساز گردآورندگان بوده‌است و باید گفت که آن‌ها در انجام این کار آگاهانه به گزینش پرداخته‌اند و از زیر بارَش شانه خالی نکرده‌اند. تلاش این دو بر آن بوده که سرایندگان از زن و مرد، از هرگوشه از ایران، نشانی از شعر و قلم خود را در این جنگ به یادگار بگذارند و در این میان برتری به آنانی داده شده که شاعری پیشه‌شان بوده و نه آنان که تنها با انگیزه‌ی تفنن و از سر سرگرمی به سرودن پرداخته‌اند. گرچه باید پذیرفت که آنگاه که کسی دست به‌کار فراهم کردن گزیده‌ای از این جنس برمی‌آید سلقیه و کشش شخصی همیشه بخشی از معیار این برگزیدن هان و سَرَند کردن‌ها را رقم خواهد زد و از آن هیچ گزیر و گریزی نیست و نباید بر آن خرده گرفت.

گروهی از شاعران این مجموعه نام‌هایی در ایران آشنا هستند و برخی از آثار دیگر خود را در ایران و فرای مرزهای کشور به زیر چاپ برده‌اند. با این همه پایه ی گزینش، کمابیش گنجاندن "شعر سانسور" یا "شعر حذفی" بوده ـ با همه تعاریف و گرایش‌هایی که ما فارسی دانان، زیر این دو اصطلاح "نباید گفتن‌ها" و "نباید شنیدن‌ها" را تجربه می‌کنیم و تداعی خاطرمان را با آن پیوند می‌زنیم. همزمان تلاش شده تا سرایندگان جوانی که نامشان کمتر بر سر زبان‌ها ست و برای رسته‌ی ادب‌دوست ـ به‌ویژه بیرون از خاک ایران ـ ناآشنا مانده‌اند و یا آنان که تا کنون به هر روی نتوانسته‌اند کاری به چاپ برسانند در این گزیده نمایانده شوند.

از آن‌جا که در این گزیده سخن بر سر پارسی‌گویی و سرایش به این زبان و بازتاباندن کارهای ادبی متأثر از ایرانِ امروز بوده، گردآورندگان نمونه‌ی چندین شعر از شاعران افغانی‌تباری که زیست و بود خود را در ایران داشته و دارند نیز به این مجموعه افزوده‌اند. و من بر این باورم که این کمترین کاری است در نمایاندن بخشی از میراث ادبی ایران بزرگ ـ که با افسوس می‌توان گفت از دید بسیاری از خوانندگان ادبیات معاصر ایران پنهان مانده و یا نهان نگاه داشته شده. اکنون بگذریم از این حقیقت که گستره‌ی جغرافیای فرهنگی-ادبی پارسی‌گویی از مرزهای جغرافیای سیاسی آن فراتر می‌رود؛ گرچه که این دو جغرافیای سیاسی اکنون کمتر مهری به یکدیگر نمی‌ورزند اما دست کم می‌توانند از دورنمای فرهنگی مکمل یکدیگر باشند تا بدین شکل دست کم جلوه‌ای فراگیرتر از تاریخیت ادبیات فارسی به دست دهند، آرمانشهری که در آن زبان آشنای شاعر پارسی‌گوی زبون سیاست فرومایگان نمی‌شود.
پایه‌ی گزینش از سویی دیگر بر شالوده‌ی نگرش فراشَهری و فرااُستانی بوده تا بدین ترتیب از هر دری در این گزیده سخنی به میان آید. ناگفته نماند که برخی از شاعران بر پایه‌ی انگیزه‌هایی که بر خود ایشان پوشیده نبوده به این فراخوان پاسخی ندادند و از چاپ نمونه‌ی کارهای خویش در این گزیده سرباز زدند و از این روی جای قلم آن‌ها در این جُنگ تهی مانده‌است و بدین ترتیب بر گردآورندگان جُنگ این نبود را نمی‌توان خرده گرفت. از سوی دیگر شمار شعرها در یک مجموعه از یک مرز آشنا نمی‌توانست فراتر برود و نمی‌شد صدها شعر را در یک گزیده گنجاند. به‌ویژه آنکه امید می‌رود که این تلاشِ نخستین باشد و نه واپسین چنانکه با گرمی پیشباز خوانندگان از این گزیده، این آغازی باشد برای مجموعه شعرهای آینده با روشی بر پایه‌ی معیارهای یادشده در بالا و همزمان با تنگدستی‌های کمتر و مهر افزونتر از سوی هنردوستان.
نکته‌ی پایانی روش و آیین نگارش برگزیده در این مجموعه است که از سنت پیشینِ گاه ناهمگن پیروی نمی‌کند. گردآوردندگان کوشیده‌اند تا پایه‌ی رویکرد به این نگارش نوین را آسانی در خواندن بگذارند و کمتر دلواپس سویه‌ی زیبایی‌شناختی آن باشند. این گروش تنها در یک مورد ویژه و آن‌هم پسوند شناسه‌های ملکی با میانوند "الف" نمایان‌تر است که در آن برای نمونه آمیخته‌ای مانند "خودَم"

و "پوستَم" به شکل "خود-ام" و "پوست-ام" نگاشته شده. این روش تنها و تنها برای سهولت خوانش برگزیده شده و امیدوار است که بتواند به این انگیزه یاری دهد. همچنین نام "آنتولوژی" به پیشنهاد من جای خود را به "جُنگ" داد چراکه آن‌جا که یک واژه‌ی فارسی در دست است نیازی به برابر لاتین آن نخواهد بود.

## یادداشت

پیش از آنکه این جُنگ به نخستین چاپ خویش برسد دو تن از سرایندگان آن اسرار حامد مقتدر (شاعر افغانی تبار) و ابراهیم عالی پور جان خویش را گرفتند. با افسوس از اندوه از دست دادن این دو سخنور امیدواریم که سرنوشت جامعه‌ی ادب دوست و ادب‌پرور در آینده به گونه‌ای گردد که پروردگان آن دورنمایی خوش‌بینانه تر را پیش روی داشته باشند.

فرشید دلشاد، کالیفرنیا، فروردین ۱۳۹۷

## ◈ فرزاد آبادی

### مهمانِ بابا

درِ سفارشِ این خانه که جوجه را بی‌استخوان می‌خواهند
خبرِ تو را با استخوان‌هایت آوردند

حالا این نوشابه‌ی رژیمی‌ست روی میز
که بوی مادر در پیشنهادِ سرآشپزِ آن نبوده است
دارد باور می‌کند کم کم زن
به جای انسان قابِ عکسی به دنیا آورده
که دست توی دست می‌چرخد
در زمانِ زایمان باید نقشِ تابوتی را دیده باشد
که دست روی دست می‌چرخد
دیده نباشد قلب‌اش جا کلیدی خواهد شد
درهای بزرگی باز می‌شود از طریقِ اشک‌هایش

یک لقمه
که از شمال می‌رسید به

[۲]

از جنوب
از اطراف به دندان کشیدند
عکاس چه می‌دانست
به دردِ گرگ‌ها هم می‌خورند تصاویرِ آدمی‌زاد
یک تکه از پیراهنِ چهل تکه را که گلوله ببرد
باقی برای دوختنِ چشم‌ها می‌ماند

نخ می‌دهم به میزِ بغلی
آن‌ها اما سفارش کباب داده‌اند
با دنده‌های قنداق خورده
کوبیده
سر به دیوار
دست به دست
می‌چرخد سرنوشتِ این بشقاب

## خرمشهر

شانه به شانه‌ی هم
در کتاب‌خانه لبریز ـ اند
جایی برای شلیک نمانده است
یک جلد «جنایت و مکافات» را اگر بردارم
جایی برای یک تبر باز می‌شود
فروغ را اگر بردارم      خانه سیاه‌تر
نمی‌توانی «هوای تازه»‌ی شاملو را از من بگیری
چیزهایی‌ست که نمی‌بخشم؛
«ترانه‌ی شرقی لورکا»
حتی قرض نمی‌دهم
«آخرین شعرها»‌ی ناظم حکمت را

شانه به شانه‌ی هم ایستاده‌اند
«آدم‌ها روی پل»
«بانوی ماسه و ماه»
ابونواس اهوازی
جایی برای شلیک نمانده است
خرمشهر آرام است      با طرحِ جلدی که خواب دیده‌ام

بلند می‌شوم
کابوسِ من

[۴]

حرف‌های آدمی‌ست که خواب او را نشانده بر تخت
سرابِ از راه رسیده     ترکش‌هایی در جیب خود دارد
می‌افتم
پاییز   استعاره از برگ‌های زبان بسته نیست
این من‌ام     که می‌ریزم
این آن‌هایند   که همیشه چند دلیل دارند
برای تیری که بر سینه‌ام نشانده‌اند

کشاورز نبودند ـ نیستند
اما مین‌های در مسیرِ مدرسه را     برای بعدها می‌کارند
بلند می‌شوم
کابوسِ من     تاجی از ملافه دارد
می‌خواهد از سیاهی دنیا بکاهد
ستارگانی که از ارتفاع می‌ترسند
بر شانه‌ی ما نشسته‌اند
صدای گنجشک‌ها اما چه اهمیتی دارد
همه همین را اول می‌گویند
بعد نوبت می‌رسد به قطاری که مسافران‌اش نمی‌خندند
شانه به شانه‌ی هم بودند لیوان‌ها که شکستند
به سلامتی مرگ نبود
نخلی که روی قبرها سایه انداخته بود
به امانِ آب است
رودخانه‌ای که آزاد است
پیچ خورده‌ام که تاب بخورد
جسد ـ ام را او
قصه‌ام را تو از شهر می‌بری بیرون
مانده است چمدان‌های پیچیده در خاطره     اما
هر ایستگاه بغضی پاره می‌شود     گم شده در سوت‌ها

از شادی نیست
که سوت زنان می‌آیند خمپاره‌ها

گوشه‌ی رودخانه را گرفته‌اند در بغل
خرمشهر        دختری که سر ـ اش را گذاشته در دستمال
خرمشهر        مردی که پای‌اش را گرو
صدای گنجشک‌ها بالشی از پَر بود
بعد قطار را که می‌گویند    چه غمگین کرد؟
بودن‌ات در تک تک کوپه‌ها
نبودن‌ات در تک تک کوپه‌ها

کافه‌ی آبی
در شبی پاریسی
می‌شد صدای موزیک را هم شنید
این عکس دقیقن بالای یخدان چسبیده بود
و چه‌قدر چسبیده بود
نوشابه‌ی سیاه در دکه‌ی بین راه
ماهشهر ـ خرمشهر
خاطرات سرعت بیش‌تری می‌گیرند بر صندلی چرخدار

مهاجر می‌گفت
نمی‌آمد
نمی‌رسید
نه لبخندی بر لب
نه لقمه‌ای به دهان
نشسته بود
نه پاهایش از گلیم
نه دستان‌اش از آستین
هرچه دراز می‌کرد        بیرون نمی‌رفت

مرد    تکه‌های عکس را از زیرِ خاک
زن    تکه‌های مرد را از زیرِ یخ        بیرون می‌کشید
کشتی به ساحل رسیده بود
و ارواحِ ملوانان در خانه‌ی خود

[۶]

صاحبِ عکس‌های روی دیوار را نمی‌شناختند
یاد ـ ام هست که سفره را وقت نکردیم جمع کنیم
بعدها گفتیم
مورچه‌ها دست به کار می‌شوند
از سوراخِ پلاک‌ها رد شدند
زحمتِ اجساد را کشیدند
به دوربین‌ها لبخند
عکس‌ها را قاب
از دیوارهای راستِ به جا مانده بالا رفتند
از کتاب‌خانه‌های به جا مانده
که جا کفشی‌های جاداری شده‌اند بالاتر

شانه به شانه‌ی هم
صدای رفت
صدای برگشت
خون است فقط که راه می‌رود
شقیقه‌ام را قایم کرده‌ام زیر موها
موهایم را زیرِ کلاه
سفید ـ بخت شدند همسایه‌هایی که یک‌جا مردند

بلند می‌شوم
خندیدن به جای کسانی که دندان ندارند
راه رفتن به جای کسانی
که کسانی ندارند

نشستند که باد بیاید بر مزار
موها اما این‌قدر کوتاست
که جهان آشفته نمی‌شود

دلی که دارم از او می‌گویم ماهیچه‌ی سرخ وُ کوچکی‌ست
سگی اگر گاز بزند

[۷]

ملافه‌ی سپید در باد
که بی‌آهنگ می‌رقصد
به جنگلی سوخته می‌رود
تو گفتی این شانه‌های کوچک
فقط برای به دوش کشیدن یک کیف نیست

من ماهیانِ مرده‌ی بسیاری
از گلوی این بندر بیرون کشیده‌ام
اما این‌ها چسب‌های زخم‌اند
بر فواره‌های خونی بغض

خندیدن به جای کسانی
که دندان ندارند
شانه به شانه‌ی هم          شانه ندارند...

## ◈ بکتاش آبتین

### در میمون خود ـ ام ، پدر ـ بزرگ‌ام

انسان‌ام
در غار خود ـ ام هستم
و برگ‌های درختان را
من زا ـ به ـ راه کرده‌ام!
وحشی‌ترین‌ام
می‌غرم، لخت‌ام، می‌خارم در خود ـ ام
ترسو ـ ترین‌ام
وقتی شیری می‌غرد
در غار خود ـ ام هستم
و ابزار
در دست من نقاشی می‌کشد ترس
بر دیواره‌ی غارها نقاشی می‌کشد!
انسان‌ام
و علاقه در من
حیوانی‌ست که فکر نمی‌کند

[۱۰]

فکر می‌کنم آیا انسان‌ام؟
نمی‌دانم
گاهی در میمون خود ـ ام، پدر ـ بزرگ‌ام
و ادای عشق‌بازی را
در پوستینی کهنه در می‌آورم!
در من موهای بلندی پیر شده
و انگار تاریخ را
در سینه‌ی من با خط میخی چکش زده‌اند!
انسان‌ام و پیش از خود ـ ام را نمی‌دانم
آیا در زیر شهری گمشده خاک‌ام؟
آیا آن جمجمه با چشم‌های خالی من‌ام؟
آیا دو اسکلت که دست بر دست هم
بر پهلوی چپ و راست خوابیده‌اند
من‌ام و زن‌ام؟!

تنگ است و تاریک و باریک
دنیایی را که من گشاد می‌پنداشتم!

## فرشته خانم

جوراب‌های دختر ـ ام را بخیه می‌زنم
زن‌ام!
گاهی عروسک‌ام
گاهی چند روز
پیراهن چرک‌ام     که چسبیده‌ام به تن‌ام!
عصبانی‌ام   شبیه رگ‌های گردن مادر ـ ام
و می‌لرزم    شبیه هق ـ هق شانه‌های دختر ـ ام!
می‌رقصم
در آینه می‌رقصم با خود ـ ام
با اولین عشق‌ام که نیست
و خاطره‌ها گریه می‌کنند در دامن‌ام!

هزار دستان‌ام
با یک دست کیف دختر ـ ام هستم   غذای سوخته‌ام
با یک دست جارو ـ برقی‌ام
و اگر برق نباشد
تاریک است که پاهای بسیاری در من روشن می‌شود!
جارو گرم! هزار ـ پایم! خدا می‌داند چه جانوری هستم!
اما نگو که کثیف‌ام که نیستم
که اگر پیراهن خونی به تن دارم
کسی را جز خود ـ ام نکشته‌ام

و نگو که کثیف‌ام   که نیستم   اما لخت می‌گویم
همیشه در من آشغال‌هایی

با اتومبیل‌های تمیز   دور   زده‌اند!

بوق‌ام   اتومبیل‌ام   سرهای برگشته بر من
من‌ام!
صندلی‌ام!     برای هر پیشنهادی پایه‌ام!
خیال‌ات تخت   از راه که برسم   تخت‌ام!
درد نمی‌فهمم   بقول تو بد ـ بخت‌ام!
بر صورت‌ام سیلی،  تنها صداست که می‌ماند
جای زخم بر پیراهن‌ام!
و دکمه‌هایم همه پاره‌ست
صبور ـ ام   شبیه دختر اعراب
زنده بگور ـ ام!
و قافیه‌ها          همگی مثل من هرزه‌اند!
صدای آه خود ـ اش را در من کش می‌دهد
و چه می‌دانم که تو از من چه می‌دانی
که کفش‌های پاشنه بلند ـ ام
بر پله‌ها چرا جیغ می‌کشد؟    چرا؟...

گاهی   لحظات امام‌زاده‌ای در من است!
وقتی گریه می‌کنم   چادر نماز ـ ام!   مادر ـ ام هستم
به تو تهمت می‌زنم   پدر ـ ام هستم!
و چند مشت توی دهان‌ام...
کلید می‌شود   دندان‌های مادر ـ ام   بر قفل دنیا
که بر لولای تن‌ام جز دربه‌دری  نمی‌چرخید   خاک بر سر ـ ام!
سنگ قبر ـ ام!
همیشه در شیون زندگی دارم
و هر روز
انگشت‌های مردی فاتح

فاتحه می‌خواند   بر تن‌ام!
هر که اشاره می‌کند   من‌ام!
هزار اسم دارم   هر نامی که می‌شنوم   برمی‌گردم!
مهتاب‌ام   ستاره‌ام   سحر ـ ام
تا صبح نمی‌خوابم   شب‌ام!
و هزار اسم دیگر باز   من‌ام!
فقط گاهی در شناسنامه و در رویای مادر ـ ام
فرشته‌ام!
نیستم؟!

◈ **علیرضا آبیز**

## یک

آن که خود را به زیر قطار می‌اندازد
به لباسی که بر تن دارد می‌اندیشد؟
آیا بهترین جامه‌اش را می‌پوشد
یا هر چه دَمِ دست‌اش رسید؟

شاید بارها لباس‌اش را عوض می‌کند
با خود می‌گوید: این کت و شلوار را تازه خریده‌ام
این پیراهن خوش‌رنگ‌تر است
این ژاکت به من نمی‌آید
این کفش‌ها رنگ و رو رفته است

شاید لباس کهنه‌ای بر تن کند
کیف پول‌اش را در بیاورد بگذارد توی کشو
یادداشتی بنویسد و همه چیز ـ اش ـ را ببخشد به برادر ـ اش
شاید در آینه لبخندی بزند

سیگاری دود کند
برای آخرین بار به ابر نارنجی در گوشه‌ی چپ آسمان بنگرد
دهان‌اش را رو به قطرات ریز باران باز کند
و با اشتیاق زنی که شوی‌اش از جنگ می‌آید
به سوی قطار خیز بردارد

## دو

در نامه‌ای از لئونارد وولف به تی.اس.الیوت به تاریخ ۱۹۳۰ ,۵ ,۵ می‌خوانم:
تو تنها شاعر زنده‌ای هستی که من می‌توانم شعر ـ اش را دو بار بخوانم.
می‌گویم: خوشا به حال‌ات که شاعر زنده‌ای را می‌شناختی. شاعری که می‌توانستی شعر ـ اش را دو بار بخوانی
در سطر بعد می‌خوانم:
فقط شعر توست که پس از دو بار خواندن نمی‌توانم بس کنم و باز هم می‌خوانم و می‌خوانم تا وقتی که امری بیرونی دخالت کند و مرا از خواندن باز دارد.
می‌گویم: خوشا به حال‌ات که می‌توانستی شعری را بخوانی و بخوانی تا وقتی‌که امری بیرونی دخالت کند و تو را از خواندن باز دارد مثلن تلفن‌ات زنگ بزند؛ زن‌ات برای شام صدایت کند؛ مهمان برسد.
در ۱۹۳۰ تلفن داشتید؟
زن‌ات نمرده بود؟
چند سطر بعد می‌خوانم:
دی‌شب همین امر معمول در باره‌ی چهارشنبه‌ی خاکستر رخ داد. این شعر به طرز شگفتی زیباست.
می‌اندیشم کدام شعر الیوت زیبا نیست!
کدام را نمی‌توان بارها و بارها خواند و هرگز از خواندن نایستاد؟
شعری که هزاران لایه دارد و مثل قنات‌های زیرزمینی کانال‌ها و شبکه‌های پنهان به هر سو می‌دواند
"دعا کن برای ما گناه‌کاران در این دم و در دم مرگ

دعا کن برای ما در این دم  و در دم مرگ"[۱]
می نویسد:
همان‌طور که احیانن می‌دانی من از نظریه بیزار ـ ام!
چه خوب! من هم همین‌طور! و از نظریه پرداز و نظریه باز هم بیزار ـ ام!
" اما شعر می‌ماند و نشان می‌دهد که باور یا بی‌باوری تا چه حد مهم است"
در سطر آخر نامه پاسخ مرا می‌دهد:
ویرجینیا سلام می‌رساند و با من در سپاس‌گزاری شریک است!
پس زن‌اش نمرده است! و او هم از شعر الیوت خوش‌اش می‌آید!
ارادتمند ـ لئونارد وولف
خواهش می‌کنم رفیق! شاد باشی در جهان مردگان!

---

۱ ـ دو سطر از شعر "چهارشنبه‌ی خاکستر" اثر تی اس الیوت

◈ علیرضا آدینه

# یک

قلب‌ام
با دو دهلیز
که خون می‌دواند در رگ با
باز و بسته شدن
با
سلول‌های کریستالی‌اش وقتی که فواره می‌زند،
قلب‌ام
بندِ سی‌صد و پنجاست

بیرون
با هر خبر که آفتاب خمیده می‌کند
ناخن‌ام بلند می‌شود می‌ریزد توی خیابان
دست خود ـ ام نیست
انگار
در شُره‌های اشک زن‌ام داده‌اند

[۲۰]

بس که روی تختِ الکن مریم
بیدار می‌شوم هر صبح
با رشمه‌های تاریک روشنِ کوردی
و شب‌ها
(آ) ها دارم با مریم
(ها) ها دارم
حق
با دست‌های خود ـ ام یک‌بار
شانه گرفته‌ام از ماه
پیش از لورکا

خاطره دارم
با هر که توی بند سی‌صد و پنجاه
و هر صبح
تیر می‌کشد سینه‌ام
وقتی که دار ـ دار می‌کند خورشید
مور ـ مور می‌شود تخت‌ام
و ملافه‌ام خیس می‌شود
از ترسی که ابرو گره کرده زیر هشت

خاطره دارم
با تک تک
فانی فکس
شیرهای طعم‌دار موشکی
شماره نوشتن پرت کردن زیر پاش
با کتونیِ چینی
با سم
توی گلبرگ‌های اقاقی
و
با این جنازه‌ای که داده‌ام
سی و چند سال پیش

تحویل مادر ـ ام
من زنده‌ام آن‌جاست
که دارد
مرده راه می‌رود
مرده می‌خندد
مرده می‌رود خانه
مرده می‌شورَد
قبل از خواب خوابِ مرده می‌بیند

به دنیا که آمدم مادر ـ ام چهره نداشت
و رنگ
عقابِ سیاهی بود
چون لکه‌ای دور در کمین
بر صورت‌اش

نمی‌دانست
زندانی را دارد
در قلب کوچک من شیر می‌دهد
که با هر مکیدنی بزرگ می‌شوم
نمی‌دانست
وگرنه پستان می‌کشید
حتی اگر
به دندان گرفته بودم‌اش
خون‌آلود

مادرم عاااااشقِ جسد ـ ام بود
سوادِ قلب نداشت
من اما قلب بودم
من اما دره‌ی انار بودم
من
آن‌جا
بند سی‌صد و پنجاه

## دنیای آدمی بودم اما...

دنیای آدمی بودم اما
به چشم هیچ راننده‌ای نیامده بودم
بدون شما
از کنار خیابان ناپدید می‌شوم بانو
آمده بودم دارو برای خانه بگیرم
از شهر شما به‌دور
خانه‌ام سرطان پنجره دارد
دکتر برده‌ام بالای سر ـ اش
زیارت ناحیه خوانده‌ام
پشت درب‌های بسته‌ی ناحیه هشت
خانه‌ام دارد از دست می‌رود بانو
باید خود ـ ام را برسانم
برسانم پشت دیوارهای دبستان پسرانه‌ی توحید
آن‌وقت به یاد خواهم آورد
کودکانی که دریا را دیده بودند آب را بزرگ‌تر می‌نوشتند
حالا شهادت می‌دهم
که این‌وقت شب شما آخرین فرستاده‌ی خدا هستید و
راه راست هر کجا که مسیر شماست
اگر نه به احیای شما تا به حال
باران به سر گرفته بودم و
هیچ در کنار خیابان

## ◈ شبنم آذر

### زندگی

زندگی
غرق شدن در لیوانی خالی‌ست
"چرا"ی لمیده است بر خمیازه‌ی صبح
"چه‌گونه"ی ایستاده است کنارِ روز
زندگی "لطفن" است در نیمه‌های شب
وقتی که از اعداد می‌خواهی
ساعت دیواری را ترک کنند

لحظه‌هایی هم هست
مثلن وقتی که تشنه‌ای
یا مثلا وقتی صدایم می‌زند:
عشق من!

نه!
زندگی

همین سی و دو حرف الفباست
که سر ـ اش به شکل غریقی
از کاغذ سفید بیرون مانده
که عادت کرده
خود ـ اش را روی آب نگه دارد
و خوبیِ عادت هم این است
که می‌توانی ترک‌اش کنی

**دسیسه**


نه این‌که «دوست‌ات دارم» را
به کسی نگفته باشم
برایش نمرده باشم
و باز نمرده باشم
نه!
نه این‌که دست کسی را نگرفته باشم
به درون خود ـ ام نبرده باشم
و باز نمرده باشم
نه!


نه این‌که به مرگ
فکر نکرده باشم
خود ـ ام را
به شکل‌های عجیبی نکشته باشم
نه این‌که تا پایش نرفته باشم
برنگشته باشم
نه!


موضوع فقط به کودکی‌ام برنمی‌گردد
به تابی که از ارتفاع

مرا زمین انداخت
من از دسیسه‌های عجیبی
جان به در برده‌ام
و امروز وقتی به مرگ فکر می‌کنم
نیاز به نقشه‌ی قبلی ندارم

## ◈ سعید آرمات

### تنبور زنی توی اتوبوس روشی برای جلوگیری از استهلاک لنت

کنج کج این صندلی تو افتاده‌ای به بغل گوشه‌ی اتوبوس
سرعت سنج
بر خلاف سیاره‌هایی در حرکت است توی شب
که از جاودانگی قطره‌ی عرق
روی پیشانی تو آگاه‌اند
و راننده هی می‌پیچد دل‌اش به چپ و چشم‌اش به جای جاده
روی ترقوه‌ی تو

به سفیدی شوره‌ها لای ابرویت
این‌همه زیبایی وقتی سوار شدی بین راه با ساکی خسته
اصلن نمی‌آید با تو بالا
تو بالاتری از پله‌ی اول زانویی که تا تا بخورد
چند نخ سیگار توی جیب شلوار من از کمر
می‌شکند
کجا می‌ره این ساعت شب

هر کی از خود ـ اش بپرسه می‌دونه
و وقتی که من بخواهم پیاده شوم
چه کسی این شانه‌های لاغر را از پشتی چرک سفید صندلی هلاک آن سرعت سنجی
که عقربه‌ی سرخ‌اش
می‌افتد خراب
سمتی که بر تو صندلی افتاده است
تو باید بهم ریختگی‌ات را مرتب کنی وقت رفتن من
احتمالن نیاز به ایستادن داری
بادهای پیچیده توی شکم‌ات     اسید معده‌ات   این ساک کهنه‌ی زیر صندلی
و از توی هدفونِ افتاده از گوشت روی مانتو
قبل از بسته شدن درِ کشوییِ اتوبوس
صدای تنبور می‌پیچد لای چرخ

## بزنی به سیگار

همین‌طور ادامه بده زیر پتو با خود ـ ات
این راه را تمام کن برگرد
به پشت برگرد و به زندگی برنگرد
زندگی که پتو نیست، روی خوبی دارد پشت و تویش مال تو نیست
غلت بزن به شکم سر ـ ات را بکن دوباره زیر بالش
فرض کن فردا برای رفتن به اداره
و بعد به مهد ـ کودک و گرفتن بچه
لباس اتو خورده نداری صبحانه‌ی نخورده داری
می‌شود صبح آفتاب باک ماشین‌ات را برداشته باشد
تو خواب‌ات را بیندازی کنار کیفت روی صندلی بغل
نگاه به صندوق کوچک پستِ توی دیوار
و بخندی به نامه‌های گم شده در سطل آشغال در مای داکیومنت
نگاه به عقربه‌ی گم شده‌ی بنزین
در دستگاه کیلومتر ـ شمار
ادامه بده زیر پتو دنده‌ی بالاتر بزن
با نگاه به بالا رفتن عقربه‌ی سرعت
و عقربه‌ی خواب که هر شب از تو پایین‌تر می‌افتد
شب        روی جالباسی
شلواری که از تو بلندتر می‌شود است
توی تاریکی دستی که توی شلوار به دنبال فندک می‌رود است

[۳۰]

سی‌دی را در دستگاه پخش بگذار
ونجلیز و کریستف کلمب
ضرب بگیرد شیش و هشت روی داشبورد
صدایت را ول کنی به این زندگی پایت را روی پدال
پایت را ادامه بده زیر پتو
بریزد پدال و پتو توی اتاق
دست آخر بالش را بکوبی به دیوار
نشسته توی تخت

## ◈ سحر آریا

### یک

زنی که دارد به راه رفتن در بیمارستان
زنی که مدت‌هاست به خوابیدن در بیمارستان
زنی که حالا به خوابیدن با بیمارستان
با آدم‌هایی که از رگ خواب‌هاش چون خون بیرون می‌جهند
و آدم‌های بیش‌تری که زیر پوست داغ خواب‌هاش می‌دوند
و زود لخته می‌شوند
زنی که این‌جا به تو که شاعر تمام خواب‌های بیمارستانی‌اش هستی
نقبی می‌زند
و از هر دو سو پرده‌های قرمز گوشت را می‌گیرد
پرده‌های لب‌ها
لبه‌ها
گوش‌ها

آن شب که آفتاب از لای پرده‌ها بر خون‌مردگی درخت‌ها می‌تنید
هنوز روی پا ایستاده بودم

که جنگل پیاده خود ـ اش را به ما زده بود

داشت به کاشت درخت‌ها
از هرسو
داشت به کاشت درخت‌ها
از هرسو
داشت به کاشت درخت‌ها
که تنه‌های تنومند به پا
به راست خاستند
از هر سو
و زن به هر سو به کشت درخت‌ها
به قصد سو کشت درخت‌ها
هیزم برمی‌داشت
و در شومینه‌ی او می‌کاشت

در تو هزار شومینه‌ی روشن
در تو سوسوی شومینه‌ها
و سوز سرما در دایره‌ها
در چرخ دایره‌ها
به ۲۴ بار چرخیدن مکررشان در تنه‌ها
فکر نکن
به درخت‌های شق‌و رق ایستاده
به عَشقه‌های مکنده
ساعت به ردیف صفرها رسیده است
پرستار سر می‌رسد و سوزن می‌زند به پرده‌های قرمز گوشت
و ساعت دیواری با عقربه‌های نوک تیز
دایره‌ای دیگر!

سوختن تنه‌هایم در تن‌ات
و سوزش دویدن خون، زیر پوست
وقتی که لب‌هات لبه‌ی قرمز گوشت را می‌مکید

سرما خود ـ اش را خیلی سکسی به پشت شیشه چسبانده بود
وقتی که همزمان پرستار به تنه‌ی پرستار
و من به تو که سخت دور پاهام پیچیده بودی

از پشت شیشه پرستارِ با رژ صورتی
و پرستارِ با گوش قرمز متورم
دارند به خندیدن
به زنی شکاک
باز هوس خنده‌ها با آن لب‌های باز برآمده
از سایه‌هایی برهم سرهای زیادی درآمده
و جهانی که پس از ۲۴ سال به صفر می‌رسد
دارد به خندیدن
به خنده‌ی جنده‌هاش
به لمس پرده‌ی قرمز گوش جنده‌هاش

کسی که دارد تا راه رفتن در بیمارستان
کسی که همیشه تا ریختن تنه‌ها در تخت بیمارستان
تا ترس از ریخت افتادن تنه‌ها
کسی که همیشه تا چرخ شدن
در سوراخ قرمز گوشتی متورم
در سوز آخ پشت شیشه
«تا» هرگز نخواست رد سوزن همیشه‌ای باشد در این شعر
سوزناک ولی آخ فرو نشستن دوار سوزن
این صدای منظم فرو نشستن دوار سوزن
مکیدن خون رد فرو نشستن دوار سوزن
دوران مردمکی بر رد فرو نشستن دوار سوزن

دیدم که از هیچ‌سو زنی برای نخوابیدن پیدا نیست
و این‌ها تمامن خواب‌های بیمارستانی با لباسی صورتی بود...

## دو

شبی که در کرانه‌های ساحل
شهوتی سیال لای پای رویا
می‌دوید
در چشم‌های داغ و خیس‌ام که انگار پر شده بودند از گدازه‌های آتش‌فشان
آن افشانه‌های آتشی که از چشم‌های از حدقه بیرون زده‌ات می‌وزید
دوباره قرار بود کجای زمان را در انحصار
به انحصار در آورد؟

زمان را می‌گذاریم در کمد
لباس‌ها را نیز
می‌بینیم که بسته‌اندمان به تخت
و ترس که همیشه دیگری من بودست
دلی پیدا کرده در برابر راه‌ها
تختی که رویا گوشه گوشه‌اش خیس شده
بلند می‌شود می‌بردمان
از شهر به دریا
لای چشم‌ها
به لای بستگی چشم‌ها
حالا که بستر ساحل به دیگری بستگی دارد!

به هر ساز ـ ات می‌رقصم

صدای ساز سوزناکی در پس زمینه
وقتی که نور با تمام قوایش به تاریکی نشسته
خمیازه‌های کش‌دار پس از اولین طلوع
با چشم‌های بسته
خسته
نور را به خاموشی
دهان را به خاموشی
و تن را به خاموشی زده‌اند

برای خود ـ ات هر سازی که دل‌ات می‌خواد می‌زنی

سیگار لب به لب و دهانی که بوی گس خاموشی می‌دهد
نشسته بر مبل
بی چشم
حواس‌ام به پرتگاه زمان رسیدست
باید خود ـ ام را ساندویچ بپیچم
و خیلی زودتر از زمانی که غذا سر برود
و خیلی زودتر از زمانی که کسی سر برسد
و خیلی زودتر از زمانی که چیزی لابه‌لای روده‌هام بپیچد
و خیلی زودتر از صدای لابه‌هایی لای پاهام
مشق چشم‌های داغ دیده را
تکه پاره‌های تن‌ام را
فرش تخت مبل
و هرجایی که هرجایی کرده بود را
بغل کنم از شهر فراری دهم
بدون شاهد پای میزی که قرار به مذاکره بود
بیضه‌هاش و معده‌ام را ساندویچ بپیچم
و بگذارم در کمد
رویا دارد ترک بر می‌دارد
و زنی در شمایل یک من، سرسختانه
تختی از آن من را

میزی از آن من را
اتاقی از آن من را
در بستر ساحلی بی‌کرانه
در جست‌وجوست

◈ محمد آشور

لیلةالقدر

(و تو چه می‌دانی چه‌قدر شب است!)

وقتی روزنه‌ای نداشته باشی رو به بیرون‌ها
در درون تو هرچه که هست همان است

قضاوتی ندارم اما ماه... اما ستارگان را هم که فرض بگیری
چیزِ درونِ تو از چیزِ دیگری می‌جوشد
معنای «شب» شب است
گیرم کمی مهتاب!

(و تو چه می‌دانی «چه‌قدر شب است» یعنی چیست؟)

گیرم که قرض بگیری پنجره‌ای که نداری
ـ و از قضا، از «فرض» قرض بگیری ـ
باز چیزی که از درون تو... از فرض است!

و این‌که می‌گویی «شب است» برای تو امشب است... برای من هرشب!
و انتظارِ تو از شب چیست؟... این‌که صبح باشد؟!
شب برای همین شب است که شب باشد
و انتظار تو از صبح...

صبح‌ات به‌خیر!
وقتی که در درون تو صبح است.

## روایتِ یک آن

موسا با عصا و عیسا از صلیب نمی‌آید
من زنده و از نیل رد می‌شوم
ماه را دوشقه نمی‌کند
می‌کرد هم تعجبی نداشت
کرد!
نکردم!
فرعون هم خدای خود ـ اش بود
ابوالهول!
عاصی برای چه؟
عصیان همزاد آدم است
عصیان... عصا... صلیب
و انسان این‌سان که زاده شد
آماده شد برای کمی مرگ


«عیسا اگر نبود نمی‌مرد!»
خوابیده بر صلیب خود ـ اش بود
دقیق...
با تاج خار و زخم زیر سینه و گُل‌میخ
موسا؟
او هم نشسته بود
با ریش انبوه و عصا و کمی اخم

معجزه بود دیدن آن دو
پشت ویترین سمساری!

من رد نمی‌شدم
ایستاده بود «تماشا»
حاشا اگر دروغ بگویم
هر دو به انتظار معجزه‌ای بودند

کودک شیطانی ماشین‌ها را کنار می‌زند
و زنده از خیابان رد می‌شود!

## ◈ شمس آقاجانی

### شعر زیرزمین

من سالوادُر دالی قبول، تو از کجای تن‌ات آفتاب می‌زند بیرون؟
اگر بگویم عشق از کنار دست تو آغاز شد می‌گویید منوچهر آتشی گفته است
اگر بگویم حالا دو روز تربت من در راه است می‌گویید خط‌اش بزن براهنی زده است
ما شعرمان را زیرزمین می‌گوییم
نور که نباشد چشم‌ها درشت‌تر ـ اند
لودگی می‌کند کلمه، کلمه را می‌بلعند
کلمه به جای عشق می‌نشیند، عشق را می‌بلعند
پنج متر، ما شعرمان را پنج متر پایین‌تر از سطح زمین می‌گوییم
زیرزمین خالِ لب سیاه‌تر است
پشه نیش‌اش را تیز می‌کند ما گوش‌مان را
نور که نباشد مارها عاشقانه‌تر ـ اند
لیلای دراز قامت من، مار مفصل
مجنون تو ـ ام به مانند مار کوچکی
نیش‌ام بزن لیلای مفصل، سیاهِ دراز قامت من

ای که من مجنونِ مار ـ لیلای گیسوی تو

نیش‌ام بزن، چند کلمه نیش‌ام بزن
(و اما این جا یکی هست که پیوسته لیلا می‌سازد
با موهایی که ندارد، سیاه و چشم‌های درشت‌اش)
لیلا ساز من ای لیلا ساز!
با موهایی که نداری سیاه و چشم‌های درشت‌ات
از بلندای عشق‌های زیرزمین
چند کلمه پرتاب‌ام کن

لیلا ساز!
اگر که بگویم مرا به سطح زمین نفرست می‌گویی مگر تو عاشق ماری؟
به‌روی زمین می‌آیم من که مدیون آفتاب خدا هستم
لودگی نکن! آفتابِ وز ـ وز کننده‌ی پشه‌ای
من سالوادر دالی قبول، و از کجای تن‌ات آفتاب می‌زند...

## عین عاشقانه

در جمله‌ای به عجول رسیدم که قامت بر افراشت خود ـ ات بودی
به دیدن تو حرکات خون‌ام حس شد
تو خیلی عجول نیستی خودِ عجولی با صورت پَهن‌ات به صورت عین
خوش به‌حال کسی که یک شاعر عاشق‌اش بشود
چشم‌های تو لحن عمومی ندارد لحن خصوصی ندارد پس چه دارد چه دارد
نه دارد

با من به دیدن طوفان می‌آیی؟
نه

ـ با هم به سکوت می‌رویم؟
نه

ـ از هم جدا می‌شویم؟
نه

نه

بریده‌ای از گوشه‌ی ابرویت، تکه‌ای از لب‌ها، پاره‌های ذهن من از اندامات را
جمع‌شان که می‌زنم تو می‌شوی و نمی‌شوی
از پاها صرف‌نظر می‌کنم و از چیزها که نباید ببینم ـ البته ـ
و تو می‌آیی و نمی‌شوی

چند لحظه بیا، برای الهام
تو تشت الهام منی که در آن سراسیمه می‌شویم‌ام
ای به صورت عین، عینِ ملعون، عینِ لعبت

و بعد رهایت می‌کنم با دوتایت تنها باشی
چند لحظه کافی‌ست
مگر که ملعون نباشی
خوش به‌حال کسی که یک شاعر عاشق‌اش نشود

از عین صورت‌ات که بگذریم من از کسره بد ـ ام می‌آید، کسره دهاتی‌ست
من از ضمه خوش‌ام می‌آید شهری است و می‌پیچد، کمر دارد، شکم دارد
و در پس و پیش و بالای «و تو» قرار می‌گیرد
تو بیهوده واو خود ـ ات را می‌اندازی
تو و من یا تو من؟
ای واو انداز! بیا وو بینداز، این واو را بینداز
من اگر حتی بمیرم این واو را نمی‌اندازم

نور منتشر از چشمان‌ام بر صبر صورت‌ات بنشیند و من، آب را خلاصه کنم
و از واو دو چشم‌ات، عین صورت‌ات، واوهای جدایی براندازم
یا که متصل کنم
خشن بخشی از کلمات من است، خشن‌تر تمام آن
لطیف بخشی از تمام تو، لطیف‌تر بخشی دیگر
بیاو و سیاه‌ات را باز کن و مرا سیاه کن و روزگار ـ ام را به شب
خوش به‌حال کسی

## ◈ مانا آقایی

# چهل و دو

چهل و دو بهار به باد داده‌ام
چهل و دو زمستان
سفیدتر شدن موهایم را تماشا کرده‌ام
چهل و دو پاییز
جوجه‌ها را شمرده‌ام
اما جز تابستان
هیچ فصلی اندوهگین‌ام نکرده
چهل و دو سنگ
در برکه انداختم
چهل و دو دایره‌ی لرزان بر آب

## زمستان

زمستان معشوق من است
مردی که حافظه‌ای سفید دارد
و گردن بلند ـ اش را
با غرور بالا می‌گیرد
زیر برف‌ها به قوی زیبایی می‌ماند
که روی دریاچه‌ی یخ‌زده‌ای می‌رقصد
در آغوش‌اش می‌کشم
آب می‌شود
کم‌کم
کم‌کم آب می‌شود
و می‌ریزد
انگار هیچ‌وقت نبوده
مرد مهاجری که قرار بود گرمام کند

◈ امین احراری

## یک

روزهایی که در خانه‌ام
کشوری مستقل‌ام
آشپزخانه را با تمام موجودات درون‌اش
فتح می‌کنم
پنجره را باز
موقعیت‌ام را
به دختر همسایه
خورشید و باد اعلام می‌کنم

از خانه که بیرون می‌روم
شهروندی غریبه‌ام
مدام به کشورهای همسایه
پناه می‌برم

ردّ مرا بگیر

و بپیچ درشریان‌های یک قلب
در دالان‌ها و حفره‌ها
در آتش‌ها و دودها
در اسب‌ها
پیاده‌ها
سوارها
ردّ مرا بگیر
در اضطراب یک بوسه
در خون‌ریزی‌های یک قلب
در نبردهای لب به لب
در دالان‌ها و حفره‌ها
در آتش‌ها و دودها
ردّ مرا بگیر
و با پرچم سفید به خانه‌ام بازگرد
می‌خواهم
قسمتی از کشورهای همسایه باشم

## دو

پدر ـ ام کارگر پیری‌ست
آجرهای قد و نیم قد را
کنار هم می‌نشاند
و قد می‌کشد
با ارتفاع ساختمان‌ها
پدر ـ ام مرد بزرگی‌ست
رویاهای زیادی در سر دارد
و خواب‌هایش را
برای در و دیوار
تعریف می‌کند
سایه‌ی پدر
که روی دیوار بود
ما چهار طبقه بودیم
پدر هر صبح
برای پلّه‌ها نقشه می‌کشید
و ما به هم نمی‌رسیدیم
روزی که قلب پیرِ مرد از ارتفاع افتاد
آجرها یکی یکی ریختند
ما در بودیم
ما دیوار بودیم
ما برادر بودیم

[۵۰]

اما پدر نبودیم
پدر می‌دانست
تعادل دنیا به دارهایی بسته‌ست
که روزی فرو خواهند ریخت

◈ صنم احمدزاده

## یک

به نشانه‌ی اعتراض عاشق بودیم
در سرمان
بسته‌های خون باز می‌شدند
نیم‌کره‌ها
با سربازهای خسته به صلح می‌رسید
و زخم‌ها
این آشنایان همیشه
که در تن بریده بودند
از تن بریده بودند
در سرمان
چه چپ‌ها که به راست می‌رفتند
و مرزها
این مرزهای عصبی در هم
این مرزهای خونی مجبور
مرزهای تحت فرمان اضطراب

[۵۲]

در جنگ‌های عقل و جنون
به جریانی تازه می‌ریختند
به نشانه‌های تن
به نشانه‌های صلح
که حقیقت نداشت
به نشانه‌ی اعتراض که عاشق بودیم
عقب می‌کشیدند
در سرمان
سربازها به خانه می‌رفتند
با زخم‌هایی روی لب
که به تن
شکل بوسه می‌دادند

## دو

نام‌ام را صدا می‌زنی
نام‌ام که آخرین بازمانده
از آب‌های سیاه

مچاله در دهان است
تن‌ام اما جلیقه‌ی نجاتی است
رسیده لب مرز
رسیده به انفجار
رسیده تا امنیت منطقه مشکوک شود
تو از خیال من چه می‌دانی؟
تو از تکان‌های شدید بعد از مردن‌ام
باید عبور می‌کردی زن
گذشتن از این آب‌ها چشم می‌خواهد
ماندن، گریه
باید بیرون می‌کشیدی از کاغذ
این بغض‌های توده را
تو سالم‌تر از این خبرهایی
که در روزنامه می‌گویند
تو را نمی‌شود پناه داد
حجم تو دیوانه است
متورم است

و اندام تو دارد
زیبایی را به بحران می‌کشد
زیبایی را نمی‌شود پناه داد
کار ـ ات از نجات گذشته
مرگ تو خوب است
مرگ تو خاورمیانه را کوچک می‌کند
مرگ تو از حفره‌ها
استخراج می‌شود
در چشم تو
سیاهی مگر چند ساله است؟
که جهان پیر نمی‌شود
که جهان دچار جنجال است
تو زنده‌تر از این حرف‌هایی
که در معامله می‌گویند
با تنی که رو به درمان است

زیبایی را می‌شود درمان کرد؟
درمانده کرد؟ و بعد گذاشت لب مرزها
تیر بخورد
غرق شود
این مرزها بسته‌اند
این دهان‌ها
که نام‌ات را حبس کرده
باید عبور کنی زن
و بیرون بریزی از تن
ماهی‌های زنده را

## ◈ کبوتر ارشدی

### یک

گلوله از کتف‌ام پریده بود
وقتی دویده بودم بین تو وصلاة ظهر
بین تو و خود ـ ام
بین تو و زن‌هایی که دوست داری
بین تو و همه چیزهای بین‌مان
آن‌قدر دویده‌ام که صدایم به صدایت نمی‌رسد
افتاده زنی روی سیم‌های خاردار ـ ات
نفس به نفس
می‌دوم توی سینه‌ات
دهان‌ات را بر دهان‌ام بگذرار
نه برای بوسیدن
پای زندگی در میان است
دم، بازدم

## دو

برایم کاری پیدا کنید بدون توقیف و وقفه و تعطیل
تا جنین‌های مغزی‌ام را بزایم
تا از لاک کهنه خود ـ ام مثل پروانه‌ای بال بزنم
کاری کنید
برایم کاری پیدا کنید
این روزنامه‌ها جز ورق‌های حسرت
روی شیشه شب‌های سال نو نبود
ورق‌های درد
مرا لای فونت‌های سیاه
لابه‌لای خط‌های درشت
توی تیترهای زده و نزده‌ام
بین کلمات چال‌ام کنید
مثل ساز نحیفی گلوی عبارات‌ام گرفته است
کاری کنید

## ◈ الهام اسلامی

### در دل‌ام جایی برای پنهان شدن نیست

نمی‌خواهم پارچه‌ی ابریشمی باشم
اشرافی و غمگین
می‌خواهم کتان باشم
بر اندام زنی تنومند
که لب‌هایش
وقت بوسیدن ضربه می‌زنند
و نگاه‌اش
وقت دیدن احاطه می‌کند
تمامی این روزها دل‌گیر ـ اند
من جغد پیری هستم
که شیشه‌ای نیافته‌ام برای تاریکی
می‌ترسم رویایم به شاخه‌ها گیر کند
می‌ترسم بیدار شوم و ببینم
زنی هستم در ایران
افسردگی‌ام طبیعی است

اما کاری کن رضا جان پاییز تمام شود
نمی‌دانم اگر مرگ بیاید
اول گلویم را می‌فشارد
یا دل‌ام را
آن روز کجای خانه نشسته بودم
که می‌توانستم آن همه شعر بگویم؟
کدام لامپ روشن بود؟
می‌خواهم آن‌قدر شعر بگویم
که اگر فردا مُردَم
نتوانی انکارم کنی
می‌خواهم شعر ـ ام چون شایعه‌ای در شهر بپیچد
و زنان
هر بار چیزی به آن اضافه کنند
امشب تمام نمی‌شود
امشب باید یکی از ما شعر بگوید
یکی گریه کند
در دل‌ام جایی برای پنهان شدن نیست
من همه‌ی زاویه‌ها را فرسوده‌ام
دیگر وقت آن است که مرگ بیاید
و شاخ‌هایش را در دل‌ام فرو کند

دو

قلب‌ام را کنار آتشی گرم می‌کنم
که صورت‌ام را می‌سوزاند
من فیل مهربانی بودم
با عاج‌های سفید
اسبی بودم درخشنده چون صبح
در ایران باستان زندگی کرده‌ام
در کناره‌های خزر
و دامنه‌های البرز مرا پوشاند
سفالینه‌ای بودم در عهد هخامنشی
با الفبای نامعلومی بر کتف
ستاره‌ای رصد نشده در نیشابور بودم
کتابی کهنه در کتابخانه‌ی توس
که مغولان آتش‌ام زدند
چشمه‌ی خنکی در شهریور
و در همه‌ی اعصار زنی بودم رشید
که به دختران‌اش نخ‌ریسی می‌آموخت

## ◈ حسین اشراق

### یک

این من‌ام
که راه را گرفته به دندان‌اش
می‌رود
به وخامت رفتن نور از چشم چراغ
این من‌ام
که بر سر کوچه‌ها می‌ایستم
و دیوانه‌وار جست‌وجوی تو را دوست دارم
اگر چه تمام کوچه‌ها می‌دانند تو در گوشه و کنار هیچ‌کدام‌شان نیستی
نترس ای ضخامت ابروی تو بی‌دلیل
وقتی یکی برایش نَمیرد
نترس و ادامه‌ی نبودن‌ات را بخوان
بلند و پر آوازه
نباش که حالا
این من‌ام که هست
این من‌ام

که عادت به هر نبودنی را کشت
این من‌ام
که از یاد ـ ات رفته به هیچ و از هیچی به هیچی غوطه‌ور
من در خانه‌ی پدری نخواهم مرد
در سرانجام خیابان‌های بدون تو
کافه‌های مشکوک به قبرستان نخواهم مرد
باور کن
من نخواهم مرد
حتی با رسم حافظ و شیطنت‌های شاخه نباتی‌اش
اما راست‌اش را نمی‌شود نگفت
به مرده‌ای که بتواند بمیرد می‌خندم
به خود ـ ام
که مرده مرده، مرده‌ام
طربناک
خندیده‌ام
به مرده‌ام
این من‌ام
که سعدی برایش گریست
و دروغی را که نوشته بود باور کرد

"همه عمر برندارم سر از این خمار مستی
که هنوز من نبودم که تو در دل‌ام نشستی"

خود ـ ات را بزن به خواب بعد از ظهر همیشگی‌ات
بزن به خرناسه‌های نرم زنانه‌ات
من که خود ـ ام را به آب زده‌ام
به آب داده‌ام
بگیرد اگر دستی
در هر فرودست نمناکی
این منی را که دسته دسته خود ـ اش را به آب داده است
بگیرد اگر دستی
این من‌ام

## دو

با هر رنگی که اسم‌ات را بنویسم
فرقی در نبودن‌ات نخواهد کرد
بعضی‌ها را کافی‌ست توی نقطه‌های رنگی رها کنی
تبدیل می‌شوند به گزاره‌هایی منظم و ملون
و هی در چهار چوب در می‌ایستند
برای صدای الرحمانی که از حجله‌ی همسایه پخش می‌شود
قاصدک می‌فرستند
رنگ تو اگر توی خودکار سیاستمداری باشد
حکم قتل عام ملتی را که صادر کند
زیرش به‌جای امضا گل می‌کشد
و یا اگر در مداد رنگی دانش‌آموز فقیری،
گوشه‌ی سفره‌ی خالی‌شان چند قرص نان گرم و یک سبد سیب می‌کشد
رنگ تو رنگ خود توست
که اگر توی چشمی سرایت کند
یک نفر خدا را خواهد دید
از فکر طلایی امام‌زاده‌ها که بیرون بیایی
سربند نبرد تا پیروزی خون رنگ‌ات را باد خواهد برد
گلوله‌ها را برای شلیک ببوس
به آن‌ها بگو
هر یک سینه‌ی تنگی را بدرند
بگو که بی‌صدا بکشند

رنگ تو رنگ جنگ جهانی تازه‌ای است
رنگ و خامت حال مجروحان
رنگ صورت سربازی که لب‌هایش را توی اتاق خواب دختری جا گذاشته است
از آب گذشته‌ای و رنگین بدنی
انگشت‌ات را به زمین بکشی سبز خواهد شد
پای بر زمین بگذاری سبز خواهد شد
هر چیزی سبز است و هر چیزی از زمین شروع می‌شود
تو از رنگ مرده‌های مردابی
وقت غروب
از لب‌ات می‌کشی که نگویند خورشید سوخت
وقت طلوع می‌افتی از منقار درنا
اما باز همه می‌گویند
دنیا سیاه و سفید است
انسان امروز عادت دارد تو را توی پاکت نامه فاکتور بگیرد
و به‌جای اسم رنگی‌ات بنویسد بنام خدا
انسان امروز خود ـ اش را به خدا پس نمی‌دهد
به دست‌های تو فکر می‌کند
و از آن‌قدر لَوَندی‌ات
خدای افسرده‌ای می‌سازد
بیا
بیا بنام رنگ لب‌ات
نامه‌ای نوشته‌ام
نوشته‌ام
و تمام سطرهای زخمی را با رنگ موهات بسته‌ام
راست گفته بود زمستان
که توی دامن بهاری‌ات پلک می‌زند
لابه‌لای شاخه‌های تابستانی تن‌ات می‌وزد
در رنگارنگ پاییز ـ ات یک رنگ و سفید می‌لولد
با رنگ نبودن‌ات
رفته‌ام گل بچینم
گلاب بیاورم و بریزم به قعر دهان‌ات

صدای مینی که با تاخیر صد ساله عمل کند
حتمن با صدای رنگین‌کمانی که از ظرافت بلورین گلویت به شانه‌های دشت
می‌ریزد یکی است.
این روایت تکراری رنگ‌هاست
روایت جنگ و گلوله
با زبان دیکتاتور ـ ات
دست می‌بری به آفرینش رنگ
و چنان در نبودن‌ات ماه می‌کشی از میان افسانه‌های سومری
از پلان تاریخ می‌گویی و می‌شناسی رنگ پریده‌ی مرا
تو را که با بعضی‌های خاک بر دهان گرفته می‌خوانم
سکوت هول‌انگیز مقدر ـ ام می‌کند
به جانب داری رنگ نبودن‌ات

◈ مهدی اشرفی


## عکس دسته جمعی


بادی که پنجره را به هم می‌زند
ادامه‌ی دست ماست

و کلاهی که آن‌طرف افتاده
ادامه‌ی سری‌ست
که به تو فکر می‌کند

به خیابانی فکر کن
که یک طرف‌اش کودکی ایستاده
و در آن‌سو
پیرمردی

من
به دست‌ام فکر کردم
که می‌تواند

ادامه‌ی عصایی باشد در سال‌ها بعد
و بارها
از سایه‌ی درختی ترسیدم
که پیر ـ مردی
به‌خاطر عصای چوبی‌اش
از آن تشکر می‌کرد

ترسیدم
ادامه‌ی این دست
برسد به چاقویی خون‌آلود
ترسیدم
و دست‌هایم را در جیب‌هایم پنهان کردم

دیگر می‌دانستم پیری
پیراهن سپیدی‌ست که می‌پوشیم
و تنها مرگ است
که در عکسی دسته‌جمعی
همه‌ی ما را یک‌رنگ می‌کند
مثل لباس‌های رنگی درون کمد
که وقتی در بسته می‌شود
همه
یک‌رنگ می‌شوند

## سیاه‌پوست

همیشه نیاز به کشتن کسی هست
که عزادارمان کند


پیراهن مشکی بپوشم
و سایه‌های تو را جمع کنم
آن‌قدر
که ساعت هشت بشود
شب بشود


سطل رنگ را بردارم
بریزم بر خود ـ ام


من یک سیاه‌پوست‌ام
پوست‌ام عرق نمی‌کند
گریه می‌کند در اردوگاه کار اجباری
پوست‌ام
پوست‌ام عزادار خود ـ ام است

## ◈ آرش الله‌وردی

### شادی

غمگین بودم
و نمی‌دانستم چه‌طور باید نجات پیدا می‌کردم
زنگ زدم به عطی
گفتم برود زیر ـ زمین
گفتم از زیر ـ زمین بیرون نیا عطی
و بعد باید می‌رفتم روی صندلی اداری‌ام می‌نشستم
و زیر صندلی اداری‌ام دست می‌کشیدم نرم و یواش
یواش
یواش‌تر
و تو می‌دادم نفس‌ام را
دست می‌کشیدم آن‌قدر
آن‌قدر که گرم گرم شود
آن‌قدر
آن‌قدر که باسن‌ام آتش بگیرد
و بلند شود از زمین برود

تا شادمان
با باسنِ گُر ـ گرفته از میان جمعیت بی‌اعتنای شهوتی پرواز کنم
و بتوانم ستارگان تکراری را با دست‌هام کور کنم
و هلال‌نو ماه را برگردانم
و با شادی عمیقی بشاشم توی ماه
و آب دریاچه‌های ماه
اسیدی شود
که آب اسیدی دریاچه‌های ماه
بریزد روی زمین
که زمین خیس شود
که زمینی‌ها شهوت‌شان اسیدی شود
که آن‌ها با غصه‌ای ژرف با هم اسید ـ بازی کنند
و بچه‌های اسیدی بیارند
و بچه‌های اخته‌ی اسیدی‌شان
جوش‌های ژرف اسیدی بزنند
و از جوش‌های ژرف اسیدی آن‌ها
درخت‌های تاول‌دار نیرومندی رشد کنند
درخت‌هایی که میوه‌های خاردار اسیدی‌اش
روزی هزار ـ بار می‌خورد توی سر بچه‌های اخته‌ی اسیدی
بچه‌های اخته‌ی اسیدی جیغ می‌کشند
و درخت‌ها قاه‌قاه می‌خندند
درخت‌های نر و ماده با هم می‌رقصند
با هم می‌خوابند
بیدار می‌شوند
و درخت می‌زایند.

من به عطی زنگ می‌زنم
و می‌گویم
عطی از زیر ـ زمین بیرون نیا
عطی نیستی این بالا ببینی چه‌کار می‌کنند این درخت‌ها
نیستی ببینی چه‌طور اسیدهاشان پاشیده می‌شود روی زمین

از زیر - زمین بیرون نیا
درخت‌ها شادی شهوت‌شان را به من مدیون‌اند
درخت‌های اسیدی فرزندان من‌اند
از زیر - زمین بیرون نیا
قول می‌دهم
تا چند روز دیگر
یک درخت شاد برات می‌فرستم پایین
تا تو را بیاورد این‌جا
این‌جا
تا تو بخندی زن غمگین زیر - زمینیِ من
تا تو شاد شوی زن غمگین زیر - زمینیِ من
تا من شاد شوم زن غمگین زیر - زمینیِ من
تا آسمان شاد شود زن غمگین زیر - زمینیِ من
تا ادرارمان شاد شود زن غمگین زیر - زمینیِ من
تا مدفوع‌مان شاد شود زن غمگین زیر - زمینیِ من
تا پروازمان را ادامه دهیم
و پروازمان را با هم
و پروازمان را با هم
و پروازمان را
از این خانه‌ی غمگسار کننده‌ی اجاره‌ای...

## شعر عاشقانه

دارم در تمام لحظه‌هام کرم می‌ریزم
از ترسِ درد
در کنج استخوان‌هام وول می‌خورم
تو که نیستی هی سر ـ ام به اطراف می‌خورد
اما این را بدان
وقتی‌که باشی به هیچ‌جا نمی‌خورم


باز متنفرانه تمام تن‌ام را پایین می‌کشم
و از پشت
روی بام
تا روی هر پشت‌بام
خالی می‌کنم.
هیچ همسایه‌ای وجود ندارد
که ببیند
«بیا»
این جمله‌ی قصار من است
کو واحد بغلی؟
کو زیری؟
کو بالایی؟
بیا با هم برقصایم مامان

برادر تپل‌ام را به شوخی بلند می‌کنم ول می‌کنم
می‌ریزد

چه لرزشی از زمین پا می‌شود
کل... کل...
مگر عروسی‌ست؟
ما در کجا به سر می‌بریم؟
زمین؟
مادر مامان؟
مادر بابا؟
ما در بابا چه کار می‌کنیم؟
بابا در مامان به سر می‌برد ولی
ولی
مامان تنهاست
بیا برقصیم با هم مامان
ای مادرِ تنها.

من
یک زن دارم
زن‌ام شعر می‌خواند
زن‌ام شعرهای من را می‌خواند
به مادر زن‌ام گفتم بگوید که زن‌ام شعرهایم را نخواند
مادر زن‌ام گفت: "تو مریضی پسر ـ ام!"
گفتم:
"در عذاب‌ام.
از استراق سمع آب‌های شبانگاه روی خاک خداوند
از پفک‌های ته‌مانده‌ی آرمان در کف اتاق‌ام
از صدای کشیده شدن دست‌ام روی دست دیگر ـ ام
در خلوت نا آرامی که دارم
از بوهای بد مزه‌ی آدم‌های مترو
از لمس نامانوس دست و موس و کیبورد

از لیسیدن اجباری چرخ‌گوشت
از ایستادن صبحگاهی شبه پرولتاریایی‌ام در میدان قزوین
از عکس‌های کلوزاپ از پشت کتجا
پشت کتجا
کتجا کسین چاق و چله‌ام
آینه‌ی لق پراید ـ ام
در برف
بیرون به سرعت می‌زنم
برف که باران می‌شود انگار که سیاهی می‌روم
درست پشت‌ام را نمی‌بینم
درد دارم
دردی ناگفتنی
دردی نادیدنی و ناشنیدنی و نا لمسی و نا بویی و نامزه‌گی
دردی فجیع
دردی سیاسی
همیشه چندین ماه یک‌بار چندین‌بار چنین فجیع می‌گردم
می‌گردم
اما از اطراف به کله‌ام انگشت می‌کنند
با کله می‌کوبم به انگشت‌ها
انگشت‌ها جا خالی می‌دهند جاکش‌ها
گردن‌ام آوار می‌شود بر پیکر ـ ام
کله‌ام را جمع می‌کنم
و می‌کوبم‌اش توی سر باران‌های خداوند
اما خدا بیش‌تر قادر است تا من
خدا به باران‌هاش امر می‌کند
باران‌ها جا خالی می‌کنند سرکش‌ها
و مرا شکست می‌دهد خدا

اما بعد
خداوند رحمان دست‌هاش را می‌رقصاند و باران را به کرم تبدیل می‌کند
و امر می‌شود که کرم‌ها را باید مکید

کرم برای رویش تیز استخوان‌هام از اطراف بدن خوب است
کرم برای ریختن خوب است
کرم آرامش است
کرم
درد است
درد

یک درد سیاسی

◈ محمد امینی

## یک

گریخته باشم از زنگ ساعت ۶
از قلنج باسن و انگشت پشت میز کار
از دهان خالی دوست
از چشم‌های همیشه پُر تَر، مادر
از لباس‌های اطو کشیده، معطر
گریخته باشم از نام‌ام
اسم‌ام فدریکو
و هیچ‌کس مرا صدا نزند جز خود ـ ام
بگویم فدریکووووو
و آن واو آخر را بکشم آن‌قدر
که مثل اسبی قبراق ناپدید شوم در غبار
بزنم بیرون
کثیف و ژنده
جوبی سرخوش کنار پیاده‌رو
موج بردارم و راه بروم

بروم با چرک‌های کف دستم شراب بنوشم
بنوشم بنوشم بنوشم
به دختر مو بور پشت بار بگویم چه حال می‌دهد رفیق! و جز "رفیق" آخر را دروغ نگفته باشم
بنوشم از هوش بروم، بروم به اتاق کوچک‌ام در تهران
دماغ‌ام را بگیرم از دهان وامانده کتاب درآورم
بگویم بس است عمو
بزنم زیر کون سیاه سطرها
به قار ـ قار پاره ـ پاره‌شان بخندم
وقتی می‌خزند به سوراخی در افق
بخندم و پیشانی‌ام را برای آخرین بار ببوسم
بخندم و چراغ را برای همیشه خاموش کنم
بخندم و بال دربیاورم بپرم
بپرم در چشمک ستاره به هوش بیایم
در رقص نور کلابی کثیف در هرجا
چه سینه‌ها و چه ساق‌ها
فدریکو!
چه سینه‌ها و چه ساق‌ها
بلند شوم بپراکنم در رقص
هزار تکه رقص باشم برقصم
برقصم برقصم برقصم
برقصم برقصم برقصم
بگویم بس است رفیق
و آن رفیق، خود ـ ام باشم
مشتی بردارم از تکه‌هام
از خسته‌هام
بپاشم به سقف
مثل آخر تاپ ـ تاپ موسیقی تمام شوم بمیرم
و تکه‌های زنده‌ام از کلاب بزنند بیرون؛
فدریکو
فدریکو
فدریکو

## دو

لکنته‌تر از یک لوکوموتیو که آن سر ناپیداش می‌سوزد
کون به کون کوپه‌های تا ابد ایستاده‌ام دود می‌کنم
و این گُر گرفته که در مناظر اطراف ذهن می‌دود
شعر نیست
اعصاب من است؛
چه چشم‌هایتان هنوز هم زیباست از بس که بار اول است به این کافه آمده‌اید
مگر نه؟
چیزی که هیچ‌کس به هیچ‌کس نگفته باشد هست؟
اجازه هست زبان‌ام را درآورم ببینید مو درآورده یا هزار نکته باریک‌تر ز مو
این‌جاست؟
به‌درود محبوب من؟ شب زنگ می‌زنم فوت می‌کنم
شهری‌ست پر کرشمه و حوران ز شش جهت / چیزیم نیست...
به جان تو چیزیم نیست مادر
مردن که به آخر نرسیده است
بمیرم خوب می‌شوم نه؟
من سر ـ ام را برای کرم‌هایی که سر ـ ام را می‌خورند می‌دهم
تو هر پنج‌شنبه برایم هیچ چیز بیاور
درست بگذار روی سینه‌ام درست جای خالی‌ام را احساس کنم
فقط برای من ای مهربان چراغ نیاور
خاموش کن اون گه مصبو! روزو ازت گرفتن؟
اضافه هم داده‌اند مادر

گذاشته‌ام برای مبادا
بزک نمیرا! نمیر لطفن!
بیا بریم کوه! کدوم کوه؟ همون کوهی که آخ و وای داره آی بله
برویم در قله‌های تخت حال، عرق کنیم؟
چرا لباستو پوشیدی ممد؟
سوز می‌آمد
می‌آید قهوه‌ام را سرد می‌کند می‌رود
چه گهی بخوریم خدا؟ بخواهیم عوض می‌شود لطفن؟
مرغ باغ ملکوت را می‌دهم
گوساله‌ای در هپروت می‌گیرم. قبول؟
جان به جان‌مان کنند آدم‌ایم
میمون هم‌دیگر ـ ایم
چه‌گونه این‌همه ناخواسته ادای هم را در می‌آوریم؟
همین حالا هزار نفر مثل من در هزار کافه، ناله چس دود می‌کنند احمق‌ها
از این‌همه از دست زندگی به این‌جایتان رسیدن، جایی رفته‌اید؟
Take it or leave it!
وه که چه بیگانه‌ای ای دوست
من به تو زبان نفهم چه‌گونه بگویم :"غم حال دردمندان نه عجب گرت نباشد/ که چنین نرفته باشد همه عمر بر تو حالی"؟
دم به ثانیه از حال رفتنم طبیعی است؟
تا جوونی باید مث ساعت کار کنی! پیش به‌سوی آینده!
چه‌قدر بیش از این چشم دیدن‌ام را نداشته باشم پیر ـ ام؟
آن پای نامری‌ام را لب گور دیده‌اید؟
مطمینی نریختی توش؟
هر دقیقه هزار سگ توله مثل من پس می‌افتد به درک. اصلن هزار و یکی!
زیرسیگاری رو عوض کنم قربان؟
و این قهوه لطفن!
تا این‌جاشم لطف کردم باهات موندم روانی!
بگذار برایت آرزوی خوش‌بختی کنم؛ بمیر و گور ـ ات را گم کن!
خدمت شما قربان!
چه زود اول‌اش همیشه داغ است

چیز دیگه‌ای نمی‌خواین؟
بمیرم و گور ـ ام را گم کنم
اگر زود حاضر می‌شود

◈ رضا باب‌المراد

**دو وهم با جن**

۱)
در وقت‌های معین
برای خوابیدن
شکلی که نیست
از میان پرده پیدا می‌شود
ادا در می‌آورد
صدا می‌کند
و سهمی از من را
به جست‌وجوی آنی که نیست می‌برد
گفته است
از قبیله دیگری‌ست
که در خانه ما زندگی می‌کند
معشوقه‌اش به شکل زنی‌ست
که من هم عاشق او بوده‌ام
می‌گوید تقصیر از تو نیست

می‌رود
می‌آید به رختخواب‌ام
جار به پا می‌کند
و من را به جست‌وجوی معشوقه‌اش
که روزگاری مادر ـ ام بود
تسخیر می‌کند


۲)

این خواب دارد
به آخر ـ اش نزدیک می‌شود
دم دمای صبح
میان خلسه
جن‌ها به خانه‌ی خویش می‌روند
و من به خانه‌ای سر می‌خورم
که انگار جشنی در آن برپاست
بیدار می‌شوم کنار سفره‌ای رنگین
به همراه پیر زنی با لباس سفید
مادرانه لبخند می‌زند
(معشوقه‌ی سال‌های نبودن‌ات هستم
عاشق روز دامادی‌ات)
از ترس به رعشه می‌افتم
فرار می‌کنم
و می‌بینم
در کنار مانده‌های کودکی
افتاده‌ام به پهلوی درختی
که در شاخه‌هایش چشم بستم

**دو**

فضای گرفته‌ی شهر
می‌گذشت و
تعویض با نگاه آرام مزار می‌شد
و می‌شنیدم
نقل قول عزادارانی که تشییع می‌کردند
می‌توانست به بارش زود ـ هنگام باران
ربطی داشته باشد
به دستان مادری که لالایی‌اش
دعای شبانه‌ام می‌شد
گنگی‌ام هدیه به باد پذیرنده بود و
در اسلایدها دیدم
خاطره‌ها نیست که می‌تواند
ترکیب صورت‌ام را اندوهگین کند
فقدان تن دیگر من است
که آرامش‌ام را به خاک می‌دهد

◈ **هانا بامداد**


**چه شده عزیز من؟؟؟**


هنوز بهانه‌های زیادی
برای با هم بودن‌مان باقی است

اگر اجازه بدهی این نامه‌های کوتاه را
که همیشه ارسالی ناموفق دارند
یک‌جا برایت پست کنم...


خاموشی مهم نیست
مهم چشمان درشت توست
که همیشه سهم کمی از دیدن مرا تجربه می‌کنند
مهم دستان زمخت توست
که همیشه سهم کمی از مرا لمس می‌کنند


و من سال‌هاست برای یک شکست غم‌انگیز
طراحی شده‌ام...

[۹۰]

در انتظار کسی نیستم که پای دل‌ام بنشیند

حتی
خود ـ ام آخر این قصه
نقطه‌ی پایان می‌گذارم

نترس عزیز من
من هنوز
وسط زندگی تو ایستاده‌ام

## دو

فرق نمی‌کند
من با تمام کلمات زمخت جهان
من با تمام کلمات بدقواره‌ی جهان
من با تمام کلمات تلخ جهان

می‌توانم از تو بگویم
برایت گریه کنم
عطر بخرم
رژ لب بزنم
از تو دفاع کنم
و منتظر بمانم
تا بهوش بیایی
و به یاد ـ ات بیاید
من
وسط زندگی تو
چه می‌خواهم

## ◈ هانیه بختیار

### یک

نگفته بودم‌ات بومادَران بودی از دامنه‌ای سوخته در بحرالروم؟
آن حرارتِ غریبه چنان بود که از پوستِ هفتم خود پوست می‌انداختم، در گونه‌هایِ تو گُل
ابوالهول روی سینه‌ام آتش گرفته بود و از ارواحِ مومیانِ مدفون‌ام دود برمی‌آمد
شفا در اندام بیابان‌گرد تو می‌جوشید به یاخته‌های جرم خیزِ من حلول می‌کرد
شفا در ارتکابِ کامل بود فی یومُ المعاصی!
رگ‌های تو مادام، متقدّم بودند
و نگفته بودم‌ات یاری کن این زمان، تمام عیار بگذرد
و نگفته بودم‌ات ایلوی! ایلوی! لما سبقتنی؟
شریانِ باز من همیشه مرا متأخر کرده است
چندان که به خون خود نشسته باشم در فینِ کاشان
آفتابِ تیغِ تو چشم‌ام را ببُرّاند
باز بخواهم‌ات که تو سایه بزن طاقِ مقرنس الحمراء!
فرارِ فاتحانه با تو بود
فرّاری بخارِ تنِ طرّارت با من از توابعِ تب

**و نگفته بودم‌ات زهی شوکتِ تاراج در تو؟**
**آه ای شکوه از دست رفته، یغماگرِ این تیسفونِ متروک!**
**هذا فراق بینی و بینُک!**

## دو

بابِلی بود
تمدّنِ باستانی صورت‌ات
حواشی جوهرینِ اورادِ طلسم
دو نیلیِ مدوّرِ ماتِ دور چَشم‌هات
و استغاثه‌ی باطل السحر
بی اثر از دهانِ به تنگ آمده‌ام

•

بندِ باغ معلّق دهانِ تو بودم ـ آن دهانِ بابِلی‌ات
و تابِ ممنوعه می‌خوردم در ممالکِ بُخت‌ُ النصر
جادو در مردمکانِ تو رسم بود
هاروت در چشم راست‌ات
ماروت در چشم چپ
گفتم به من نگاه کن
گفتی که چشم نیست چاهِ بابِل است
و من خال‌هایِ سیاهت را مکیدم

•

دهانِ تنگ‌ام ریزش کرد
اصواتِ برانگیخته‌ی مشوّش
زنده زنده جان دادند
گلویم پُر از سیاه دانه‌های تو بود

وِرد نمی‌توانستم؛
مکیده بودم که بخوانم
و در میان ـ رودانِ تو
بمانم
مکیده بودم که بابِلی شوم بابِلی نبودم
بخت النصر بابِلی بود، من بیابان‌گرد بودم
دهانِ تو را باغِ معلّق کرده بود
و در میان رودانِ تو می‌خوابید
من امّا من
خال‌های تو را
من مکیده بودم

## ◈ مرتضی بخشایش

### یک

چشمان‌ام به در می‌مانَد
اگر این‌بار به رنگی دیگر بیایی
اگر صدایت را
از راه دورتری بشنوم

کنار این اتاق
مثل آوازِ گوشه‌های از یاد رفته‌ای
نگاه‌ات
قدمتی هزار ساله
دستان‌ات
شکوفه‌های تازه...

مرا اسیر تاریخ کرده‌ای
منی که تنها
به فاصله‌ی دو لبخند ـ ات زنده‌ام

دور که می‌شوی
مغول‌ها حمله می‌کنند
دورتر که می‌شوی
مجلس را به توپ می‌بندند
موهایت که پریشان می‌شود
یعنی قیام جنگل
دل‌ات که می‌گیرد
کودتا...

بخند!
بخند تا دوباره سربازها
به خانه‌شان برگردند
و تاریخ‌مان
کتاب کوچکی شود...
با سلامِ تو
اولین انسان‌ها به سرزمین‌ام بیایند
و خداحافظی‌ات
زمین را نابود کند

# دو

دوست داشتن‌ات
ریشه در کدام کتیبه دارد؟
پیامبر مهربان‌ام!
لب باز نکن
خسته‌ای    می‌دانم...
همین که نگاه‌ام می‌کنی
رسالت‌ات تمام شده

دوست داشتن‌ات
لنگر به پهلوی کدام کشتی نهاده
کدام دریانوردی
می‌تواند غرق تو باشد و خشنود نباشد
و زمین
این‌قدر دور تو می‌چرخد
تا چه چیز را ثابت کند

دوست داشتن‌ات
همین حیاط خلوت کافه‌هاست
با لهجه‌های جنوبی
مرا به دست‌های تو می‌خواند
خیابان امیر ـ آباد

[۱۰۰]

خیابان جمهوری
خیابان انقلاب
این‌جا مرکز جهان است
و زمان
در لبخند تو متوقف می‌شود

به ساعت نگاه می‌کنم
به چشم‌هایت وقتی که شعر می‌خوانم
به حالت دستان‌ات
وقتی روسری‌ات را صاف می‌کنی
به شصت سالگی‌ات
وقتی مرده باشم
و هیچ شاعری نتواند
ریشه‌هایت را کشف کند

دوست داشتن‌ات
ریشه در تاریخ دارد
در جنگ‌های صلیبی
در انقلاب صنعتی
در دیوار برلین
در تنهایی انسان قرن بیست‌و یکم
وقتی کتاب را باز می‌کند
و بی‌آن‌که خاطره‌ای به یاد ـ اش بیاید
گریه می‌کند

به ساعت نگاه می‌کنم
به سال‌های باقی مانده‌ی عمرم
که برای دوست داشتن‌ات
چه‌قدر کوتاه است

## ◈ غلامرضا بروسان

### یک

بی تو
خود ـ ام را بیابان غریبی احساس می‌کنم
که باد را به وحشت می‌اندازد
جویبار نازکی
که تنها یک‌پنجم ماه را دیده است
زیباترین درختان کاج را حتی
زنان غمگینی احساس می‌کنم
که بر گوری گمنام مویه می‌کنند
آه
غربت با من همان کار را می‌کند
که موریانه با سقف
که ماه با کتان
که سکته قلبی با ناظم حکمت

گاهی به آخرین پیراهن‌ام فکر می‌کنم

که مرگ در آن رخ می‌دهد
پیراهن‌ام بی تو آه
سر ـ ام بی تو آه
دست‌ام بی تو آه
دست‌ام در اندیشه‌ی دست تو از هوش می‌رود
ساعت ده است
و عقربه‌ها با دو انگشت هفتی را نشان می‌دهند
که به سمت چپ قلب فرو می‌افتد

دو

تو نمی‌میری
همچون پرچمی که سربازان بسیاری
در آن شلیک کرده باشند
هر شب به هنگام باد
ماه را از خود عبور می‌دهی
در تو سرگوزنی را دیدم
که هنوز
شاخ‌هایش به سمت کوهستان
کج بود
چشمه‌ای
که پرندگان زیادی را شیر می‌داد
چه‌طور می‌تواند مرگ
از تو
تنها گودالی را پر کند

## ◈ امیر حسین بریمانی

### فرآیند طلسم

با رایحه‌ی شرم با عطر کودک بامزه‌یی که هنوز حرف نمی‌زند
با عبور روح‌ات چند قدم عقب‌تر از اندام
وقتی پرده کنار زدی تا رویشِ سپیدیِ مهتاب بر چهره‌ات
ارواح را عقب بنشاند،
با طراوت پاهات که کمی بالای فرش سُر می‌خوردند،
روی تخت خم که شدی با گوش من چه گفتی؟
چه‌طور گفتی که صدا در سرسره‌های رو به پایین بپیچد و برگردد
و من این راز را نشنوم؟
ای وهم طولانی! بر من چه رفته است؟

احساس می‌کنم در زبانی که حرف می‌زدم
برای توضیح وهمی واقعی
کلمه کم داشتیم
در خواب‌ها می‌دیدم که روزی به دنیای تو می‌رسم؛
مهتابی که مذاب شده است، روشن‌تر است

وَ سپیدی از آیینه بیرون می‌زد
به دیوار می‌پاشید
وَ ساعت را پرسیدی
وَ وضعیت بیرون را نمی‌دانستی که سیاهی‌ها
احتمالن عقب رفته‌اند؟

دعوت‌ام کردی
دیوارها مانعی محسوب نمی‌شدند.
برخاستن چه جنمی می‌خواهد
وقتی تخمِ ورد تو در شب ترکیده است

دل‌ام برای این‌جا تنگ خواهد شد؟ و چشم باز می‌کنم:
هم ریتمِ اجسام که موج خورده‌اند،
مار بلندِ با پولک‌های آینه‌ایِ بر اندام‌ات می‌خزد
بر زیباییِ تو آیا افزوده است؟
و تن من‌ام حتمن موج خورده است
اگر دفعه اول مرا این‌طور موج خورده می‌دیدی
مرا دوست می‌داشتی؟
وَ لبخندی که برای شدن بر لبان تو دارد خیلی حوصله می‌کند.

بانگ نغمه‌ایی در جهان آغاز می‌شود
توضیح می‌دی: "پیانوی عظیمی در صخره‌های اهریمنی نهان است
صدایی محکمُ یک‌دست در جهان پراکنده می‌کند"
کوهی که دل‌اش تنگ شده است
جهان که موج می‌خورد
وَ تو که تن‌ات به نرمی ازم عبور کرد الان
و همه‌ی نگاه‌هایی که با کمترین توجهی
در دل تاریکی مشکوک بیشه‌های تکُ توک محو می‌شوند
چند دقیقه تا فرو ریختن این‌جا باقی‌ست؟

بیرون از خانه روی خاک سخت

در انتهای جهان، مهتاب بالایِ کوه تفتیده است
چند ساعت دویده‌ایی و همه‌اش پنج گام بلند دور رفته‌ای
پیچ وُ امواج دنیا در حال آرام گرفتن است
و عمقِ این شب آشکار می‌شود.
آذرخش در آسمان می‌ترکد
به تندی از بالای سر ـ ام گذشت
مار به پاهام پیچیده بود
و تو در حال فرود بردنِ گامی بلند، خشک شده‌ایی
سرعت‌ام کم‌کم معمولی می‌شود
جهان از ریتم می‌افتد
مار قفل شده است
تو خشک شده‌ایی
وَ صدای آهنگ که در یکِ نتِ نصفه تکرار می‌شود

## فرار از طلسم

تشنجی گسیختهٔ لرزش گسترد
وَ تمام را لرزاند.
در این لرزش
حقیقتی بود وُ نیلوفری
در خشنِ در چشم جای گرفت
گرم بود وُ سپید بود
به آرام از هم پاشید

می‌افشاند پره‌های نیلوفر رو باد در این لحظه
نیلوفری می‌ترسد که در دوردست‌ها چه‌گونه فرود بشیند؟
ما می‌دانیم لطف این مرگ
به مرگِ الهه‌ی پریشان است
که در رسیدنِ مرگ‌اش،
ابرهای خفته را می‌آشوبد
(آشفته‌ست اکنون)
و ازین‌رو،
حیله‌هایی را به‌انتخاب باور نمی‌کنیم

چکید بر نیلوفر، آب
سُر می‌خورد
قطره‌قطره فرو می‌لرزد

می‌نشیند در تیغ.

خلاصه، خاکی که تشنج می‌کند          نیلوفری که می‌لرزد
و گردبادِ وهم که در چرخش است؛
همگی در این گسترده خواهند فرسود
برادران آن‌گاه چه می‌ماند؟

آه قطره‌های پولادین!
در دریافتِ صفوف طلاییِ خورشید،
(آن‌گاه که در خروشی شادمانه است)
چه فکر می‌کنید راجع‌به تنِ بی‌وحشتِ ترس؟
چه‌گونه می‌توان دست‌های اهه را گرفت
آن‌گاه که به‌درون‌اش می‌کشند...

(ما می‌دانیم) لطف مرگ در اهه‌ بی‌ست آکنده از بلورهای یخ
و افسردنی گسترده در جویبارهایِ جریانِ مرگ...
راستی خواب‌تان نمی‌آید؟
ای شعارهای پاک در مشت‌های پریده رنگ
خون‌تان بند اگر نمی‌آید، به‌کدام آرامگاه
چشم گشاده‌اید هنوز:
به‌سربازانی غنوده در زیر پره‌های خشکِ نیلوفر          تلنبار شده برهم؛
سرخی و سرباز یکی در میان در پلکانی تا ارتفاع ابر
آب می‌چکد؟
آب آب آب می‌چکد
این آبی که می‌چکد بر نیلوفر،
از اشک سربازان فاتح است
مرگ‌تان نمی‌آید اگر سربازانِ مهلک
چشم بر کدام قدیس بسته‌اید؟
آه قطره‌های پولادین آه
آن کدام قدیس بود سپید
که ردَش بر آسمان

محو می‌رفت؟

نیلوفرِ در دوردست چقدر غمین‌تر است برادران
لای جسدهای متشنجِ نیمه‌جان
در دوردستِ شکست آن‌جا که می‌افتاده‌ایم،
آن‌قدر آب چکیده است که سرخِ سرباز
درهم تنیده‌اند: لجنِ کثیف؛ زننده.
قایقکی از جنس نیلوفر که اهه در آن پارو می‌کشد،
سربازان مرده را از آب بیرون نکشید
ای قطره‌های پولادین
به‌بهانه‌ی یک تیغ با ما چه کرده‌اید؟

دوحیله دارم که یکی‌اش را باید باور کنید

◈ خسرو بنايي

## یک

بگویی ماه بهمن است
بپرم از خواب و
کودکی کنم با اشباح سرگردان روی لرزش دندان‌ام
با رشته‌ای از لرزش
که نماد زمستان را
در لابه‌لای دهان‌ها رها می‌کرد
و دهان
معبدی بود تا گره‌خوردگی‌های روی انگشت مصمم
و مرگ
گلوله‌ای تعلیم دیده
برای شهادت
قامتی شد برای صفوف ارواح بر خیابان
که تخمیر می‌کرد دهان را درون هر خانه
کسی که هوار می‌کشید
اسکلت رویاها را از دهان خارج می‌کرد

و دهان‌ها
غارهای صمیمی برای شعار بودند
جنین را تا قبر می‌رقصاندند
خود ـ ام را به گرگ‌ومیش رقص رساندم
برای سایه‌ها
گودالی با دهان رسم می‌کردم
گودالی که از دهان بزرگ‌ها نترسد
گودالی باشد از صداهایی که به گرگ‌ومیش نرسیدند
شهادتی
که از رسم ناخودآگاه به خیابان می‌رسید
وحشت‌زده بودم
از ضربه‌هایی که وجدان در وضعیت سرما می‌بخشید
باید تمام آسمان و ابر را
در تن تو خلاصه می‌کردم
وقتی آن غروب نیامدی
گفتی به لایه‌های دیگر ـ ات سرک بکش
از دالان‌هایی که از ریشه هر روز عبور می‌کرد
گفتی در انتهای هر دهان
تصنیفی ته‌نشین می‌شد
تو ناگاه امتداد دهان و دندان را تشخیص دادی
و بلوغ انگار دهان‌هایی بود
از لولای زمستان
در رفته بود

## گلوله در مشایعت تن

داستان از نوک انارها آغاز شد
از کودکی
از نوک خونی
که به نوسان باد بخشید
و قهرمانی
پلکی افتاده
در مراسم آخرین لیوان بود
که تشنگی در آن
رو به آسمان تمام می‌شد.

حرف اندام‌ها نیست
حرف استخوان‌ها
که در قرص جاذبه
می‌لرزد
فرض را بر آخر ـ الزمان بنا کردم
مماس روی حدقه بلوطی خارج از نقاشی یک جنگل
که وطن را در خود کهنسال می‌کرد
نه نمی‌گویم
که بگویم اگر درختی
مرا و تو را و دیگری را تشخیص می‌داد
که ما

قرص ماه را
یکسان
به صبحی از گلوله آموختیم
و صبح در لخته‌هایش
قندیل اگر بست
نام‌اش
خون نیست

این شگردی‌ست که دست آموز
هیچ لبی اگر نبود
من اگر خسرو ـ ام
خسرو
پادشاهی
که قله‌ها را از دامنه‌ها به قاعده‌اش عادت نمی‌داد
و خیره
تا انقلابی بخار شود
از معده‌های گرسنه
از گرسنگی گریخته از لب
از لبی که تخمیر می‌شد
لب‌ام را از میخک گیر کرده از میکروفن‌اش خلاص می‌کردم
و دست‌ام
که شکوفه‌ای
از مشت رها
باید مرگ را از خلاص تو رها می‌کردم
کسی که برف را
از زمستان ساخت
نام‌اش به سرخی تو نبود
که برای غروب یک صبح‌ات
مرا به شکنجه شعر عادت داد

◈ بهزاد بهادری

## یک

توی ساختارِ ظاهرا گیجی... /: انکار می‌شود
بعد از هزار و سی‌صد و شصت‌و دو سال
همین که به قنداق‌ام بستند
سقف
      سر رفت
      از حوصله‌ی دیوار
دود
      بالا
افتاد

و آتش
با سرشماریِ خانه‌ها
تشدید گذاشت روی عزیمت

و این‌ها همه
تصمیمِ ویرانی بود

در فصل کورتاژ و حماسه
کارون‌ام
حدیث دریا شدن را
گم کرد زیر پل
هم‌بستگی زبانه کشید در شهر شعله‌ور، بحران!
با علایم مادرانه دچار
با علایم مادرانه دچار هویت شد
کنار گهواره نشست
گهواره را جنباند

خانم‌ها آقایان!
- به نام پدر بنویسید: خلیج
و فارسی بخوانید
: سوار بر موجی که شیشه‌ها را شکست
دل به باتلاق و جنون
رفت و مفهوم سیاه و سفیدی پوسید لای عکس‌ها
رفت وُ مادر خانواده را به دندان گرفت
مثل تمام همسایه‌ها
بی‌یار
به دیار دیگری

- گاهی پا به پای جاده
گاهی پا به پای جاده راه را می رفتیم
گاهی با دیدنِ صداِی هواپیما از دور دست
ترس فرا می‌رسید
به لکنت می‌اُفتا دیدیم وُ دیوانانه‌وار
می‌دویدیم روی اعصاب زمین
مادر
نمودار دقیق گریه بود
- به جنوب!
در شهرهای شعله‌ور - ام

شرجی هم‌چنان موج می‌زد از فصاحت دریا
تلاقی می‌کرد با آفتابِ یک‌بند
تا این خاک نمک‌سود
این سراپا سوخته
از هویزه هفت تپه و هفتگل
تا شوش مشوَش
سهراب کم نیاوَرد
در محراب حماسه
{ آن‌قدر که امروز روز رستمِ دستان‌ام آرزوست
با تبری در دست
هم از آن‌گونه که ابراهیم به ریشه‌ها زده بود
بیاید به قرائت نخلستان حلوا زدایی کند از حرمت خرما
که حلوا به دندان عقل‌ام اشک است}
با هجرت پدر از پیراهن‌اش
کودکیِ فرصت‌ها سوخت
رنگ اسباب‌بازی‌ها رفت
کانون گرم خانواده علیل شد
مادر     مادرد
برادر     برادرد
و خواهرکان‌ام با تخم‌ریزی هواپیما
عروس خرابه‌ها
انگار شخم خورده بود کوچه
با

بارانِ
موشک
بر خلاف خمپاره!
نه اهل سبک سری و کشیدن سوت
نه قانع به یکی دو سه تا خانه
بی‌سر صدا سر زده
با اعتقاد صادق بر آهنِ گران
هاج می‌نشست گوشه‌ی دنج شهر

سنگر خوب و قشنگی داشتیم:

کمی بعد...

کون و مکان خود به خود به خود می‌لرزید
از های‌های بیوه‌های جوان
هنوز تاول‌ها تازه بود
هنوز تاول‌ها تازه است!
به‌صورت کاملن تحمیلی
تا هر روز حوزه‌ی جراحت را
با حقِ هق‌هق و مزه‌ی مُضاعف حلوا مظنه کُنُم کا!
مؤ بچه جنوبُم خوزستان!
دنیا که اومِدُم
دنیا به ما نیومد
زیر گوشُم به جای اذون
مادرُم
به رنگِ آژیر فکر می‌کرد
هم‌رنگ آژیر جیغ می‌زد
پِلاک پدرُم
آویزون مونده بود رو سیم‌خاردار
بی‌بی که خون گریه می‌کرد
خواهرُم تِکیده‌تر می‌شد
حالا که مُو نفت بالا می‌آرُم
تهرون تُپل‌تر می‌شه
به قول بِچِه‌های جنوب
با تو حال همه خوب است اگر بگذارند:
عمر شب رو به غروب است اگر بگذارند
می‌شود حرف نزد سوخت غزل خواند ولی
نفت ناموس جنوب است
اگر بگذارند با احداثِ هویتی کوچک و گرم از تو
تا ترسیم خاور ـ میانه‌ی نو

انگشت سوم می‌زند به گلو
کمی جهان بالا بیاورم
چند نامه‌ی فدایت شوم بنویسم برای خدا
شاید حال دنیا بهتر شد وُ
موُ هم...

## ◈ ارمغان بهداروند

### گرگ

خیلی وقت است
یخچال این خانه شده‌ام...
آشنایی ما به سردردهای تو برمی‌گردد
به پیدا کردن قرص استامینوفنی
که تنها خاصیت‌اش لال کردن تو می‌تواند باشد
به پر شدن لیوانی
بعد از پریدن از یک خواب ترسناک
که تنها خاصیت‌اش کور کردن تو می‌تواند باشد
آشنایی ما
به میوه‌هایی برمی‌گردد
در متن سیاه و سفید گفت‌وگوهای ما دو تا
که تنها خاصیت‌اش کر کردن تو می‌تواند باشد...
دندان‌های گرگ
در این خانه منتشر شده است
او          گرگ‌ام به هوا بازی می‌کند

تو گرگ به گله‌ات زده است
و من تا چشم‌های تو باز است
آتشی روبه‌روی این دایره‌ی گرگی دارم...

دیر وقت است
شاید رسالت امشب من این باشد
که از روی همین چهار پایه‌ی چوبی
و با این دایره‌ای که تنگ‌تر و تنگ‌تر می‌شود
دلواپس گرگ‌هایی باشم
که دست‌شان به گوشت نمی‌رسد
گرگه‌ایی از کلاغ کمتر...

## ارکستر سازهای کوبه‌ای

رادیو از برف سنگینی که باریده
رادیو از غیبت ناموجه گربه‌ها
رادیو از احتمال عطر افشانی اینترنت
رادیو از ناآرامی‌های بی‌سابقه‌ی ایالت پنسلوانیا
حرفی برای گفتن دارد
اما روی هیچ موجی تو نیستی...
تهران از کوک افتاده است
آزادی از پا
انقلاب از اصل
غمگین‌تر این‌که همه‌ی پیاده‌روها
به جان یک‌دیگر قسم می‌خورند و دروغ می‌گویند...
حال تو خوب نیست
باید طوری وانمود کنم
که تو خود خود ـ ات هستی
و روزنامه‌های عصر
هیچ نسبتی با تو ندارند...

◈ محسن بیدوازی

## کارگران

از خود سوال می‌کنم
آیا آنان که در کارخانه‌ی اسلحه سازی کار می‌کنند
کارگران مرگ‌اند؟
آنان که فروشگاه لوازم آرایشی دارند
کارگران زیبایی؟
و من که شاعر ـ ام
من که سطر به سطر در هر شعر
خود ـ ام را تنهاتر می‌کنم
کارگر تنهایی‌ام؟
آیا
آنان که خانه‌نشین زندان‌اند
کارگران آزادی بوده‌اند
و کارگردان
با زندگی کارگرها بازی می‌کند؟!

[۱۲۶]

چیزی برای توضیح نیست
ما گرسنه‌ایم
و به هر قیمتی
و در هر کجا
کارگران مشغول کار ـ اند

## آن‌ها

آن‌ها سوسک‌ها را نمی‌کشند
آن‌ها هنوز آن‌قدر عاقل نشده‌اند که روی گل‌ها تف نکنند
آن‌ها گاوها را می‌دوشند
سوار بنز می‌شوند
و به تقویت قوای جنسی‌شان فکر می‌کنند

آلیس در سرزمین عجایب
حسن در لی‌لی‌پوت
من در نخ تو
همه امان دسته جمعی فالوده‌ایم

انگشت‌ات را در چشم‌ات فرو کن
در گوش‌ات
در دهان‌ات
و مزه‌ی انسان را بچش

آن‌ها پدر آسمان را
از لابه‌لای پوسته‌ی شکلات‌ها در می‌آورند
می‌گذارند در دهان‌شان
و ما هنوز
حتی مزه‌ی خودمان را نچشیده‌ایم

◈ کورش بیگ‌پور

## یک

مهاجرت می‌کنم
تکه تکه از اتاق به خانه ـ خیابان ـ
از حمام به پشت میز
چهار گوشه‌ی تخت
و در گونه‌ی تو غرق می‌شوم
به گونه‌ی تو ـ بخار ـ
نیمی از من، دور می‌رود
نیمی پارو زنان
و شعر، در تو، به جای تو [مرا تعمید می‌دهد]
پشت بام، فراز می‌شود
بین دست‌هات، شتاب
و روی شقیقه، جریانی‌ست مشکوک
خود ـ اش را به اشیاء، تبدیل می‌کند

تعجیل چرا می‌کنم؟

مرگ، خواهر همین قایق است
بی‌باد، هیچ کجا نمی‌رود
و تلفظ نام تو
شکل هوایی که می‌خورم
قلابی در رود خون
و پروانه‌ای پارچه‌ای، تیزی‌اش را [انکار]

اعتراف برای چه؟
تو، همه را می‌دانی!
آن‌قدر، نزدیک شده‌ام
که دیگر، وجود، ندارم
و نام تو، عریان است
می‌پذیرد مرا
و بیرون می‌زند
مثل خوابی که قرار است...

گفتم ببینم؟
تو باید بهتر بدانی
من، دارم، تنها خود ـ ام را حرف می‌زنم
و خانه را
خون را
تو را، از آنِ تو می‌بینم

مهاجرت می‌کنم
میان اتاق، آواره می‌شوم
بین دیوار [کلمه]
زیر فرش، روزنامه‌ای که ریشه‌های ترنج، خون‌اش را

من، اجازه‌ی اقامت ندارم
در سفر مدام، تجزیه می‌شوم
و تکه‌هایم
شعری که می‌خوانی...

## دو

در ساعات شب
حجم بی‌قواره‌ی فرصت، دود می‌شود ـ دود ـ
کبودِ عزمی که خلاصه
چنان‌که روابط، در خوابگاه‌شان [انبار]
و یکی قبله ـ غالب ـ
گفتنی نیست
انگار زبان
در نادهانی بدون لب، هی بچرخد
و خشک، گلوی نداشته
خِس وُ خِسِ سرگذشت‌ام که اصلن، حلاوت نبود

طول کفن، در دارازی زندگی ـ رنگ سپید پارچه‌ای ـ

ناخن و عفونت، شامِ خزنده‌گان
و دمل‌های چرکین
نقش شکوفه‌ی گیلاس
در خانه‌ی رفیقی، بی‌حیاط

آی احتضار ـ سپید ـ
امروز، میلاد تو باشد ناگهان
یا انتحار نیاز وُ در خواب

کراهت، بپاشد بر ادامه‌ی روز
شب، مناره‌ی مکانی بی‌تقدس
(تاکیید می‌کنم، بسیار بی‌تقدس)
و من،
رنگ تیره‌ی لثه ـ ورید ـ بعد از هفته‌ها نوشخوار
و نازل
و نزول
خیرات

بلا تشبیه، داغ شده‌ام
دیگِ بزرگِ نذری
به احترام اشباح ـ استخوان‌های شکسته، پوک ـ
ریش‌های سپید وُ انبوه
و عمیق مرگ
بدن را دو نیم، سه نیم
یا خفه!
یا خفه!
بلند شو
نعش در نمک‌های کرانه
کوه
دریا
خوک
نترس! بالا بیار، قی کن
تف به صورت عالی‌جناب
و باز
بخواب، غرق شو
بخواب، غرق شو
غرق شو، غرق شو...

## ◈ فرزین پارسی‌کیا

### ترجمه‌ای از «پدر و دختر» [۱]

افق در چشم انداز ؛ همتای مجرد دستان‌اش بود
صدای زنگ دوچرخه
مترادف کلاه‌برداری همسایه.
از هر روز تا هر روز دریاچه را می‌پایید
نقش خداحافظی، ذات قایق بود
با چشمی که افعال زمین را کلافه می‌کرد
پدر برمی‌گشت چون خود ـ اش گفته بود
و وحی، منزل‌تر از این نیست
پس بارها در پرسپکتیو رسیدن به خانه پنچر شد
و بازگشت و محو شد در شفق منتهی به این خط
ـ این نشان که زود برمی‌گردم
بعد از آن مرعوب رد مهاجر هیچ چرخی نشد
و باد کلافه را به بیدهای لیلی بخشد
ـ این بیدها را نشانه کن، برمی‌گردم دختر!
این‌بار با دختر ـ اش برگشت و

تمام آیات پدر را
دوباره از بر خواند
و این‌قدر ایستاد
تا زیر پای دریا علف سبز شد

---

۱ـ Father and daughter انیمیشنی از Michael Dudok de Wit

## سال خوردن با سالسا

خواب‌ات عادی نیست
دیدن‌ات عادی نیست
و این‌که در این رمان می‌چرخی
اصلن عادی نیست
در جیب‌ام جا می‌شوی
لای دستمالی از کاغذ
و مچاله‌ی یک اعلامیه
و بعد از بلند ـ گویی که کوتاه نمی‌آید از آوای کشیده‌ی «عین»
چشم‌ام را به موسسه‌ی خیریه می‌بخشم
زبان‌ام را به حلوا
و اعصاب‌ام را به سکه‌ی نداشته و نامه‌ی ناگشوده‌ی حافظ
از جیب‌ام می‌افتی
حک می‌شوی بر روی سنگی
با دست‌های کوچک «اسکار» [1]
همان که طبل‌هایش را دیگر کسی نمی‌زند
چند ماه طول کشیده بود
و حوصله‌ام از لب به لب بودن سر باز می‌زد
این درست عین این بود که جایمان را تعویض کنیم
این را تو باور داشتی؛ من نه
و این تمام اتفاق شد
از فصل چهارم سالی یک‌بار بیش‌تر نیامدی

به رسم پاهایم دراز شدی کنار ختمی‌ها
و دست‌خط اسکار را به آب دادی
از بی‌سوادی تهران گفتی با طای دسته‌دار
و سود سهام که سر بالا می‌رفت
و ابوعطا ویچ‌های[۲] بزرگ فاضلانه
کتاب‌ات را به چاپ دادی
با همان که بالا می‌رفت
و اسم‌اش را با احترام به من
تقدیم به بالابرهای برجی از اهیه کردی
من چشم گذاشتم
تو اما ذوق‌زده
سال خوردی با سالسا
خواب‌ام عادی نبود
ندیدن‌ام عادی نبود
و این که راوی از بن و ماضی مرده باشد
اصلن عادی نبود
از لای کاغذی مچاله افتادم در
چاله فضایی‌تر از آن بود که سر در بیاورم

---

۱ـ شخصیت رمان طبل حلبی اثر گونترگراس

◈ **سهند پاک‌بین**

## یک

دل‌ام می‌خواست به صدایت بگویم خانه
که صدایت سقف داشت
که صدایت می‌توانست مکث کند در گوش‌ام
مکث کند در گوشت‌ام
دل‌ام می‌خواست به صدایت بگویم خانه، صدایت در داشت
آدم را پشت در نگه می‌داشت
صدایت هفت پشت‌ام بود
با صدایت می‌روم خرید روزانه
با تو برمی‌گردم
صدای تو چاقو است وقتی گوشت گوساله را برای خورشت قیمه تکه تکه می‌کنی
و من با یک زیبایی غیر ـ عمد مرده‌ام.


سال‌ها در باجه‌های تلفن در اشغال تو بودم
الو
گوش کن

این صدای آتشی نگرفته‌ام
آتشی که قلب‌اش را تحمل می‌کند
الو
گوش کن
تو نیستی و قلب برای زندگی ضرر دارد
زندگی ضرر دارد
کوچه برای خیابان ضرر دارد
هوا، هوا ضرر دارد و من هنوز از هوای تو می‌خورم این هوای اشک‌آور

تو نیستی و سرباز وطن برای خیابان ضرر دارد
خیابان اکباتان ضرر دارد.
می‌خواستم برایت گریه کنم
اما چشم‌هایم عمل نمی‌کنند
چشم‌هایم عمل نمی‌کنند و چشم‌های تو در اشک می‌سوخت
می‌خواستم عاشق‌ات باشم اما قلب‌ام عمل نمی‌کند
قلب‌ام عمل نمی‌کند که قلب تو در خون می‌سوخت و من
به "دویدن در خانه‌ای که می‌سوخت فکر می‌کردم"[۱]

اما این شعر آن‌قدر عاشقانه است
که بی‌هوا برهنه شوی
برهنه شوی و گریه کنی
پستان‌هایت را در دست بگیری و گریه کنی
احساسات را بمالی
بمالی
بمالی
احساسات‌ات را پاک کنی
به این فکر کنی که ساعت دارد روی دیوار هدر می‌رود
و دست من زیر سر ـ ام دارد هدر می‌رود.

---

۱ـ وام از نام کتاب "خندیدن در خانه‌ای که می‌سوخت" شهرام شیدایی.

## دو

همیشه فکر می‌کنم دو سر دارم
یکی که بگذارم کنار بالش‌ات آرام
و قلوه سنگ فرو برود کف آب
کف آب با تو بخوابد

یکی که بگذارم روی سینه‌ات آرام
گوش بدهم به تن‌ات
من به تن‌ات گوش می‌دهم بگو
که اسم‌ات شادی جان بود و چشم‌های کم‌رنگی داشتی
تو بگو که من هر بار حرف می‌زنم کسی می‌میرد
چریکی که دهان‌اش همزمان آبستن مرگ است و زندگی
و همیشه چند تیر تعقیب‌اش می‌کنند و خلاص نمی‌شوند
دست‌هایت را با نام خانوادگی‌ات صدا می‌کنم
قلب‌ات را با نام خانوادگی‌ات صدا می‌کنم و نگاه می‌کنم به دخالت غم در چهره‌ی تو
گوش می‌دهم به دخالت عشق در جریان خون
از تو صدای جنگل
از تو صدای آب می‌آید
از تو صدای راهپیمایی ۲۲ بهمن می‌آید که داری حاضر غایب می‌شوی
از تو صدای صبر کردن می‌آید
تو ادامه‌ی طبیعی مازندران در اتاق منی

و من فقط داشتم تاریخ را مرتب می‌کردم
تو می‌توانی چشم‌هایت را پنهان کنی میان این‌همه انبوه
دست‌هایت را پنهان کنی میان این‌همه انبوه
بدن‌ات را پنهان کنی میان این‌همه انبوه
و من فکر کنم تو در پنهانی
همان‌طور که می‌توانی گسترش پیدا کنی
نشت کنی به هوا
در آغوش‌ام گریه کنی
در یک عکس قدیمی بخندی
بخندی
بخندی و پاره شوی
با مشروطه‌خواهان از تبریز به تهران بیایی
و در یک میتینگ سیاست‌مداری به چشم‌هایت نگاه کند از دشواری‌های
زندگی حرف بزند


و الان با من بخوابی کنار خزر
بعد من سر ـ ام را که سر ما بریده بود بردارم از روی سینه‌ی میرزا کوچک خان
بدهم دست عین‌القضات با خود ـ اش ببرد همدان
خواب ببیند

## ◈ وحید پورزارع

## آن‌ها

رود مرزی‌ست
که بد و خوب را از هم جدا می‌کند
آن‌ها گفتند ما خوبایم
و آن‌ها گفتند ما خوبایم
حالا چه‌گونه بد
از آب گذشت و تمیز شد ... بماند

... و ماهی‌ها
خفه شدند
این دهان باز کردن
عجب حکایتی‌ست

آن‌ها که گفتم ... خودی‌اند
وگرنه آن‌ها که آن سوی‌اند آن‌هایند

رود بخش اعظم این شعر است
که عمیق می‌شود اگر
قد تو کوتاه باشد
می‌توانی از آن‌ها که بلند ـ اند
کمک بگیری اما
کدام آن‌ها
خودی ها
یا آن‌هایی که آن‌هایند

سرزمین خوب من
دوست می‌داشتم تمام مرزهایت رود بود
و برای خروج کمی نفس می‌دادند
نه گوش گیری
که نشنویم
نه آب که زمانی جان بگیرد که غریبه‌ای
ما آن‌هاییم انگار
پس آن‌ها کیستند
دو تیم با پیراهن هم‌رنگ قطعن مساوی‌اند
و گلی که از دروازه‌ها بگذرد
خودی خواهد بود

رود به دریا نمی‌ریزد
گودالی پیدا می‌کند و
به حال خود زار می‌زند
تکلیف ماهی‌ها اما
با قلاب روشن نیست
قلاب آن‌ها
یا
قلاب آن‌ها

## فالش

چنان دکمه‌ای چسبیده به سینه
چنان هویجی که برف را آدم می‌کند
چنان بگو سلام که سرما بخورد صدات
همان‌ام

برف اگر نُت باشد
انگشتان‌ات خط حاملی‌ست
که در هوا رهبری می‌کند
ارکستری از فاصله‌هاست انگار

کلید خانه در جیب‌ام
کلید سُل در صدام
کلید برق اما خاموش است
بزنم به سیم آخر
صدای "بم" بدهد دیوار
فرو بریزد روی سر ـ ام
و تلویزیون هی بگوید روی گسل‌ایم
هی بگوید و هی آنتن برود
های های گریه کنم
بعد

های های بخندم
بعد بگویند دیوانه‌ای
بعد واقعن دیوانه شوم
بریزم توی کوچه
بعد بروم زیر ماشین
بعد بگویند مرده
بعد واقعن بمیرم

چه‌قدر بَعد دارد کسی که قبل ندارد

چنان سطلی از زباله، خوش آب و رنگ
چنان گربه‌ای معطل از بوی خوب یا بد
چنان ساعتی از رنگ آسمان
که شب نیست و نه روز
همان‌ام

ارکستری از فالشی‌هاست عشق
آنی که آن ته دارد می‌خندد
گندی زده حتمن
که فقط رهبر می‌داند و
نت سکوت را
یادآوری می‌کند

## ◈ رویا تفتی

### مثل دهکده‌ای در دامنه‌ی آلپ

این شعر را هر روز می‌گفتم
از دو سال و پنج ماه پیش
روزهایی که به طِزرِجان رفته بودم
طِزرِجان ییلاق کودکی من است
باید از تفت رد شده باشی
از سرِ دیدار بگذری
برسی به آشنایی
خیابانِ فرهنگ
سرِ خِیم
پای چنار
تلِ عاشقان
لبِ رودخانه
چشمه، چاه
مزرعه‌ی پایین
کوچه‌های آشتی‌کنان

و کوه‌هایی که یک نفس می‌شود رفت از آن بالا
به برف‌خانه نگاه کرد
و پرچم خاطره‌ها را برافراشت
و کوه‌هایی که نمی‌شود
کامل است مثل دهکده‌ای در دامنه‌ی آلپ
از برای به یاد آوردن و بردن‌اش جای مساعدی‌ست
مثل هر جای دیگر که تابستان‌های بچگی‌ات را گذرانده باشی
برای پیدا و گُم شدن
مثل هر جای دیگر که پیاده طی کرده باشی
جای مساعدی‌ست
گیریم مردمان‌اش عادت‌های دیگری دارند
و به اشکال مختلفی محیط‌شان را تخریب می‌کنند
مرغ‌ها این‌جا هنوز تخم‌های‌شان را بیضی می‌گذارند
شکل چشم‌های‌شان در فصلِ کُرچ
مثل دامنه‌ی آلپ
زرده و سپیده دارد
آسمان نیمه ابری این‌جا تا هر کجا

عاید ما هم از جنگ جز ویرانی نبود
و از جهل
مثل جنگ‌های صلیبی
بستگی دارد کجای تاریخ سر برسی
وگرنه چشمه که شغل شریف‌اش جوشیدن است
و بستگی ندارد
ریشه سر به زیرِ نَم است
چه بسا زرده‌ها که پوسته نبستند
کجای تاریخ‌ام؟
کجای غم؟

درخت‌های جوار رودخانه صدای ارّه را واضح نمی‌شنوند
و بلندگو را

میانگین عمرشان اگر ریشه‌کن نشوند بالاتر است
درخت‌های جوار رودخانه از علنی شدن ریشه‌های‌شان اِبا ندارند
و این که قَداقَد افتاده
رازِ مرگ می‌داند
و آن که ایستاده خشک
من چه می‌دانم
درخت‌ها ساعت را بین خودشان تنظیم می‌کنند
تا لابد از همه با ارّه در میان بگذارند
چند نهال دور از من
دورتر از تو
خاطره‌های‌شان را زیر نور می‌نویسند با شاخه
و با برگ‌های‌شان
پاک می‌کنند
مثل درخت‌های دامنه‌ی آلپ
در مخفی‌ترین جای تنه ثبت می‌شود شعرهای خصوصی‌شان

درخت‌ها سفر نمی‌روند
ریشه‌های‌شان در قطار جا نمی‌شود نمی‌روند
گاهی اما به تندیِ باد شاخه می‌شکنند
به خشکیِ سال تنه را پوک
بی سن می‌شوند
مخفی می‌کنند از ما
نمی‌روند
حتی اگر سر رفته باشند
از تنهایی
به خواب هم می‌روند
با هم می‌خوابند
خوابیده پوست می‌اندازند
نمی‌روند
مثل دهکده‌ای در دامنه‌ی آلپ

## علامت مشخصه

قطره‌ای سفید فرو در بطنِ افتاده
او باخت یا افسانه‌ها فقط شکل تکثیر گرفتند
و اسطوره‌های بی‌دانه
چشم‌ها را مسئول گذاشتند

در رطوبت بودن معنی شد

با آن که خال داشت
علامت مشخصه‌اش همیشه بند ساعتی که عقب می‌ماند
و حوصله‌ای که مدام سر می‌رفت
بر درگاه نشست و چین‌های پرده را در خواب‌های شیطان خلاصه کرد
او باخت؟
یا آن که شیب ذهن‌اش پخشِ برگه‌های سوال شد

در بطنِ افتاده چین‌های بی‌مدام، نقش خیال را بازی که می‌کنند جسمی
میان استحاله‌ی بودن تا تاشدن
احساس می‌کند یک بار باختن را نبرده است
و در کشاله‌ی ران‌اش مور مورِ پا به ماه گذاشته‌ای تکرار می‌شود
شاید نباخت
با آن که چشم قرض می‌گرفت برای سرودن شعر
اما علامت مشخصه‌اش

بچه‌ای سرِ راه

این است که می‌نشیند و تق تق تلق تخمه می‌شکند

◆ صمد تیمورلو

## یک

تو همانی هستی که در من
به زندگی‌ات ادامه می‌دهی
تا برسی به مرگ
آن‌وقت می‌بینی این تو نیستی که می‌میری
کس دیگری‌ست
که هر دوی‌مان است

**دو**

شکل‌ام را گذاشتم کنار
همین‌طور مغز ـ ام را
هر چیز را که از خود ـ ام در من بود
ریختم بیرون
به آینه نگاه کردم
چیزی را دیدم
که نه اسمی داشت
نه گذشته‌ای

## ◈ ستار جانعلی‌پور

### یک

هم
ابری هستم اندازه‌ی حیاط خانه‌ات
هم
کلمه‌ای که لب‌ات آرام از آن می‌جنبد
هم
حلقه‌ای که تنگ با انگشت‌ات خفته است

باد سمج‌ام
که بی‌شرمانه پیراهن را به تن‌ات می‌چسباند
هم گلوله‌ی سرگردان
که بی سر ـ پناه به سینه‌ی تو فکر می‌کند

می‌توانم هر چیزی باشم
هر کسی
اما ترجیح‌ام، کاغذی بی‌جان است
تا مردانی که دوست‌ات دارند

## دو

ک. م. آ نیستم، کارگر معدن آق درهام
و آن‌که می‌خواند دهان‌ام نیست
مهره‌های فرسوده‌ی کمر ـ ام هستند

من با مهره‌ی پنج
کریم با مهره‌ی هشت
تازه ـ واردها با مهره‌های جوان‌شان
و آن‌که چرخ دستی‌اش
طلا را در دل سنگ‌ها می‌برد
با مهره‌ی چهارده‌اش آواز می‌خواند

ما با همین آوازها، دل سنگ‌ها را به طلا نرم کردیم
با همین آوازها، گودی دست‌هایمان از هوا پر شد
و با همین آوازها، خیال شیر در سینه‌های زنان‌مان جوشید

آی برادر ـ ام که به معجزه ایمان داری
به ید بیضا، به شق‌القمر
چه‌گونه است که ید بیضا یک قاضی
از زیر بغل پر مویش شلاق در می‌آورد
تا تو را شق‌الکمر کند

چه‌گونه است دو سمت صورت‌ات
همیشه به عدالت سرخ است
و آن‌چه را برای بردن به خانه نداری
سنگینی‌اش را
به عدالت بین دست‌ها تقسیم می‌کنی
اما آن‌چه به نام "فردا روز دیگری‌ست"
برای ما تنها "روز بعد" بوده است
روز بعد که همان دیروز است، روز قبل‌تر ـ اش

چه‌گونه تقویم برای ما وارونه ورق می‌خورد
کریم برادر ـ ام!
فکر می‌کنی چند سال از لباس‌هایمان کوچک‌تر شده باشیم؟

◈ سپیده جدیری

## به برادر ـ ام سیامک


بعد، یک دفعه قطع و وصل شدیم
به دفعه‌های دیگر
و صورت‌ات که هنوز
چشم و گوشِ من است.
کماکان به هفته‌های شکل‌دهنده‌ای
به خاک‌های تُرش و بقایایت

پریده باذ رنگِ صورت‌هایمان
باذ قلبِ من که قلبِ تمام است
نرود چون میخِ آهنین در شما، که شما تمام است


و روزِ بعد
یک لحظه به خود ـ ام می‌آیم
چه دست‌های لطیفی به دست‌هایت مالیده‌ام!
Ouch!

شما را چه می‌شود آقای جانْ دَریده از تن‌هایمان؟
وای از وای گذشته است
تمایلی ندارم
و اطراف.

لگنی که گذاشته شد وَ برداشته
کمی به اطرافِ روز
کمی به اطرافِ شب
شغلِ شریفی‌ست چندان
که از دل برمی‌آید
و بر دل می‌نشیند
چون چشمْ به راهْ افتادن
به دست‌های شما
به پاهای شما

بقایایت را / کجا بسپارم به خواب، عزیز ـ ام؟

چقدر دل‌ام برای قلب می‌سوزد
و نهایتِ قلب
که کمی به چپ وَ کمی به راست
تنگ است و از تمامِ سینه‌ها رَد می‌شود

کاملا حق با گِرفتِگانی بود
که دلی را / روزی روزگاری فشردند
و بُردند
کاملا حق با غم بود:
همین که روز به صورت‌ام می‌خورَد
کمی شُکوهَندگی‌ست
کمی شروعِ غروبْ / از سمتِ شرق
و کفگیرِ به تَهِ دیگ خورده شدن
خبر ندارید

چشم‌های مُتَمادی / چه‌قدر می‌تواند وسیع باشد
در هوایِ نه چندان مؤثر

یک شعرِ بی‌چاره گفتم
یک دَمارِ درآمده
یک زبانزَد
و زبانِ بسته شدن

## خواب

دچارِ خواب است
بوسه‌ای که می‌زنم
کمی بلندتر
کمی شگفت‌زده‌تر
و حرف‌های بِلاشمشیر
فرقی که دارد
با کمالِ گَنده شدن
از بی‌هوده شدنِ من / در عصب‌های فرسوده
تمام‌اش حرف است
تمام‌اش حرف است
شکلِ حالتی می‌شوم
شکلِ روزگارهای فقط شُده
شکلِ برنجی می‌شوم که خورده‌اید
قشنگ‌ترین برنجِ دنیا می‌شوم
تمام‌اش حرف است
تمام‌اش حرف است
فقط خواب، کنارِ تو بوده است
هیچ چیز از خواب نمی‌انجامد
فقط خواب به جای تو می‌خوابد
و عشق، کوهانِ بزرگ‌اش را / تکان تکان می‌دهد
کنارِ هر دری یک روز

یک روزِ کوتاه شدن/ از بی‌هوده شدنِ من،
به خوابِ اندیشه‌های عمیق رفتن
عصب‌هایم را دانه دانه بزنم
و بگذارم آن‌جایِ قشنگ
عصبی که اشتیاق به کسی ندارد
شکلِ مرگِ یک‌روزه است
یا دوازده روزه
چه کسی می‌داند؟
تمام‌اش حرف است
تمام‌اش حرف است
به کسی که خواب را شکارِ لحظه‌ها می‌داند،
از بوسه‌های من لَب‌تر است،
یا حرف‌زننده‌تر، تمام‌اش
بختِ روی سَرِ ما را کسی بلند می‌کُند و می‌کوبد
کمی بلندتر
کمی شگفت‌زده‌تر
گربه‌ها معلمی را تنها نمی‌گذارند که گربه بلد نیست
شور در بخت‌هایشان آواز می‌خوانَد
به کوریِ چشم
شک باید برطرف شود / از هر طرف که می‌توانی
به گربه‌ها برمی‌گردد یک روز
این دست‌های هفته‌ای یک‌بار
باید شکل‌هایم را خسته کنم
باید دست‌هایم را ببندم به تخت‌های سکس شُده
و سکس کنم
که خواب‌ام نبرَد
که خواب‌ام نبرَد
که خواب، یک قِران هم نمی‌ارزد.
شب، کنارِ بزرگ‌تری پیدا کرده است از خود ـ اش
مخصوصِ قدم زدن باش
از شور بگذر

از شورِ سِفتِ من
کمی بلندتر
کمی شگفت‌زده‌تر
این که کمال دارد چیزی یا کمال ندارد،
به من دست نمی‌دهد هیچ حالتِ شبیه شده‌ای به عشق
بغل‌ام کن دستْ حالتِ گرسنه‌ای‌ست
و من قشنگ‌ترین برنجِ دنیا می‌شوم
تمام‌اش حرف است
تمام‌اش حرف است

## ◈ رزا جمالی

### یک

خواب‌های فوری‌ام را برای شما پست می‌کنم
لکه‌هایی که خواب‌ام کرد کهیرهای آخر این دنیا بود
دگردیسی دست‌هام مرده است
کمی خوش‌رنگ‌تر از دیروز شده‌ام
بگو چه‌قدر از روزهایم را مصرف کرده‌ای؟
و چه‌قدر از تقویم واگیر دارد؟
قرنطینه‌ی مردمکی که جذام گرفته است
چیزی زنگ می‌زند...
اگر گوشه‌ای از آن دایره‌ی زنگی را به من قرض بدهی
چیزی برای مردن کم ندارم
پنج صبح فردا سال تحویل می‌شود
تمام کلاغ‌های کتاب مقدس به شور نشسته‌اند
و جهان پدیده‌ای‌ست رو به اتمام...

## دو

از شهر که می‌رفتم
از بالش خاکستریِ تلی از گربه‌ها و پارک‌های آویزان شده از ته مانده‌ی بو گرفته‌ی زباله‌ها که در آشپزخانه مانده است یک سال و بو گرفته است عجیب و کسی تکانش نمی‌دهد...
از پیاده روهای منفجر شده از آدم و طنابِ سیاهِ رخت و آدم‌های گیج و منگ که فشرده می‌شوند در هر تکانِ شهری و سکته می‌کنند و دوار سر...
هنگامی که بسته می‌شود به سرعت و انگشت‌ات لایش مانده است به غایت توده‌ای کبود و بنفش ساخته است...
از هجوم این‌همه آدم سر ریز به ایستگاه متروی شهری
و سوت و سوت و سوت...
از پل شهدای ضراب‌خانه
و شهدای پاسداران
و شهدای گمنام شهر
و شهیدان بیست و هشت تیر
و شهیدان هشت تیر و
بیست آبان
و شهدای نه بهمن
و شهیدان هشت اسفند
از شهر می‌روم...
ایستگاه منفجر از بتونِ نرم و شلی‌ست که کلاهک گوشی‌ام نمی‌رساند ـ اش
به سوت سوتی بدل شده‌ام در بزرگ‌راه‌ها که با افتخارِ تجزیه می‌شود

مقصر هندز فری‌ست که صدای تُرا نمی‌رساند
و ای خاک
و ای خاک...
به خاکسترِ همان ویروسی بدل شدم که در هوای شهر بر فراز هلی‌کوپترها جاری‌ست
و این من‌ام
شهر
ویرانی عزیزِ زغال اندود شده در بوی بنزین وُ تشتک؛ روغن موتور وُ لنت
ویرانی مکدر وُ عزیز
ویرانی اندود شده در سرب
دیکانستراکت شده در پل طبقاتی صدر که هرگز به اتمام نمی‌رسد
چی؟
نمی‌شنوم چی می‌گی؟
بلندتر بگو؟
بلدوزرها تمامی ندارند
ترافیک ساعت‌هاست که تو را به سوسک بیچاره‌ای بدل کرده است
در تقاطع مشترکی به تو رسیده‌ام
به راست پیچیده بودی
به چپ پیچیده‌ام
راه آهن زیر زمینی
قطار
عناصری از من که مفقود شده‌اند شبیه سیلیکم در معدنی از شمال شرق کشور
ریل‌ها محدود ـ اند
ریل‌ها محدود ـ اند
ریل‌ها محدود ـ اند
و ما به هم نمی‌رسیم.
بزرگ‌راه مسدود است؟
برو: وسیله‌ی آهنی، تیرِ چوبی، نیمکتِ منجمد، مدادِ ابرو، لوسیون، ضد آفتاب؛
خط لب‌ام میزان نیست چرا؟
به رایا نامه‌ام نرسیده است هیچ‌چیز به مّدت چند روز
این دشمنی عظیم از میدانی در شمال غربی شهر ادامه دارد تا آرایش لب‌هام که

ساعت‌هاست چسبیده است بر صورت‌ام
و جزیی از زیبایی من شده و جدا نخواهد شد به هیچ وجه
ادامه دارد
و ساعت‌هاست که ادامه دارد
و ساعت‌هاست...
من دمای شهر را تخمین زدم
به آزمایشگاه رفتم
لیست آزمایش‌ها از فقدان عنصری در من خبر می‌دادند
تا فقدان کامل آنتی اکسیدان‌ها که در سطح جسمی‌ام شناور ـ اند.
من. شهر. من
شهر. من. شهر
شهر. شهر. شهر
و من
دیگر هوای شهر آلوده‌ام نمی‌کند
به پوست پیازی بدل شده‌ام برای گریه
یا زلزله
و تصادف‌های مرتب
و له شدن سپر
خرابی موتور
و تعمیر بدنه
و جنگ
و گذشتن
و رسیدن
این ویرانی کامل است آیا؟
در این لحظه این نطفه‌ی خام که در من است می‌میرد
و من روپوشی تن شهر می‌کنم که فردا به مدرسه بفرستم‌اش
چرا حرف گوش نمی‌کند؟
که من از دو گوش فلج‌ام
و از دو دست‌ام کور مادرزاد.
در این کوچه‌ها ریگ ریخته‌اند و سنگ نمک
به خیابان ته پل که می‌رسیم

دوباره خوش‌حال‌ام
که تُرا شبیه شعر، شبیه اناری که در من است دانه دانه کرده‌اند...
تک لرزه‌هایش را می‌بینی، در پره‌های بینی‌اش چه می‌لرزد که این‌جور عاشق
من است بدجور!
و پلاستیک‌های خرید
که بر کانترها جابه‌جا نمی‌شوند
و این شمارش عجیب که از من بر نمی‌آید
حالا تمام وقت‌ام را صرف بازی‌های کامپیوتری می‌کنم
از این بازی‌ها که قرار است خانه‌ای بسازی و بعد شهری
هزاره‌ای قریب است
دل‌ام می‌خواست شهری از نو بسازم
درحصار بازی‌هایم
و خانه‌ای
برای پسر ـ ام که هنوز به دنیا نیامده است
و تعریف کنم که کجا زیستم من

## ◈ علیرضا جهانشاهی

### یک

همان‌طور که تو می‌خواستی
اجاره‌ی خاک را دادم
مثل کج بیلی به گوشه‌ای افتادم
و نور زردی بر من مسلط شد
چند تا رفیق داشتم
یکی‌شان مرد
و از مابقی گریختم
خدای من!
حس می‌کنم می‌خواهی مریض‌ام کنی
لال‌ام کنی که رویایم را تعقیب نکنم
و مثل دست دهقانان پینه ببندم
و مثل بوزینه از مرگ بترسم
مگر من حکایت حیرانی نبودم
حرکت آینده‌ی ابرها نبودم مگر من
به آسمان نگاه می‌کنم

گریه‌ام می‌گیرد
و کبکی وسط نفرین‌ام می‌پرد

## دو

قفلی درشت برسینه‌ی مردگان است
در همه‌ی خواب‌ها
آن‌ها در لنز دوربین نگاه می‌کنند
و در بوی کافور مغروق شده‌اند
مرگ در خاورمیانه
با طیاره‌ی لک‌لک‌ها می‌گردد
و سربازی با فرنچ چروک‌اش
فکر می‌کند
ریختن خون در مستعمره شگون دارد
ماشه را می‌کشد
و تخم زیره را در دهان مرد عرب می‌کارد
و مرکب قرمز
در دشداشه‌ی سفید او پخش می‌شود
انگار که نخ اسکناس را کشیده باشد
او را از روح‌اش جدا می‌کند
نوری به اندازه‌ی فقرات آدم می‌تابد
و رسن بزرگ، گردن اسب را به سمت ارباب‌اش می‌کشد

## ◈ رضا چایچی

### کاغذ

کاغذ
تا خورده
مچاله
زیر نم‌نم باران
در تیرگی
باز می‌شود
چون گلی سپید

## می‌چرخم

می‌چرخم
میله‌ها یک به یک از مقابل‌ام رژه می‌روند
آبی می‌دهند
لاشه‌ای پرت می‌کنند
هر شب خواب می‌بینم از درختی بالا می‌روم
با آهویی که به دندان گرفته‌ام
می‌دوم
با تند باد
و از پس گام‌هام غبار بلند می‌شود
می‌بینم
ماده‌ام سر بر گردن‌ام می‌مالد
و بچه‌ها شیطنت می‌کنند
می‌چرخم
میله‌ها یک به یک
از مقابل‌ام رژه می‌روند

## ◈ روجا چمنکار

### یک

هیچ چیز به گذشته مربوط نمی‌شود
مگر خاطرات کافه‌های فرانسوی
دریاهایی در کافه‌های بندری
شعرهایی در بعد از ظهرهای تهران
و بند نافی در برازجان

هر جا تنی
در دود قلیان‌ها شناور بود
در جزر و مَد سایه‌هایی بر دیوار
در خش خش تنباکو و گل کلِ کلمات
هر جا تنی شناور بود
بر آسمانی یک‌دست خاکستری
بالای جنگلی سیاه
و لکنت بارانی بی‌شعر
هر جا تنی

در طعم نعنا و سیب
در طعم سه‌شنبه و ساعت
در طعم چاره و چمدان
بار و بندیل
قلاب و قندیل
تَرک و متروک

هر جا تنی شناور بود
تنها
دستی برایش تکان بده از دور
هیچ چیز
به گذشته مربوط نمی‌شود

## آرزو می‌کنم

سوز گرما در گلو را برف نمی‌داند
آرزو می‌کنم
برای پدر     کتاب‌خانه
برای مادر     خانه‌ای بی‌آشپزخانه
برای خود ـ ام     تاریک‌خانه‌ای
برای ظهور کلمات پنهانی
برای ظهورمان بر هم

هی چشم باز می‌کنم     می‌بندم
هی به خواب به بیداری
به بسته به قفل به دیوار می‌خندم

آرزو می‌کنم
برای برادران‌ام و خواهر ـ ام
کلید آب‌های جهان را
براس بندر
ساحلی با گوش‌واره‌های رها
برای ساحل
دریایی دوار
برای دریا
لنج‌های بسیار

مزه‌ی ترش نفت از گلو بالا می‌آید و
میان دو دریا شکافته می‌شود و
سگ بو می‌کند آب را
آتش از خاک بیرون می‌زند و
می‌پاشند روی دهان‌مان باد را

این‌بار
زیر لبام خالی بگذار
به نشانی که نشناسد ـ ام زمین
اشتباه شد
می‌خواستم پایم را از توی کفش‌تان در بیاورم
که رفت روی مین
میان آرزوهای ما و این خاور
پرچمی بر دمی تکان می‌خورد
که با هر واق واق‌اش
تا خر خره در پوست گربه فرو می‌رویم همین

## ◈ آتفه چهارمحالیان

### یک

هجومِ سپیدی بر عضلات سیمان
لک!
باکره‌گی گیجِ میانه‌ی انگشت‌هات
لک!
ایستگاه متروکِ دوشنبه در چرکِ زیر ناخن
من!
که از گوشه بر کناره‌ی نیلی سنگ می‌زنم
و تشنگیِ پرنده به دایره تُک می‌زد
سرد!
از افق به شانه می‌آید عصر
دیالوگ مرگ
جسد رحمان را آوردند.
نقطه
مربع
و دربیِ طوسی بر دهان میت باز می‌شود

بعد
جسد رحمانِ بته‌های فرش
جسدِ رحمانِ کاشی‌ها و لکه‌های ابر
جسدِ رحمانِ گیسوهای مادر ـ ام
و یکی در جسد رحمان
هی از پشت‌بام به زمین می‌افتد
مسمومیت شدید و آسمان مهیبی در نای
تو از آن‌جا می‌آیی نگاه کن از آن‌جا
پشت دربی زنگ‌زده در ماه
ذرت‌های شهید
چشم می‌بَری و از میانه‌ی آفتاب‌گردان بلند می‌شوی ناگهان
چلوار و نعره گریستن از آن‌ها
از من اما چه مانده از تراشه‌های چوبِ در صدات
معطل میانِ غمگینیِ قهوه‌ای محو
لک!
امروز ۲۷ شهریور ماه
من در کشتن حشرات اشتباه کرده‌ام
در صدایِ شنیدنِ باران
امضاء
در تشخیص موسیقیِ مایع سفید پخش
بر چانه‌ی جسد رحمان.

## دو

عبور ـ ات را می‌بویم
به پلکی که کودک از شیرِ نوشیده بگشاید
و معبدی در آن ران‌ها
که چه‌قدر
می‌خواستم روسپی‌اش باشم
تنهایی در این سپیده سرد می‌شوم
در آن ناله‌ی برتر ـ دردی
که ظالم و ستودنی‌ات می‌کند
مرا به جان کامل برسان
به آن دو تن ـ مرزِ ریخته
که بر ویرانی زیباشان
تمام این شهر را ساخته‌اند
به نوشیدنِ نخاعت از که می‌جهم؟
لاشه‌ی من این‌جاست
و جز با روحی که در آن مرده
جنگ دیگری ندارد
اما بیاورم
و سپس بگو یک زن باید چه کند
وقتی مرد به زهدان خویش حمله می‌برد
آریِ آن مغول از ما هم گذشته است
که جز قبرستانی از خویش نمی‌خواهم‌ات

به شمارش اشک، مثل خطی از اعماق
تا اولین رگ در شب می‌ستایم‌ات
و این ساختار گریه است
گیسویم را کنار بزن و رانت را بگشا!
رانت را کنار بزن و دوباره بگو
دوباره آن جمله را بگو:
- بیا جانور
هرچه مانده را تمام کن

◈ آسیه حاج‌جعفری

## یک

تنهایی غم‌انگیز است
اگر کسانی را که دست بر شانه‌ات
گفته‌اند تنها نیستی
دوست بداری

چند نفر در صدای تو ایستاده بودند
من جای انگشت‌هایت را روی شانه‌ام
نشانه گذاشته‌ام
لانه‌ای ساخته‌ام برای گنجشک‌هایی که نامات را می‌دانند
و صدای خود ـ ام را از یاد برده‌ام

گوش‌هایم زندان دسته‌جمعی پرنده‌هاست
تا پرواز نکرده‌ایم
کمی برایمان آواز بخوان
و روی شانه‌ی راستام دانه بپاش

## دو

پیش از بوسه
دنیا چه بود؟
جز حفره‌های خالی از هستی
مرا ببوس و ببین
چه‌گونه گیاهان از میان استخوان‌هایم می‌رویند
و از تن‌ام در می‌آورند درد را
که صدای زندگی است
ببین چه‌گونه پرنده‌ها از من به تو مهاجرت خواهند کرد
و مورچه‌ها راه اندام تو را خواهند یافت
و تاخت اسب‌های وحشی در سینه‌ات
آرام می‌گیرد
دشت‌ها و تپه‌ها را در حصار انگشتان‌ات بگذار
بگذار آتشی که به جان‌ام انداخته‌ای
خرمن موهایم را از بادها دریغ کند
مرا ببوس و این‌بار پیامبری باش
که جهان‌اش جفت‌های سوار بر کشتی است و
به آب‌های آزاد زده...

## ◈ اسرار حامد مقتدر

### چ

سیگار می‌پیچد دست‌ام را
ناگهان سربی در خودم می‌ریزم
این‌همه شیشه که می‌شکند
بابای‌ام[1] زیر پدر ـ ام خورد می‌شود
و جهیزیه‌ام را فراموش می‌کنم
در هیاهوی دست و مو شدن
نگران‌ام
خیلی نگران‌ام
برون می‌زنم از قصه‌های مادر بزرگ‌ام
در این روزگاری که پدر دارد
و مادر، نداشته‌ی که فاحشه می‌اندازد در این روزهای مذکر
نگران‌ام
خیلی نگران‌ام
سر ـ ام از دیوار پر است
و میز پرتگاه درون‌ام را تداعی می‌کند

من نگران‌ام
نگران‌تر از سرما
که چروک‌هایت حامله‌ام نکند

---

۱ ـ پدر بزرگ

## واو

از خود ـ ام دراز می‌کشم
پهن می‌شوم
و این اتاق سرگرم‌ام نمی‌کند
که مویم را می‌کَنم
قصد دارم سه روز دیگر
اول صبح اتاق نباشم
بپرم
و هیچ مرزی در من لالایی نخواند
بلند می‌شوم خنده‌هایم می‌ایستند
و گریه دختر بچه‌ی هفت ساله‌ی که پایم را می‌کشد
اما پا می‌کشم
باید فرار کنم
این روزهای کُند را
دست نگهدار
تو نه
خود ـ ام هستم که سر بشکنم
ببین دیوار کم می‌آورد
دست‌هایم نای کشیدن موهایم را ندارد
اما چند مو بیش‌تر نمانده تا مرگ
ادامه نـ
خواهم داشت

سه روز دیگر دست خواهی زد در این اتاق
ساکن خواهی شد
و تنهایی‌ات را حتمن خواهی کشت

## ◈ زبیده حسینی

### یک

و من که دستی منفعل‌ام
چه‌گونه می‌توانم به اندام مسخ شده‌ات بگویم: ایست
بگویم ایست و خواب‌ها را بِدَوم تا ته. تا رگ‌هایی که به خورشید می‌چسبند
بایستند گیاهان بر سنگ‌های آمده
بایستد خاک
و دست، پرتابِ ذره‌ای از نور باشد
چه‌گونه می‌شود به اندامی که فرو می‌رود در مرگ، فرمان ایست داد؟
سنگ‌ها سرد ـ اند
و «سار»ی که پریده، آوازی برای دهان‌ها نداشته است
صدا تراکم زیست در دهان معشوق‌ات
صدا سنگ است که می‌افتد و اجزایش اعضای تو می‌شوند
از بیشه زارِ تَرَک‌ها کم آورده‌ات ای هجوم دست‌ها بر چشم!
ای چشم‌های تهی شده در اعضای سرخ هم‌خوابگی و مرگ
می‌نشینی در میانه با لب‌هایی از لذت و رنج
سری جامانده از اتفاق به چشم‌هایم دست‌بند می‌زند

به حفره‌ای که می‌بیند و نمی‌بیند
به حفره‌ای که می گوید و نمی‌گوید
به حفره‌های من دست‌بند می‌زنند
می‌روم به اتاق که دیوار منفرد ـ ام باشی

## دو

نامه‌ای به دیوار اگر بنویسم
تن می‌دهد به سپیدهای رفته و فرو نمی‌ریزد؟
ریختن‌ات از حروف / ریختن از رنگ‌ها / یعنی مجال اندک آن‌چه نباید را
شدن / و بخش کردن اجزای تاریک‌اش
جدا شدن از کلیّتی که مرکز تمام تفاوت‌ها بود
دیوار با عینیتی که بر آن پنهان کرده‌ای متفاوت است
با تابلویی آویزان به شکل باد / به شکل وزیدن در بعد از ظهری گرم / که تب
کرده است در فصل‌ها
بعد از ظهر گرم‌ام را بر می‌دارم / شرم پیشانی‌ات را
(چسبیدن به این قِسم از آدم‌ها که دایره می‌شوند و از گونه‌ها می‌ریزند، با آن
قِسم ساکن در دیوارها فرق دارد)
شکلی که از بازار چشم فروشی، بازار دست فروشی و بازار دیگر فروشی‌ها به
این سمت می‌آید / و خود ـ اش را می‌اندازد وسط پارچه‌ای که از خیسی‌ات
آویزان است
مجالِ بوسه به دیوار می‌دهی که آوار است در بازی سازه و سطح / حجم
و فشردن

نامه را به لب گرفته، ذکر می‌گوید
اگر بنویسم تن می‌دهی به جناغ خاک؟
جان فواره می‌زند از بازگشت

که بازگشت به او آسان است
بازگشت به پاره‌ای از توضیحات
و پاره‌ای از ترجیحات
و پاره‌ای از ریسمان
نامه‌ای به دیوار اگر بنویسم نزدیک می‌شود / نزدیک‌تر
و همه چیز، در آنِ رنگ به رفتن چشم‌ها می‌رود

## ◈ شوکا حسینی

### یک

امنیت ابرو
به نثری صریح ختم می‌شود ای ماه بالا بلند!
***
سفت به آغوش‌ام برگرد
بر گِرد من بگرد
گرداننده‌ی بی‌شگرد اندام‌ها!
دختری با موی دو تایم ولی تو برگرد به گِرد من
سفت به پریشانی‌ام به‌پیچ
مثل این دیوار که از روبه‌رو، نگاه!
اسبی از قاب بیرون می‌زند
سفت از آغوش‌ام شو و مادیان‌ات را
پیتکو پیتکو پیتکو

انقلاب دیگری و من
در حصار تازه‌ای

خیابان وحشی و
شهر از قاب بیرون می‌زند
من در پیچ و تاب
تا زیر ران‌هایش
تا زیر ران‌هایم
تا زیر ران‌هایت
با تازیانه
سفت‌تر از آغوش‌ام کن
پیتکو پیتکو پیتکو

زمین‌ها با علفزارهایی شبیه شقاوت
دشت‌ها با مویه‌هایی ازلی
از استخوان‌اش رد شدند و هنوز
پیتکو پیتکو پیتکو

ما میان همه به یک اندازه تقسیم شدیم؟
مثل روشنی تیر برقی در میدان
مثل دختری بین پدر و شوهر
مثل سینه زیر دست چپ و راست
هی هی
مثل پیتکو پیتکو پیتکو

ران‌ها خط خوردند
و آن یال‌های تو که چه‌قدر سفید بودند
سرخ شدم
سفید شدم
بستگی داشتم به سرما
پیتکو پیتک پیت...

## دو

سگی زوزه می‌کشد
می‌لیسد استخوان‌هایم را
آرام‌ام کند
اما شدن‌ام مشغول دردهای دیگرست
شدن‌ام رفته در پی آن سکونت غمگین اجداد ـ ام در سقوط‌های مکرر مرزها
شدن‌ام افتاده بین دو نقطه در نزدیکی سیگار و چای
شدن‌ام شده مجهولی پر از رفتن و نرفتن
شدن‌ام انتحار خیال‌ام شده لای ملحفه‌ها
شدن‌ام شکلی‌ست در قوطی بازی دختر ـ ام
نه مربع نه مستطیل
متوازی الارواح‌ام در زمان‌های مفقود
شدن‌ام کاره‌ای نیست
افتاده زیر سنگ و بوی تن‌های جور واجور
شدن‌ام برای خود ـ اش مفلوکی شده
زوزه می‌کشد
آرام‌ام کند
شدن‌ام در دهان سگ‌ام
استخوان حرامی‌ست

◈ سولماز حسن‌زاده

## یک

باران چه از جان ما می‌خواهد؟
ـ مادر ـ ام گفت ـ
یک تکه از سقف توی بشقاب‌مان افتاد
به‌همین سادگی خاک خوردیم و عتیقه شدیم!
تمدن‌های بعد زیبایی مادر ـ ام را دزدیدند
و نقش برجسته کردند
و ما به موزه‌ها پناه بردیم.

□□

رضا خان روسری‌ام را دزدید
روس‌ها گیس‌ام را بریدند
تاریخ چپ چپ نگاه‌ام کرد و دندان‌هایم را شمرد،
من، اسب پیش‌کشی بودم
که یک شب به مادر ـ ام هدیه شد.

□□

اخبار گفت: جمجمه‌ها به شهر حمله کرده‌اند

و من با یک صورتک آفریقایی همدست‌ام
و با سربازی از داریوش
اخبار گفت: سر من، جایزه می‌گیرد!

□□

پدرم داد زد: اخبار غلط کرد
نیش‌ات را ببند.
هخامنش سربازهای خوبی دارد
اسکندر، آتش‌ات می‌زند اگر
نچسبی به همین ستون تخت جمشید
ومن، دامن مادر ـ ام را سفت چسبیدم!

## دو

چرا نگفتی دنیا مجعد است
لج باز است
دنیا خیره سر است مادر؟
از این چاه بیرون نمی‌آیی چرا مرگ
و هر لحظه چرا از من می‌خواهی در تاریکی به تو پناه بیاورم؟
مادر آن مرد جوان که مرد و آن نوزاد که نیامده به تخم برگشت
خبر از زنگی در جایی تازه داشتند؟
برای‌ام جوشانده بیاور
دل‌ام می‌پیچد
دهان‌ام را بسته‌اند
از جادوگران کسی باقی مانده است؟
بلوغ من در چاه افتاده است مادر
جوانی‌ام در چاه افتاده است
و مرگ روی خوش بختی‌ام خوابیده
کسی از آن نوزاد نپرسید
چه آمدنی؟ چه رفتنی؟

## ◈ محمد علی حسنلو

### تامل

دستی که حمل می‌کنی
ممکن است کف‌بینی حیات باشد وُ پوست‌ات
با چند مایعِ قرمز وُ کوچک
پیشی‌بینی صحنه‌هایی
که تنها، تنها مالِ تو ـ اَند
زندگی: با چهره‌ای دَرهَم
ابروهایی بَرهَم وُ
فرسودگیِ آرامِ مویرگ‌ها
غلط اگر ببینی، غلط‌ها با تو رشد می‌کنند
وَ جسم‌ات خیال خواهد کرد
حضورِ ظریف وُ لطیف‌اش
تمام نخواهد شد
زمان اما، ستایش‌گرِ اماهاست
خوابی را که دیده بودی
وَ دستی را که تفسیر کرده بودی

معترضانه پرت می‌کند
نگفته بودم:
سقفِ آرزوهایت را تنظیم کن
از رفتارهایِ خون
من اعتراض را بیش‌تر
وَ پوسیدگی را البته، بیش‌تر از بیش‌تر
همراه پاهایم حمل کرده‌ام

## شبکه‌های تن

من دیده‌ام که خون
غلیظ می‌پاشید و درو می‌کرد
گلوله، صحنه‌ای را که از گردن
ساقط شده بود
مگر آدمی
چند بار تکرار می‌شود
که نیمی از خود را به تغییر بدهد
نیمی را هم
تکه ـ تکه در جدول‌های عمر
آویزان در دهان خویش ببیند

با چشم‌هایم
با چشم‌هایت
دست‌هایی را دیده‌ام
بازگشته از مرگ
مگر آدمی
چند جان دارد
که هر روز از تحمل چاقو
گذشتِ سایه‌اش از کنار پوست
نلرزد

با من بمیر

وقتی خوش‌بختی
تن‌ام را در نیستی می‌بیند
ای گلوها و لب‌های نیست شده
بِ ... بِ ... بکنیدَم
هوای زندگی
در رگ‌هایم بیمار می‌وزد

## ◈ مهدی حسین‌زاده

### یک

موهایت را که می‌بافی
جهان توقف می‌کند در شعری کوتاه
می‌ایستند کارگرانِ تمام‌وقت
روی داربَست‌های بلند
زنجیر می‌شود به سیاهی موهات
چهره‌ی کارگرانِ نیمه‌وقت
دست‌های کارخانه‌ی تعطیل
چشم‌های معدن‌چیان
و از اعماقِ زمین صدای فرو ریختن می‌آید
موهایت را که می‌بافی
روی امواجِ ماهواره‌هاست
استخوان‌های بیرون زده از خاک
در گورهای دسته‌جمعی
عروسکی خاک خورده
با ترکِشی کوچک هم‌خوابه می‌شود

کنار دستی کوچک‌تر
هنگام که تو موهایت را می‌بافی
*
موهایت شکوهِ روزهای نیامده
بر شکسته‌ی پلی
که میان من و تو خم شده است
دست‌های ما بلندتر از بُرج‌العَرَب نیست
که به آسمان برسد
وقتی دختران‌ات به جشن تکلیفِ بکارت می‌روند
پشت لهجه‌های عربی
و هجاءِ بلندِ سکوت
پشت دروازه‌های تهران یَله می‌شود
در سیاهی چشم‌ات
خلایی طولانی‌ست
وقتی موهایت را در آینه
آرام آرام
می‌بافی
*
صدای تو زنجیرهای بلند است
که از آیه‌های مقدس آوَنگ می‌شود
پاهای ظریف‌ات صِراط المُستقیمِ من است
راهی که از بیت‌اللَحم می‌گذرد تا قبله‌ی طلاییِ‌مان
تو قداستِ آبی: زَمزَمی جوشان در فورانِ خون
هنگامی که می‌ایستی در تلالوِ خورشیدی
که از منافذِ برقع‌ات می‌گذرد
موهایت را می‌بافی و زمان می‌لغزد در مرزهای بی‌علف
تو کابُلی که با مرغزارهای خشخاش می‌رقصی
و دامن‌ات به سپیدی هروئین مبتلا می‌شود در کوچه پس کوچه‌های تهران
هنگام که آخرین سُرنگ
از رعشه‌ی دست‌هایت می‌افتد
*

[۲۰۷]

و آینه برمی‌گردد
تمام قد نگاه‌ات می‌کند
به گیس‌های بلند ـ ات قسم می‌خورد آب
به پاهای ظریف‌ات قسم می‌خورد آفتاب
به چشم‌هایی که تکثیر می‌کنی در آیینه
زنی که از چروک‌های صورت‌اش:
فوران می‌کند
آیه‌های مقدس
فوران می‌کند
آیه‌های تطهیر
فوران می‌کند
آیه‌های عصیان
زنی که می‌بافد در آینه
گیس‌های سپید ـ اش را ...

## دو

روسری‌ات تاب می‌خورد روی طناب رخت
عطر موهایت می‌وزد به کوچه‌ی قدیمی
صدای بچه‌ها
بیرون می‌ریزد
از آجر آجر دیوار
از زیر آجرها
قد می‌کشی
می‌تکانی حریر دامن‌ات را
موهای خاکِ تا کمرگاه‌ات را
ساق‌های سپید ـ ات می‌رقصد روی ویرانه‌ها
روی استخوان‌های بیرون مانده
قاب عکس‌ها
با انگشت‌های نرم‌ات
بر طناب رخت
می‌چرخی
نور سُر می‌خورد در سیاهی موهات
برمی‌داری از طناب
شال عروسی‌ات را
میان هلهله‌ها

## ◈ زهرا حیدری

### یک

آن روی سگ‌ام زیباتر است
با مردی به خیابان می‌رود
با مرد دیگری برمی‌گردد
من از عوارض جنگ‌ام
از عواقب صلح
خون فرار می‌کند از من
- خون پدر بود
که هر ماه یک تکه‌اش را پشت در گذاشتم
خدا بود،
که از سیاه‌چال تن‌ام گریخت
تو بودی
که جایت را خون تازه گرفت... -
خونی که فرار می‌کند از من نیست
خون زنان داغستان است
که لشگر نادر از میان‌شان جهان را گشود

[۲۱۰]

رقیق می‌شود این شب،
این خون رقیق‌تر
خالی می‌شوم از همه‌ی نام‌هایی که در من شناور ـ اند
و پاک،
مثل راهبه‌ای که برهنگی‌اش را در آینه دید

## دو

دست در دست دریا بوده‌ام
به شهادت سنگ‌واره‌ها
نیمه‌ی چپ‌ام رسوبی‌ست
لایه‌لایه ته نشست خدایان موازی...
از عقب‌نشینی دریا
که سایه‌ی آسمان را برد
بزرگ‌ترین پستاندار دریایی در نیمه‌ی چپ‌ام به گل نشست
پرندگان دریایی از نیمه راست‌ام گریختند
گیاهان بالا رونده فرو رفتند
و من
زمین شدم
با اندام‌های حیاتی شعله‌ور
و پوستی کشیده برآن
که طبیعت بی‌اعتنای سردی داشت
زمین شدم
که تو به استخراج نمک از سفیدی تن‌ام فکر کنی
به پرسه در حوالی میدان‌های نفتی
به احتمال قریب‌الوقوع فریادی
که زمین را دو تکه خواهد کرد
زمین دو تکه می‌شود
و کاشف بلایا یکی‌ست

یک از آن همه خدا که باد را آفرید
و باد عامل فرسایش خدایان بود

## ◈ رضا حیرانی

### تهرانِ لامسه

با سرانگشتان خلوت
در نیم‌روزِ شناور به دالانِ پوست
سایه از تقاطع کتف و گونه عبور کند تا نیم‌پلکِ کوتاهی بر انعکاس آفتاب
کهربا نشوم تردید می‌کنم به تن‌ام
منی که هم‌کندوی تن و دیوارخوانیِ با سایه‌هام
چرا شمارش ترمزهای بیرون پنجره معتاد ـ ام کرده است؟
شب در تلنگر شیشه اوهام بال‌دار است
نهانِ پیراهن‌ات زائران تن‌ام را گر گرفته
آمدن‌ات را بر ریشه عود سوزانده‌ام به درآی!

تهرانِ در بی‌تویی سرایت درد دارد هواش
کنکاشِ در پرسه پناهِ خلوتِ شب‌هاش نمی‌شود
ترمه‌دوزی نور به تن کن و از گلاب‌دانی عتیقه
به خیابان فردوسی بتاب
تاریخِ مجهولِ سایه‌های تهران باش

## کبوتری که در گلوی نقال‌ها به خواب رفت

الفِ لمس!
کشف لامسه در معابد مکث باش و تن‌ام به نور بیاویز
قلندری کن و آفتاب در مردمک‌ام بکار
که شهرِ پچپچه　　　　منافذ آجرهاش
مسیرِ پلک‌های مرا هاشورِ درد می‌زند

## زیارت نامه‌ی عابر بانک

تو خداوند این شهری حضرت عابر بانک
لطفن فقط به‌قدر گذشتن از این دوشنبه‌ی سرطانی مرا دریاب
تو خداوند این شهری          قدیس بزرگی
پرنسس تمام جشن‌های زیبایی تویی
با دکمه‌هایی خمار و لوند
فقط به‌قدر گذشتن از این دوشنبه‌ی گند مرا دریاب          ای الهه‌ی سیری

گرسنگی شبیه زنی که نمی‌داند چه‌گونه بالا رفتن قیمت بنزین را روی تن‌اش حساب کند
مسبب زود ارضایی می‌شود     باور کن
نان لواش در این کناره‌ی جیغ و جنون چنان گران شده که دیگر
تمام دارایی جیب‌هایم کفاف نمی‌دهد مرا دریاب عزیز دل‌ام          دریاب

چه‌قدر زیبایی!
جذاب و دلربا مثل مانکن پشت مغازه‌ها
مرا دریاب به‌قدر گذشتن از این دوشنبه تحقیر کننده مرا دریاب

هنوز یارانه برای فرسودگی‌هامان نداده‌اند
تو بزرگی کن و بیا ریاست بانک مرکزی را بپذیر
قول می‌دهم حق زیر پتو هم علیه تو شعار ندهم          قسم می‌خورم
مرا دریاب!          رحم کن ای تحریک کننده‌ی ذهن

قسم به تو ای رفع کننده‌ی گرسنگی!    ای متعالی!    ارگاسم!
رییس‌جمهور من تویی هر که در این زمینه ادعا کند شیاد است
قسم به کلیدهایت از صفر تا نه
قسم به مونیتور کوچک‌ات    قاب محافظت
گرسنگی حتی از زکام هم زودتر سرایت می‌کند
به عابران این حوالی رحم کن
بیا و مرا دریاب که نانوایی‌ها فقط تا نیم ساعت دیگر پخت می‌کنند

دیشب پشت شیشه‌ی قصابی مردی چشم‌هایش را جا گذاشته بود
چرا به داد ما نمی‌رسی بزرگوار
چرا قیام نمی‌کنی تا زمین جای بهتری برای زندگی باشد

زئوس!
رب النوع خرید!
برطرف کننده‌ی دل آشوبی!
نهایت لذت!    ارگاسم!
چراغ‌های مغازه‌ها خاموش شدند زودتر مرا دریاب به خود ـ ات قسم دیر می‌شود دریاب
اصلا بیا و مرا ببلع    بخور    قورت بده    تکه تکه کن
بی‌شک میان چرخ دنده‌های تو چیزی برای سیر شدن پیدا می‌شود

قسم به پیغام "دستگاه در حال شمارش است" تو
قسم به دلربایی لحظه‌ای که اسکناس را بیرون می‌دهی
قسم به طول و عرض‌ات نانوایی‌ها منتظر پایان این زیارت‌نامه نمی‌شوند
رحم کن به من

خدای شهرهای غرق در گرسنگی!
مرا دریاب فقط به‌قدر گذشتن از این دوشنبه‌ی دور از سیری
دوشنبه‌ی فقر دریاب!
ساعت عقربه‌هاش تند می‌دوند و نانوایی‌ها برای هیچ گرسنه‌ای کرکره‌هایشان را بالا نگه نمی‌دارند

مرا دریاب
قول می‌دهم هر شب پای تو شمع روشن کنم خیرات بدهم
مرا دریاب لعنتی دریاب
چرا اعلام خودمختاری نمی‌کنی عزیز؟
نمی‌بینی مردم تنها جرات نگاه کردن بدون خجالت به چشم‌های تو را دارند؟
بیا و آیین تازه‌ای بنا کن جهان پشت تو قیام می‌کند مطمئن‌ام
خود ـ ام پوستر انتخاباتی‌ات را روی تمام دیوارها می‌چسبانم فقط همین
امشب مرا دریاب
تا نانوایی‌ها نبسته‌اند دریاب
صدای کرکره‌هایشان را می‌شنوم دریاب
به خود ـ ات قسم دیر می‌شود دریاب
دریاب    لعنتی    دریاب

◆ ساناز داودزاده‌فر

# یک

از زمانِ تولد ـ ام
صدایِ کلاغ می‌آمد
نور کم و زیاد می‌شد
باد، بویِ موشِ مرده می‌داد
و آستین‌هایِ مرگ بالا بود
پاشنه کفش‌هایش خوابیده
زنجیر دورِ انگشت می‌چرخاند
در جرثقیلی زنگ‌زده،
اسقاطی
با بومِ برافراشته
طنابِ آویزان
انتظار می‌کشید
چون روباهی
خیره به پوست دوخته شده‌اش
بر شانه‌هایِ زنی

من
بی‌دغدغه تمشک می‌چیدم
و از قرمزی دورِ دهان‌ام
توت‌فرنگی‌هایِ زندگی می‌ریخت

## دو

درگیریِ ما سر آخرین گلوله بود
نصیب که خواهد شد؟
هر روز تکرار دیروزهاست
آخرین گلوله قبل از خواب
به زندگی شبیه‌تر شده
تا بوسه‌ای
بعد از یک ماه
ندیدن هم
ما
تیرباران خورده‌های یک نسل‌ایم
یک روز بی‌گلوله نخوابیدم
مادر ــ ام لالایی‌اش
صدای کلاشینکف داشت
وقتی کودکی‌مان
پیر ــ گونه بزرگ می‌شد.

## ◈ سریا داودی حموله

### یک

مرد زنی‌ست
با دو نام از ساقه‌ی گندم

در یک سکانس تاریخی
زمین ادامه‌ی خود را دور ریخت
استوا
به دگردیسی مفعولی
تاخورد
دایره در مضارع چرخید
تا ممنوع شد
به سه رنگ سپید
که این همه سرگردان است

در پوست اندازی جمعه‌های اشتباه
با شمارش معکوس

[۲۲۴]

عشق را به دو نیم کرد
زنی که نام دیگر مرد بود!

# دو

زن از بستر کدام رود برخاست
که ماه
میان درختان زیتون مرد؟

عشق بوی ماهیان مرده می‌دهد
نه تو
همان تو هستی
نه ماه همان چراغی
که گم شده است!

## ◈ سمیه دیندارلو

### یک

در سالی که خشک می‌مکد
از پستان‌هایم
بدهم
به دهان فرزندانی که در تن‌ات پنهان‌اند
به تقلا
از رفت و آمد تشنه‌ای
که لب‌ها خون‌ریزی می‌کند
همیشه
در سالی که آویخته خود ـ اش را
از بندهات
که اسارت تابستان است
بر خون‌مُردگی
از هر انگشتی عبور می‌کند لخته‌ای به‌جا می‌گذارد
لخته‌ای به‌جای اوی بریده بریده
که از خطوط پیشانی‌ات چکیده بود

بر میان‌سالی
بر اعضای نیمه کاره ساختمان
کارگرها که شلوغ می‌کردند
در انبساط طبقات پایین آرنجی
یکی درد داشت
یکی مرگ
به جای او که همه‌ی اعضاش مرده بودند جز یکی
یکی در رفت و آمد / ها بر شقیقه
در بازدم تکه تکه شده
از جریان داغ تیر بر صورت‌ات
به‌جای اوی قبل از پارگی
که خود ـ اش را به در و دیوار می‌زد
آرام بگیر از تلاش کبود خون بر پوست
بر اعضات
که آویخته‌اند
از دست‌ها
دست‌ها که مرور برجستگی‌اند
بر برهنگی
مرور کرمان بر کویر برآمده
از هر رگی شروع به وزیدن کنی
ریگ‌ها فوران می‌کنند از سینه‌هام
شروع به دویدن
از لاغر ساق‌های رگ نما
می‌جهد یکی
از تلاقی مدام پوست بر بیابان
صدای خراش خفه‌ای بر زمین می‌ریزد
تیر / باران می‌شود از دل خشک سال

## دو

همین‌طور که رو به روی‌ام ایستاده‌ای
همین‌طور که پلک نمی‌زنی
شهر تمام کرده خود ـ اش را
در استخوان‌هاش
که از گونه‌هایت زده بیرون
تمام کرده در دهان‌ات که بوی تشنگی می‌دهد
این وقت شب
بوی خستگی
در نفس‌های عمیقی که از خود ـ ات خفه می‌شوی
از هر چه درون‌ات دود گرفته
بالا می‌آوری
که از چشم‌هایت بیرون بریزد
بر ازدحام متروهای تنگ
که ایستاده
گذشته‌ایم
از گلوی خشک زیر ـ زمینی
از دروازه دولت
بریزد
بر فرم اداری بدقواره‌مان بر تن این تاریکی
بر جنس مرغوب دخترکان دست‌فروش
بر لمس تنگاتنگ برآمدِگی‌های مشروع‌مان

رو به امام
بر دم و بازدم تند زنان لوازم خانگی
در تکانه‌های پیش رس ایستگاه بعد
گذشته‌ایم از خزانه
و دست‌هایمان از اجابت گرسنگی پایین نمی‌آیند
رو به تمام‌ایم در انفجار خون
پا به پا
نزدیک‌تر ـ ایم
به فاحشه‌های رو به حرم
فاحشه‌ها که زنان مذهب‌اند و عادت به تسلیم دارند
ایستاده‌اند
تا دهان مرگ را سیر کنند
ایستاده‌اند
که آن‌ها تنها توان ایستادن دارند

## ◈ حامد رحمتی

### یک

بوی او
در اتاق‌ام مُردد است
و شعر
مثلِ سال‌هایِ دور
بکارتی عمیق دارد

چرا چرا... چرا
در دهانه‌یِ این چاه
پرتاپ می‌کنم
سنگ را
مگر آب
و اندوه
به کجایِ من رسیده بود
که گفتم:
این توده سرطانی را بِکنید

آیا
با قرص‌ها می‌شود
خورشید را
منهدم کرد
آیا زنانِ سیاه پوست
در شب مهربان‌تر ـ اند؟

من نیازم دارم
به تمام اجزایِ تو بتابم
و آزادی
مثلِ خرمالویِ کال
جمع می‌کند
دهان را

## دو

تیرک‌هایِ دار
شکوفه دادند
و ریسمانی که می‌فشرد
گلوگاه‌ام را
تاب می‌آورد
کودکانِ ساده‌ی شعر را
افلاطون،
در باغ‌هایِ عدم
شعر می‌خواند وُ
شراب... می‌نوشید
باد
بویِ ویرانی را
دور... می‌کرد
ابرها
مدام می‌باریدند
زنانِ خانه‌دار
سبزی پاک می‌کردند
و اندام‌شان
بویِ زندگی می‌داد

اسبی که در صدایم

یک نفس می‌دوید
اهلی شده بود،
شب‌ها شیهه نمی‌کشید
مادر ـ ام
آسوده می‌خوابید
و دیگر نمی‌گفت
کاش،
سنگ می‌زاییدم
سال،
سالِ فراوانی بود    اما
لب‌هایم را
دوخته بودند

## ◈ بهاره رضايي

### بیژن در غیابِ منیژه ، رونوشتِ منیژه

حق اگر جهنم باشد
باشد
اما کنار تو باشد
فرض می‌کنم
دامن گل‌داری پوشیده باشم
این احتمال
برای من
جایي
از اَزَلِ همین نقطه
آتش می‌گیرد
هیزم‌هایش را خود ـ ام می چینم
با اِشتعالِ مُدامِ پِی در پِی
با چِگالی بالا
و خاک‌برداری می‌کنم
از این منطقه

و پیش می‌روم
در راه
از فعل‌هایِ بایدم به من متکی نباش
می‌گذرم
بارِ عام می‌دهم حتی
و پیش می‌روم
تاریخ عمومی تیسفون می‌خوانم
و تصور می‌کنم
در تذکره‌هایی
که باید قرار بگیرم
و ذکرِ من
تو بودی؛
بیژن؛ نامِ چاهی در دلِ من!

## بیژن در غیابِ منیژه ، روایتِ بیژن

امروز روشن‌ام!
ببین؛
به وضوح دیده می‌شوم!
شفاف
از پشتِ مُشَجَرهایِ چرخِ این چاه
ببین؛
کما فی‌سابق‌ام!
و اعتراف می‌کنم؛
جهنم را بغل کرده بودم
مقادیرِ مناسبی
آتش سوزانده بودم!
از شاه‌نامه
بیرون زده بودم
بویِ منیژه حتی گرفته بودم!
ببین؛
اما هنوز روشن‌ام!
به وضوح دیده می‌شوم!
روی دیوارهای این چاه
رمز می‌نویسم مُدام
دوباره
مثلِ ماری

به رویاهام می‌خزم
زنجره‌های نفس‌هام
روی طاق گردن این چاه
لانه ساخته‌اند
و اعتراف می‌کنم
دارم به رشدِ موهات فکر می‌کنم
که در غیابِ من
اتفاق می‌افتد
و کما فی‌سابق
سابقه‌ی این رنج
کِشیدنی ست!

◈ حسین رضایی

## یک

نه گوش‌ماهی جمع می‌کنم
نه خرچنگ
حتی وقتی بچه بودم می‌دانستم
برای قلعه‌های شنی
آواز مرغ‌های دریایی هم زلزله است

در کشور من
کسی دریایی فکر نمی‌کند
اگر خورشید در جنگ کشته نشده بود
هیچ‌وقت برای پیدا کردن آفتاب
به ساحل نمی‌آمدم

## دو

در کشور من
نام هیچ زنی، دریا نیست
دریا هزاران سال پیش
روسری آبی‌اش را از سر برداشت
و تمام زن‌ها کوه شدند

## ◈ کتایون ریزخراتی

### توری که روی صورتِ من نیست

چه‌گونه بیدار شوم با تنی که مالِ من نیست؟
چراغ بی‌هوده می‌وزد با شب‌پره‌هایش در رگ‌هایم
گرفته راهِ گلو با دندان‌ها
روی جگر می‌گذارم تاریخ را
اندوه به سبکِ کلاهِ مکزیکی سایه انداخته روی پیشانی‌ام
چه‌گونه راه بروم با تنی که مال من نیست؟

پاها
جدا ـ جدا
پرداخت می‌کنند عوارضِ شهرداری را
جنگِ تن‌به‌تن آغاز شده میانِ میل و هراس
راه‌رو فرو رفته در تاریکی
سرسره‌بازی می‌کند قفس با میله‌هایش
به زمین که برسد زمان،
چه‌گونه بالایش بیاورم با معده‌ای که مالِ من نیست؟

با چک‌چک قطره‌ها آغاز شد اعتراف
اعتراف به مصرف بیش از اندازه‌ی اندوه
و سپس قفل‌کردن در
پشتِ سرِ تنی که مالِ من نیست

سنگ‌ریزه از ساعات می‌بارد
ریه
تا قسمتی ابری‌ست با بارش‌های پراکنده در ارتفاعات
عبور از تن تا اطلاعِ اداره‌ی هواشناسی خطر جانی به همراه دارد
مالیات می‌پردازم برای کابوس‌هایی که مالِ من نیست

گرفته راهِ گلو با دندان‌ها
روی جگر می‌گذارم فلسفه را با برانکاردش
محال زیرِ بارِ تحلیلِ گردن نمی‌رود
شب‌پره‌ها خارج نمی‌شوند از رگ
مالِ من نیست نگاه در چنین ساعاتی
شیرجه می‌زنم برای گرفتنِ توپ
در توری که روی صورتِ من نیست

عروسِ مرده با دنباله‌ی پیراهن‌ات که کشیده می‌شود در راه‌روها!
عقدی که بسته شده در آسمان
چه‌گونه خوانده می‌شود روی زمین؟

تن دست به دست می‌شود
تن بالا می‌رود
تن بال‌بال می‌زند
شکاف برمی‌دارد تن
تن تَرَک می‌خورد
تن ترک می‌کند خود را
تن چه‌گونه زاییده می‌شود از مجرایی که مالِ من نیست؟
مه گرفته گلویم را

در اعماق، با سنگ‌ریزه پر شده لانه‌ی کبوتر
کبوتر تخم گذاشته روی دفترچه‌ی راهنمای تلفن
زنگ می‌زنم به اداره‌ی راه
زنگ می‌زنم به اداره‌ی هواشناسی
زنگ می‌زنم پیش از بسته شدنِ عقد ـ ات در آسمان
شماره‌ها می‌بارند در ارتفاعاتی که مالِ من نیست

بی‌هوده می‌وزد باد
بی‌هوده تور را برمی‌دارد از روی صورت‌ام
بی‌هوده گذاشته‌ام خود ـ ام را در معرضِ تماشا پس از خارج شدن از رحم

راه‌ها قربانی می‌گیرند
چه‌گونه گریه کنم برای خود ـ ام
برای تو
با چشم‌هایی که دیگر مالِ من نیست؟

# باله

اعتراف قتل‌عام می‌کند
مثل حلزون راه می‌رود روی لب‌ها
از میان دانه‌های فلفل‌قرمز و اشک‌ها می‌گذرد
برق لب می‌زنم به تَرک‌ها
دورشان خط می‌کشم

ژست یک بالرین را به خود می‌گیرم
که به حادثه‌ای خیره شده
نقطه‌ای در دوردست
که هرگز دیده نمی‌شود
نقطه‌ای که از لب‌هایم آغاز می‌شود
مثل هزارپا صورت‌ام را می‌پوشاند.
پاهای هزارپا
از روی سی‌وسه سالگی‌ام می‌گذرند
از میان پلیسه‌های دامنی که از سرخی به سیاهی می‌زند:
حشره‌ای در سوراخ‌های جوراب‌شلواری‌ام لانه کرده است

روی صحنه می‌روم:
پشت سر ـ ام سرخ،
رو به رو سرخ،
صندلیِ تماشاچیان،

حتی لحظه‌ای که تردید می‌کنم
بارانی‌ام را در می‌آورم از تن
پوست‌ام را نشان می‌دهم
رگ‌هایم را، که روی نوک سوزن می‌رقصند،
به کسی که نیست؛
بعد، می‌اندازم‌اش روی یک شانه
می‌چرخم
مکث می‌کنم
و تردید دارم
صحنه را ترک کنم یا نه!
دوربین‌ها بی‌وقفه چشمک می‌زنند

ژست یک زن مطمئن را به خود می‌گیرم
و سرخیِ لب‌هایم
روی بیلبوردها تصادف به بار می‌آورد
آن حشره هنوز در سوراخ‌های جوراب‌شلواری‌ام می‌وزد،
مثل بادی در گوش ونگوگ،
و خون
کف دست‌ام
آه می‌شود:
دیگر نمی‌شنوم

ژست یک خواب‌گرد را به خود می‌گیرم
رو به روی هیچ‌کس
که بعید نیست مرا دیده باشد،
وقتی شمع‌ها را روشن می‌کنم
در شمعدان‌های سرخ
با گوشواره‌های بلند
در اتاق‌های خواب
در اتاق‌های گوشواره‌های بدلی
و نقاشیِ زنی بر دیوار بالای تخت‌خواب

که در جوراب‌شلواری‌اش حشره‌ای لانه‌سازی می‌کند
می‌نشینم میان بالش‌ها
پای چپ‌ام را در بغل می‌گیرم
سر ـ ام را می‌گذارم روی زانوی همان پا
در میهمانیِ ساعت‌های وارفته

ژست خود ـ ام را می‌گیرم
وسواس روشن کردن شمع‌ها،
وقتی بیدار می‌شوم
می‌خوابم
آن‌ها برای خودشان می‌سوزند
در شمعدان‌های کوچک
در شمعدان‌های بدون پایه
بدون گوشواره

آن حشره در سی‌و سه سالگی‌ام تخم‌ریزی می‌کند
در جوراب‌شلواریِ ژست‌های زن‌ها
روی صحنه،
وقتی طوفان آغاز می‌شود
و زن با بارانیِ سرخ که انداخته روی شانه
می‌دود لابه‌لای پرده‌های سفید
محو می‌شود

پرده‌های سفید
پنجره‌ها را با خود می‌برند

هیچ‌کس نشسته رو به روی هیچ‌کس
که سی‌و سه سالگیِ اندام‌هایش را
بر خلاف جاذبه تماشا کند
سر ـ اش را آویزان می‌کند از لبه‌ی تخت

پاها را بالا می‌برد
تا زیر پرتره‌ی «زنِ روی دیوار»
که حشره‌ای در سوراخ‌های جوراب شلواری‌اش
لانه کرده است
پاها را بالا می‌برد
بالاتر از آفتاب‌گردان‌ها

حشره راه می‌رود در سر ـ اش،
وقتی آویزان است
و از لای در کمد
پیراهن‌ها را تماشا می‌کند
وارونه در چوب‌رختی‌ها

آویزان به هیچ‌چیز فکر نمی‌کند
و با انگشت کوچک پایش
کلید برق را می‌فشارد
کنار پرتره

## ◈ بابک زمانی

### یک

به جنگ که فکر می‌کنم
زخمی می‌شوم
به کویر که فکر می‌کنم
تَرَک برمی‌دارم
به آسمان که فکر می‌کنم
پایین می‌افتم
و هر وقت به جنگل می‌اندیشم
گله‌ای از گوزن‌ها از روی‌ام رد می‌شود
جرات فکر کردن به تو را ندارم

"دریا" نام عمیقی برای یک معشوقه است
و من
هیچ‌وقت شنا کردن بلد نبوده‌ام

## دو

گرسنگی همه چیز آدم را می‌فروشد
میز را
صندلی را
تلویزیون را
فرش را
کتاب‌ها را ...
گرسنگی آن‌قدر خانه‌ات را کوچک می‌کند
که خانه
روزی بالاخره به پیراهن‌ات می‌چسبد

## ◈ ماندانا زندیان

### یک

سخت است دست‌هایت را
پرت کنی حوالیِ جیب‌های مرگ وُ
سرد، مثل استخوانِ سُربیِ سلول،
آن‌سوی پوست سایه‌ات
شبحی باشی
میان خشمِ دیوار وُ
چشمِ خیابان؛
سخت است

سخت است به گردن‌ات نگویی
سیلِ داربستِ اعدام وُ
صندوق وُ باتومِ کودتا
سماع زخمیِ شال‌اش را
سیلی می‌زند، سینه‌خیز، وُ
سخت است سکوت‌ات را از جیغ وُ جنون پس نگیری وُ

از گلوی صدایت بترسی وُ
در سوگِ قبرهای بِی‌سطر نفس بکشی؛
سخت است...

## دو

در من دری
به تنهاییِ متروکِ بندری
تکیه می‌کند
که سوت سفر
در گلوی قایق‌های قدیمی‌اش
خواب می‌بیند
که برف
مرزهای لنگرگاه‌اش را پاک کرده است وُ
ماه
انحنای امواج‌اش را کامل

ابر می‌شوم
سبُک
مثل سایه‌ای
بر آب‌های آزاد جهان
وَ پخش می‌شوم
در آواز مرغان دریایی
که از خواب بندر نمی‌پرند

◈ نغمه ساروی

## نبضِ فرشته

نبض ترسان یک فرشته، مدام
رعشه‌های مشتعل‌اش را
در تنه‌ی خشک لب‌های من آزاد می‌کند
پر کشیده‌ام و روح چه‌گونه
در حد فاصل برجسته‌ی دو پلک نفس می‌کشد؟
چهره‌ها، خیانت‌کار ـ اند
مخمور در پهلوی راست
و دود در گهواره‌های ساکت
به صراط بی‌زبان، سقوط می‌کند
کسی نمی‌داند کسره‌های مضطرب نور
به مرگ کدام مقصد ختم می‌شوند؟
من،
در فضایی
با طول و عرض و ارتفاعی مشخص
تقطیع می‌شوم

و ژن‌ها، همه تاریک‌اند
مادران، میان تلی از نطفه و خون
مثل یک نَفسِ سرکش
ـ که از نسلی به نسل بعد منتقل نمی‌شود ـ
برمی‌خیزند
تا سوگند و
خورشید و
خواب را
به درکات روشنی هدایت کنند

استخوان‌ها از چهره خالی شده‌اند
و من این را پای کدام درخت بگویم و
از سکته‌ی ناگهانی برگ‌ها
در ضریح مشتاق چشمان‌ام نترسم؟
رو به باد می‌ایستم
مرگ را نگاه می‌کنم
که در ثانیه فجیع می‌شود
و بر کفن دیوارها و ستون‌ها چنگ می‌کشد
تا چند بند دیگر
به زیباییِ این دست‌ها مشکوک می‌شوم
به نام تمام تشنگانی که آخرین جرعه‌ی خونی که از پیکر ـ ام رفت را، نوشیدند.
حافظه، خیانت‌کار است
صدای پرسه‌ی بال‌ها
مژه‌هایم را
در حدقه‌های نیمه معصوم رها می‌کند
و آن سایه که در برابر ـ اش تنها یک شعله بود،
به درنگ سبز رگ‌ها نزدیک می‌شود
می‌دانم
چشم‌هایم دیگر
برای ادامه‌ی روز کافی نیست

و من چه‌گونه می‌توانم
حجم بیدار ندیدن‌ام را
با صدای بریده‌ی نقاب‌ها و
نبض مرطوب بال‌ها عجین کنم و
از غیبت عریان ماه نترسم؟
از جلبک‌ها که هر صبح
در سفیدی ذوب اندام من
آرام می‌شوند

صدای پرسه، بال‌ها را قطع می‌کند
کنار یک پلک
دو سایه
و سال و ساعت و ثانیه‌ای ملتهب

نبض جوشان یک فرشته، مدام
حیات دریایی‌اش را
در ستاره‌های بی‌سرزمین گوشت من
فراموش می‌کند
و روح،
با طول و عرض و ارتفاعی مشخص
به صراط بی‌مکان
صعود می‌کند

## ختمِ روح

بی‌مرز - تر از خونی
که در پلک افتاده‌ی آسمان
شیب شرمگین ستاره‌ها را
در رقابت‌های درخشان‌شان می‌کاود،
می‌پرم
و از این ارتفاع،
شعاع هر فاصله، تاریک است

سکوت لحن را
فضای مهتابی کدام کلمه
در اطراف پروازی میان حیات و تشنگی پر خواهد کرد؟
چراغی پیشِ روی‌ام نیست
تا در پروازهای مانده تردید کنم
تا لحنی که از زیر گوش‌هایم
به زندگی مدوّر مطرود خود ادامه می‌دهد را
با نبض‌هایی سراسر سپید بپوشانم
شاید انحنای این صدا
ختم به او می‌شود
که انعکاس عزا
در دسته‌های منظمی از خاک
هویت مجهول زمان را

به مویه‌های مقطعی وا می‌دارد
پیش روی لکنتی
که خلاف خواب جغرافیای امن مرگ است
و عبور هر قطره خون را
با نفس‌های کُند بیمار ـ اش امضا می‌کند

من،
سرمای رگ‌های او را می‌شناختم
در جریانی رقیق‌تر از حنجره
پس چرا تاریخ
این صدا را
به چرخه‌ی دست‌های من باز نمی‌گرداند
آن‌گاه که میخ‌کوب شده‌اند
در ستون‌های جدای هستی
مگر سهم سرعت،
سقوط پروانه
در لحظات سُریدن اشک در مغز نبود؟
گواه آن تقدیر بیدار
می‌توانست
روح مشتعل من باشد
که از حصار خشکیده‌ی پیکر می‌گذشت
و انوار را
به مساوات
میان چهره‌ها قسمت می‌کرد
پس چرا تطهیر نمی‌شدم
از پیشانی
تا نوک انگشتان پا
و از نوک انگشتان پا
تا موی سیاه هدر رفته‌ای در پیشانی
که برق شقیقه را زندانی می‌کند
تمام ستاره‌ها

میان سرمای این فلز سوخته بودند
و من
دست‌ها را
با تصور انتساب‌شان به لجن
به یاد می‌آوردم

بوی عطر خون
از لای سینه‌ی پروانه‌هایی
که قبل از اذان
به سجود کلمات رفته‌اند،
بیرون می‌زند
و پوست‌ام نفس می‌کشد
از زیر سجاده‌ها
از زیر پیشانی
از زیر دندانه‌هایی که درد را از ریشه جدا می‌کنند
سرچشمه‌ی این عصب کجاست؟
تا خون
از هق ـ هق شهوانی نفس‌ها
در لثه
بند بیاید
باید رها می‌شدم از بند درد
از بند ناف
از حماقت حدقات زنده‌ام
که در خون سرد رگ‌های او می‌پرید
و جسارت نگریستن به چشم‌ها و آینه‌ها را
از دست داده بود

بی‌شرم‌تر از لحظات جیوه‌ای ایستاده‌ام
به هنگامی که چین فرورفته‌ی قلب
از قداست چشمه‌های پر نبض شقایق
می‌کاهد

و نگاه می‌کنم به ران‌هایی
که میانه‌ی این شفاعت
جوشیده‌اند
و از ارتفاع این تصویر،
شعاع هر فاصله تاریک است

فقرات سرخ
از لای میخ‌های زندانی در ختم مسلم روح می‌چکند
میان شعف دسته ـ جمعی آیه‌ها و شمع‌هایی که
خلاف جهت خواب‌ها ایستاده‌اند
و انتساب ران‌ها را به لجن
به یاد نمی‌آورند

## ◈ جهانگیر سایانی

### جنگ مقدس

مجاری یک ساختمان
لوله‌هایِ زنگ‌خورده در دیوار است
جنس لوله‌ها در یک ساختمان قدیمی
کیفیت یک رابطه
می‌تواند از جایِ پوسیده باشد
دلیلِ لکه‌ای تیره بر دیوار
یک‌جا که دور از
چشم، لب‌ها، حتی استخوان ران‌ها
از یک مینی‌بوس پیاده می‌شود [ترجیحن طوسی]
با جزییات انقباض در عضلات
اندام کشیده‌ی زنانه‌اش تعبیر جنگی مقدس است

جنگ، مقدس هم که باشد جنگ است
تلفات دارد
مثل وقتی‌که روز از نیمه گذشت

[۲۶۴]

هواپیمایِ پدر ـ بزرگ را بمب باران کرد
و کسی نگفت
«دزدی آمَدهَ سنگی انداختهَ، رفتهَ»
حیات یک دور قمری چرخیده بود
جای زیتون برگ‌هایِ بوی لیمو می‌داد
و مادر ـ بزرگ نبود دیگر

زمان گذشته؛ رفته است
و جنگ، کیفیت یک رابطه در ایام هفته است
شنبه، یکشنبه، دوشنبه
می‌شود امروز پنج‌شنبه باشد؟
در صبحِ خانه پدر روی کاناپه
و در بی‌بی‌سی مثل همیشه جنگ باشد؟
گوینده‌ای به لهجه‌ی تاجیک
از کرانه‌ی باختری رود اردن گزارشی بدهد
مادر ظرف‌ها را در کابینت، کنار گاز بگذارد
تو، بر صندلی عقب
در یک مینی‌بوس طوسی، می‌آید
و تصویر
در دودی شیشه‌ها
در عینک‌اش دوتا بشود
تا بشود بین خط‌های بر سینه
وقتی با پیراهنی گل‌دار خوابیده باشد [ترجین کوتاه]
و سینه‌بندِ مارک، بند ندارد

تو افتاده‌ای به جان کسی حالا
مثل سکسی ناتمام که به جان یک تخت می‌افتد [ترجیحن دو نفره]
لوله‌ها در مجاری یک رابطه، آب ندارد

جنس یک لوله مرغوبیت سنگ معدن است
وقتی ساختمان قدیمی آب ندارد

وقتی که آب
نمی‌رسد به خشکی
به کم‌رنگِ یقه‌ها
به جوراب‌ها و شرت افتاده در تشت، زنانه [ترجیحن زرد]
کیفیت یک رابطه است

در صبحِ یک خانه
بر کف‌های ماسیده بر صورت
کاناپه پدر ندارد
بی‌بی‌سی جنگ را به کوبانی برده
و از کابینت کنارِ باختری اجاق‌گاز
مادر گزارش نشتی می‌دهد
و امروز پنج‌شنبه نیست

## آشپزِخانه

آشپزخانه به دستان تو چسپیده بود
ظرف‌های کثیف سه روز مجردی
با ته ماه‌ی سیب از کمر افتاده در بشقاب
در کار سینک استیل
با دهانی روی پشت و پشتی به دهان
دست‌هات؛ با روغن‌های توی بشقاب است
با کف‌های صابون
با کف سینگ
در برخورد؛ النگوهات است
زنگ که بخورد می‌گفتی:
تو آمده‌ای خانه        یعنی
تا دست کفی
دکمه‌ی آیفون را پاک کند        با کف دست
یک‌نفس از پله بالا دویده بودم
تا روپوش گُلی‌ات
دست کفی‌ات را بغل کند
بغل‌ات کرده بودم

حالا انگشتِ روی زنگ
فشار دنده‌ها به سینه است
از آن طرف خانه

با دمپایی قرمز ـ ات روی پارکت قهوه‌ای
تا آیفون تصویری وُ
مرد توی مانیتور عینکی
آواز خواننده‌ای
"بیوهَ زَنُم وُ تنها سه تا چوکِلَک اُمه"
با رژ ماسیده به دندان‌ات وُ
دندان ماسیده به لب‌هات
با مرد از آسانسور پرت شده بالا

ـ میوه‌ها آب از سرشان گذشت توی سینک
این را من گفته بودم [راوی آن ماجرا در اتاق پشتی]
ـ در زنگ کوچک در پشتی ساختمان هنوز صدای زنی می‌آید
و شیر آب را پیچانده بودم

پیچانده بودم‌ات
تا مرد توی کاناپه فرو برود
پیچانده بودم‌ات
تا کتری سوت بکشد
تا سایه‌هاتان بلندتر شده بود
پیچ خورده بودید به هم
آغاز همه چیز از آشپزخانه بود
از آهن‌ربای روی در یخچال که شکل زنی‌ست
از انار هیده‌ی روی فریزر
مرد داشت عینک‌اش را می‌خورد از دسته
که آشپزخانه به خانه دویده بود
زن، دستان‌اش به گردن مرد عینکی
آشپزخانه دویده بود سمت‌شان
من
دویده بودم یک‌نفس از پله‌ها بالا
دست روی زنگ
دویده بود به خیابانِ زنِ کوچه پشتی

میوه‌ها توی سینک
دویده بودند

تو توی بغل من بودی
من توی آشپزخانه
توی بوی تند غذای روی گاز
توی کاناپه‌ی خالی از مرد عینکی
همه چیز از آشپزِخانه آویزان بود
تو بیوه شده بودی
اما
مرد ـ ات نمرده بود

## ◈ ساره سکوت

### یک

با نگاه
حرفی بزن از چیزی مست‌تر
ناخن بینداز
- در زخم گلوله‌ای‌ست -
ناخن بینداز دور پرنده‌ی نقره‌ای در حنجره‌ی من
و دوست‌ات دارم را
آن‌گونه که خاکستری‌ست
پر بده در هوا

## دو

از اول این سطرباید تنها باشم
ـ با دهانی خونی ـ
متکلم وحده باشم
یک رأس چشم گم شده‌ام را
بدوانم در گرگ‌و میش چشم‌هایت
روایت تو را از میان روایت‌های خود ـ ام عبور دهم
و برسانم به راوی‌های آن سر دنیا

آن سر دنیا زبان‌های زیادی هست می‌دانی؟
سرهای زیادی هست ـ سبز ـ
و همه‌ی سِرها، آن سر دنیا گفتنی‌اند

پس از اول شعر می‌خواهم
تو را که می‌خواهم را
موذیانه به نحوی بسپارم به زبان‌ها
و بگذارم تمام افعالت را
صرف کنند
ـ با چای و شیرینی ـ

تو در زبان آن سر دنیا
بی‌زبان‌تر از زبان این سر دنیایی

که این زبان زبان بسته
و آن زبان بسته
حتی زبان مادری‌ات نیست
حتی زبان مادری‌ات را
با خنده‌های کوچک پنهان گرفته‌ام
- چیزی را از دست داده‌ای -
- مادر زبان‌ات را پنهان کرده‌ام در مادری که دختر - اش را پنهان کرده در مادر - اش که دختر - اش را پنهان کرده در مادر مادرها ماپتروشکا -
پس با زبان بی‌زبانی می‌گویم
زیبا زبان‌ات را بازنده‌ای

- من با دهان خونی
در گرگ‌و میش چشم‌های تو، شاهد - ام -
در چشم‌های تو خروس‌هایی می‌خوانند،
باز - دارنده‌ی زبان‌های زنده‌ی دنیا
و دکلمه‌ی کلمه، در لب تو به صبح می‌رسد
در دست‌های گرم تو بره‌هایی به چرا می‌روند
که در گودی چشمان من زندگی می‌کنند
در دهان تو سکوت
در میان دو سطر
در کنار پنجره ایستاده و سیگار دود می‌کند
پس سرفه می‌کنم
متکلم وحده می‌شوم
و تنهایی سرفه می‌کنم
که بگویم

می‌خواهم که بگویم
اما گفتن را از دست داده‌ام
من چیزهای زیادی را در تو از دست داده‌ام
با دست خود - ام، خود - ام را به از دست دادن در دست تو تقدیم کرده‌ام
و بره‌های کوچک چشمان‌ام را گاهی

- چرا؟ -
در رأس کوه‌های فقرات‌ات
رأس رأس در خون کشیده‌ام
- چیزی را از دست داده‌ام -
در گرگ و میش چشم‌های من و تو خون زیادی ریخته... می‌دانی...
من در تو چیزهای زیادی را از دست داده‌ام
حتی زبان مادری‌ام را از دست داده‌ام
و با زبان مادر مادرها
در چاه بی‌نهایت چشمان‌ات
اندوه‌های کوچک چشمان‌ام را
به سنجاب‌های قهوه‌ای کوچک سپرده‌ام
تا دانه دانه دانه
در خاک دست‌های لطیف‌ات،
در بهمنی کشیده و برفی، پنهان کنند
و با زبان مادر مادرها
با حرف‌های کوچک بی‌معنا
هر گفتنی - که دامن گوینده را گاهی گرفته است - را
بی‌حرف گفته‌ام
من در تو رازهای زیادی را
از دست داده‌ام
سرهای زیادی را
در چاه‌های چشم تو ریخته‌ام
- سرهای عاشقان یک و چند زبانه‌ام را
و بره‌های چشم خدایان را -
در چاه چشم‌های تو سرهای زیادی هست، می‌دانی...
پس من چه‌گونه بگویم؟
باید بگویم
پیش از تو چاه‌های زیادی می‌شناختم
موهای زیادی را درو کرده بودم
پیش از تو سینه‌های زیادی را
چنگک زده بودم، کُرزه‌بندی کرده بودم

و بذر سر انگشتان‌ام را پاشیده بودم
که بمانم
تا وقت آبِ عصر جمعه
به موقع از کرزه‌ها بگذرد
(عشایری که از رفتن خسته‌ست، خواب دانه می‌بیند، به سیب کاشتن فکر می‌کند، به سیب کاشتن، سیب کاشتن، سیب کاشتن و مزه مزه مزه‌ی باغ‌های معلق سیب، در گرگ‌و میش، عرق کرده از خواب می‌پرد و بره‌های حامله‌اش را، هی می‌کند به سمت دره)
پیش از تو،
زیاد باران خورده بودم
ـ یک‌بار در تورنتو در آب غرق شدم، یک عمر در رودخانه‌ی خشک شیراز ... و سیل، پاره‌هایم را از کشوری به کشوری می‌برد تا ببیند دانه منگرو قرمز کجا افقی می‌شود ـ
پیشانی تو قتلگاه عاشقان زیادی‌ست
سرهای زیادی را
با ضربه‌های کوته بوسه، آن‌جا بریده‌ام
ـ افقی / عمودی ـ
من از چیزهای زیادی
من چیزهای زیادی را
بریده‌ام
پس من چه‌گونه بگویم؟
من در تو چیزهای زیادی را از دست داده‌ام
و در دهان تو
هر بار عشق را به دکلمه آورده‌ام
سرفه کرده‌ام
و آخر این سطر باید
تنها...
بگویم
زیبا
زبان‌ام را
از دست داده‌ام

ـ من با دهان خونی
ایستاده‌ام و سرفه می‌کنم ـ

و من،

چه‌گونه بگویم؟

## ◈ احسام سلطانی

### زبانِ بیمار

ای روزهای منتهی به خیال، ممنون
ممنون
روزهای رسیده تا میوه‌های نارس
روزهای افتاده در گوشه
(یک گوشه)
خیال معتاد به زن به زندگی به گوش‌های کشیده تا گوشه
روزهای آرام به زور دیازپام
روزهای محتاج به روز
روزهای...

زبانِ ممنون از همه که چی؟
زبانِ بیمار به اعتقاد دکتر
باید باید باید
که چی؟
باید برقصی با من

به دقت همین وقت که ول نمی‌کند دیگر

زبانِ محتاج به تاکید
اگر بمیرم...
چه‌طور بمیرم دقیق بگو
بمیرم؟

به هر ترتیب
باید بخندی با من
بلکه عوض شود دنیا
بلکه

## دو

۱)
هر شب
هزار تکه اگر هزار تکه نشوم
نخورم اگر به کلیشه‌هایی مثل در یا دیوار
هر شب
اگر تخیل‌ام را پخش نکنم روی زمین
اگر به اعضای تن‌ام ـ که شما نبودید از همان اول ـ نگویم ایست
پس چه کنم؟

هر شب راه نرود اگر صدا، داد نزند بلند:
من رویا نیستم. به من دست نزن
من رویا نیستم. می‌شنوی؟
پس چه کند؟

هوا را گرفته‌اید
شهر را گرفته‌اید
جان‌های زیادی را گرفته‌اید
حتی آن‌هایی را که خیال می‌کنید نگرفته‌اید، گرفته‌اید
هر شب
اگر تخیل‌ام را ول نکنم توی شهر
پس چه کنم؟

**۲)**

دنیا اگر، اگر سر ـ ام دور سر ـ ام اگر
اگر دور سر ـ ام همین‌طور ادامه پیدا کند دنیا
خود ـ ام را به‌جایی می‌رسانم که هیچ تخیلی، حتی با تلاش فراوان، نتواند پیدا کند خود ـ اش را
افراط و تفریط نمی‌کنم چون یا افراط می‌کنم یا تفریط
یا سر ـ ام می‌چرخد دور سر ـ ام یا دنیا
هر کدام که باشد فرق چندانی نمی‌کند سر ـ ام اگر بگذارد دنیا می‌چرخد گاهی گاهی هم سر ـ ام دور سر ـ ام
شما که این همه ایستاده‌اید کنار سر ـ ام راه می‌روید با خودتان حرف‌های ناجور هم می‌زنید معمولن
شما که این همه اهلی هستید و راه‌های‌تان را تا ته فرو می‌کنید در مردم
اصراری، تعارفی به راه تازه نمی‌کنید؟

عکس گرفته‌ام به یادگار از دیوارها، دادگستری‌ها، زندان‌ها، بیمارستان‌ها و تیمارستان‌ها
از واقعیت‌های ریز و درشت این شهر (منظور ـ ام تهران است)
عکس‌ها گرفته‌ام از رفتارها، میل‌ها داده‌ام بر باد
با همین کار احمقانه کارها کرده‌ام اگر سر ـ ام سر ـ ام راه نرود یک لحظه فقط
عکس‌های دیگری می‌گیرم از عکس‌العمل‌های شما در این لحظه که نه می‌کُشید و نه می‌روید از جان من بیرون
آن‌جا، جایی که نه می‌کُشید و نه می‌روید بیرون،
چه می‌کنید؟
اصراری، تعارفی به راه تازه نمی‌کنید؟
تعارفی به ما، یعنی من، که این همه شما شما می‌کنیم، نمی‌کنید؟

۳)

از هر طرف که رو کنی به رو به رو
یا پشت کنی به رو به رو
آدمی‌های زیادی می‌بینی
ـ زنده و مرده ـ
دور هم که جمع می‌شوند
حتی اگر رو کنند به رو به رو
طوری رو می‌کنند که انگار
پشت کرده‌اند به رو به رو


در قلب یک نقطه‌ی تاریک چه بگذرد خوب است؟


به روزنامه‌ها که می‌رسم ـ تف نکنم اگر
به نقطه‌های تاریک تف نکنم اگر
با مرده و زنده اگر نشود خندید به یک اندازه
اگر همین‌طور، بدون ملاحظه، آخر هر سطری نوشته شود «اگر»
اگر شما جای نویسنده‌ی این سطرها بودید چه می‌کردید؟
حالا که کسی نیست می‌پرسم
نه واقعن چه می‌کردید؟


حتی اگر آدمی باشید بدون حافظه‌ی تاریخی
یا حافظه‌ای داشته باشید هم‌صدا با تاریکی
که وقتی به آن رجوع می‌کنید
یا رجوع می‌کند به شما
طوری به هم زل می‌زنید که فراموش کنید رویاهایی را که کشته‌اید،
باز نمی‌توانید فراموش کنید رویاها و آدم‌ها و صداهایی را که کشته‌اید.
کشته‌شدگان
ـ زنده و مرده ـ
به شما رجوع خواهند کرد شبانه روز
از خواب‌های شما بیرون خواهند آمد

و راه‌های نرفته را خواهند رفت
حتی اگر هم‌صدا شده باشند با تاریکی

## ◈ حامد سلیمان‌تبار

### یک

دوگانه
دوگانه
خود
خود را
می‌خورد
وقتِ
بی‌وقت
که
معلوم
نیست
از کجا
پیداش
می‌شود
در
سَرِ

ما
این جا    این جا
موخوره        موخوره

## دو

او ادامه‌یِ او بود ـ دُمبِ روایت
که زاییده می‌شد از او ـ
که زاییده شده بود از دُمبِ روایت
مارمولکِ بیدُم
که مادرِ دُمب‌اش بود اُمّ الحوادثِ دُم
که نخست دُم بود و ادامه دُم بود
ورنه این مارمولکِ بیدُم
چه‌گونه عمود ایستاده هنوز رویِ دیوارِ حنجره‌ام؟ ـ متروک ـ
از چارگوشی که بسته‌ام:
ـ خانه‌ام ـ
آب‌انبار تهی از پلک و
سرشارِ مارمولک‌ام انگار ـ
غیب‌ام
مزن به خُم‌های سرکه که داشت هفت‌ساله می‌شد
و ماهیِ سرخ
ـ جاش اصلن خالی نیست ـ
در حوض
اویِ بیدُم است جاش
و بغضِ عشقّه می‌پیچد ـ اش بِه‌رویِ دیوارها

از چارگوشی که بسته‌ام
تنها او: او بود که می‌دانست راهِ به کشف‌العمارت
تنها او
دمبِ روایت

# ◈ قارن سوادکوهی

## عاشقانه

غارنشین حرف‌های آن روزی
که ترکه‌های نسیم و بوسه‌های صبحگاهی را
دادم به دست باد، بوده‌ام لیلا

به غیر از جوانی‌ام، چه می‌دانم
پیوسته در هوای تو ـ ام
پیوسته در حوالی و اعلام
اعتماد کن به قالی
به رنگ‌های قرمزی
که پابه‌پای تو می‌آیند

راهی به جز تو ندارم
تو را
که رد صاعقه بر دوش
توی لحظه‌های من ایستاده می‌رقصی

عاشقانه می‌رقصم


می‌دانم
غیض کرده‌ای و
پاشنه از درِ این اعصاب
پشت‌و رو کردی

به قول تو
این باختن است "این به‌خاطر من"


چه‌قدر
به شعرهای من
تماشای تو می‌آید
وقتی      دست از تو      بی‌قرار تو      باران را بهانه می‌گیرم
بگو!
به این کلمات بگو!
دست از تو بردارند
بی‌ستاره شدم...

## ایران زمین

این‌جا سرزمین من است
سرزمین انارهای دانه‌دار

و شمشادهای به‌هم تنیده‌ی افرا
بیدبن‌ها در کشاکش‌اند
و بادبند خزر
رشته کوهی از دریاست

دست توی لوت می‌برم
بادگیر می‌شود
دست‌ام را بلند می‌کنم
زل زده زاگرس از میان شقیقه‌ام
دست به چهره‌ی دنا
دستی پر از هوای خانه
عطر چای
و عکس پدربزرگ

یک بلوط بی‌تنه این‌جا نیست
که خلخالی از رگ باران
بغض      نبسته بیافتد
یک چنار بی‌ترکه نیست

یک انار مجزا

این جا
شیهه دارد از دشت‌های خالی اسب می‌دود
و یاخته‌های مقوایی سکوت
عکس اُریبِ قلم را کشیده‌اند

باید به پنجره حالی کنم
عطر وطن
سرک کشیده از همه جای زندگی‌ام خالی‌ست...

◈ وحیده سیستانی

## یک

آن لحظه      گم شده بود کسی
آن لحظه که سنگی از کول سنگ دیگر جدا می‌کردند به صرف معلق
زمان مایعات بود و هول پرتاب و شاخ اتفاق ناب
آن لحظه      کسی گم می‌شد
آن لحظه که سنگی به کول سنگ دیگر اصابت می‌کرد
و اجداد غول‌آسای بی‌نام
در گیر و دار گدازه می‌سوخت...
این لحظه از زادگاه ما به جهان "سلام
خودمان را نامیده‌ایم انسان
و مانده‌ایم در آب
که زنده‌ایم به بیرون آب"
از زادگاه گیاهان و جانورانی که نامیده‌ایم‌شان به اسم" سلام
به نام‌های ندانسته‌ی جهان
و اصوات نشنیده‌ی جهان
و رنگ‌های ندیده

و نکردن‌های نشناخته‌اش..."
من از تمام برجستگی‌های زمین آب خورده‌ام
و به تمام فرو رفتگی‌هاش/ شیر داده‌ام که افتاده‌ام از والدی
آخ
که ای کاش گله‌ی غازهای وحشی در خاصره‌ی گل سرخی بهرام بال می‌کشید
و ای کاش مادیان‌های بژ در انتهای شرمگاهی ناهید دل دل می‌زدند
می‌زدند به این هوای رنگ شتری و کوچه‌های خم
چپی را که از منافع انسان آب می‌خورد
و مستدام از منابع/ راست می‌کند زمین را
والدم کجاست؟
درست میانه‌ی خاورمیانه نشسته‌ایم و زل زده‌ایم به بمب‌های دستی
به آمیزش‌های تاکتیکی و ولدهای استراتژیک
ـ انسان به زاییدن که می‌رسد
جهان درد می‌کشد و چاله‌های زمین جر می‌خورند ـ
یکی به من بگوید کجاست والد ـ ام؟
صدا را چرب می‌کنم
والد ـ ام
والد ـ ام
والد ـ ام
سکته می‌اندازم به حنجره
از گورستان‌های مکرر
و ایدئولوژی‌های خون‌آشام" سلام
ما خودمان را نامیده‌ایم انسان
و نمی‌دانیم چه می‌کنیم با این‌همه زرشکی پخش
و آمبولی‌های جان بگیر ادیان
که مرده‌ایم به بیرون آن"
سنگ‌ها طعم سرخی گرفته‌اند و آبی‌ها/ زرشکی‌اند
من از زرشکی تمام به کانتینرهای اهداء خون سلام می‌فرستم
"مراقب مرزهای آبی‌تان باشید
دختری که گیسو به باد داده با پسری که دل به دریا زده همین‌قدر کلیشه‌وار
دیروز از سرزمین‌های دور و بر

به سمت‌های عجیبی کوچ کرده‌اند"
لحظه‌ای هم آن‌که تغییر می‌کنی
سفیدی گیر کرده در گوشت را بیرون می‌کشی
درست آن لحظه که خواب دیده باشی
دسته‌ای ستاره به قبر دسته‌ای دیگر می‌خندید
ترس
قوی که باشد از دایره شروع می‌کند
مغز
خوب می‌داند ترس چیست
خالی می‌بندد و تو هی فکر می‌کنی سر از مربع یا سه گوش در آوری
خطوط را قرض می‌گیری لاف بباقی...
والد ـ ام کجاست؟
کِی دل از خرج خالی کنیم؟
آن لحظه که ندیده‌ات تمایل دارد به باروت توو کرده در فلز؟
ـ انگار نه انگار همه را گذاشته‌اند دور هم
یا سر جایشان نشانده‌اند خانواده را
انگار نه انگار آمده در عکس و با خود ـ اش دسته جمعی بگیرد
همین‌قدر پرت
همین‌قدر دیوانه‌وار ـ
کِی راحت‌مان تاریخ دارد / داشت؟
"سفیدی گیر کرده در گوشت را بیرون بکش
بیا به هیچ‌وقت بگوییم زرشک
این اتفاق ما
کو اتفاق ما؟

## دو

پ ه
پر باله می‌دهد به پا
بلند می‌شوی روی انگشت
دور می‌زنی
دسته‌ی سماع و پیمانه روش
نمی‌شود آخر تاریک / به رویا بریزد
موزیسین! خاموش...
وای
می‌خواست شکل آب بیفتد از پلک
جارو در آمد
می‌خواست شکل موج بریزد از گوش
گیسو در آمد
پنبه
در چشم و دهان و گوش
پنبه
بر ساق‌های نرم و نسوی نسج
وای پنبه‌ها
رقصنده‌های خاموش...

پ ه
پرخاش سر فلزی به نام بیل

با دسته‌ی معصوم آفتاب خورده در کله‌ی خیابان پوک
خششش      خوووششش
خششش      خوووششش
با دسته‌ی کارگران نیمه‌های شب/ روی دوش
وای
مصیبت الکل پریده در آروغ
مصیبت هر چیز غیر نفتی فیتیله کشیده زیر
هر چیز دروغ‌گوی راست کننده/شبیه شلاق
شبیه دلهره‌ای سمج که کابوس ببیند
هیجان
بی‌تاب و در تب بود
هیجان / افتاده بود روی جان‌های مستور برای این‌که آتو بگیرد
پرنده پرنده گویان از سکوی خانه‌ی ساحلی / گلو بریدیم
دریای پاش خورده روی صورت مست‌اش نشسته بود

پ ه
جو می‌خورد پرنده‌ی چار دست و پا
پرنده‌ی سلفی باز / پر در زوایای پا / پشم / پر
هی می‌رود کنار
هی می‌رود دور بگیرد
دور بزند به جان
محض ستون‌های برق/
محض خداحافظی / سلام
ای کولی کنتور برانداز!
این شوک دهنده‌ی بزرگ!
شوخی نکن
به صوت بیل توجه کن!
به اصطکاک پرندگی / پشت میله‌ی بازو
به این فلز دسته‌دار/ در امتداد ران
صد سال دیگر از خواب‌ات ندزدیده‌ام
از عزیزم‌ات ندزدیده‌ام

از سنجاب‌های آویزان میان پات / ندزدیده‌ام
صد سال دیگر / آب می‌رسد به نقطه‌ی جوش
به اتصال دو شور
مضطرب
افتاده به جان / تست تلخی بگیرد
هی هی کننده‌ی رمه!
پاچین و پاورچین که می‌آیی / دو گورِ ـ خر / از خودشان رم می‌کنند
دشت / ریز ریز می‌شود روی پوکی خود
دشت
دور عزیمت گرگان
دور میادین گرگان
هزار سال دیگر / بوسه دشت می‌کند
لب توی لب می‌گذارد
شن راست می‌کند / علف راست می‌کند / پیاله‌ی آبجوخوری راست می‌کند
می‌چرخد و شل می‌شود با این طواف خود
صد سال دیگر از پنجره آمده‌ای
صد سال دیگر برو

پ ٥
بپا که از پله نیافتی
که پله مسیر شهر را ربوده است
برده است صد سال و اندی بعد
مجاور طاقچه‌ای بهشت بکارد
ـ بهشت کوچک آبی ـ
توی رفاقت پنجره / رفاقت دیوار با چارلی...
نجابتی که اشتباه گرفته بودی؟!

پ ٥
اکنون نگاه کن به جای خالی روی مبل
به جای خالی اندام‌های غیر جنسی
به آن قسمت نجیب از اطاق که دیگر نیست / نخواهد بود

فراموش کرده بودی جلوتر از مرگ/
جلوتر از مساحت خطوط و امضاء/چندمین کتاب خاطرات من است؟
پرونده‌ی این قتل همیشه باز است خانم پلیس!
همیشه بچه‌ای با شلوار خیس / دست‌اش را دراز می‌کند
از گلو / سرخ بگیرد
سبز بگیرد
سه تا نقطه چین روانی...

◈ مرتضی شاهین‌نیا

# یک

از جهات به جنوب
از فصل‌ها به تابستان
از بندر به خالو
از حروف به حرفی که نیست
بزنم خالو؟
زدم به جاده
مسجد شدم
از این‌جا تا سلیمان
آدم‌ها در من افقی نماز می‌خوانند
خالو نگرانم
نگران دریای پهلو شکافته‌ی لای چادر مادر ـ ام
جا خشک کرده بودم
در رحم کسی باران می‌آمد
دست کشیدم
مادرم هنوز مرطوب است

شک کردم
دو رکعت به سمت شما چرخیدم
خالو را با تابستان‌اش جا گذاشتم
روی پل
چیزی لای گلوی‌ام گیر کرده
خنجر به گلوی اسماعیل عادت می‌کند
ببر ابراهیم
از این‌جا بِبُر
از جهات به ابراهیم
از فصل‌ها به فصل‌هایی پر از قوچ
از گلو به خنجر
از حروف به حرفی که گیر کرده
رسیدم
در من ایستاده نماز بخوان
خالو
من شکسته‌ام!

دو

پدر ـ ام با دوچرخه از دنیا رفت
روی پیراهن‌ها،
مادر ـ ام جاده می‌دوخت
من می‌پوشیدم
پدر ـ ام را
با دوچرخه
با پارچه‌ی سفید
مادر ـ ام گریه می‌کرد:
زیگ، زاگ
زیگ، زاگ

## ◈ نیلوفر شریفی

### یک

قسم
به دست‌هایِ خونیِ آن قابله‌یِ پیر
هر سال
در واپسینِ روزهایِ اسفند
برایِ جنینِ کال‌ام
ماهیِ سُرخ می‌خرم
قسم به گل‌هایِ چادرِ نماز ـ ام
قسم
به ضربه‌هایِ ساعتِ شماطه‌دار
قسم... به روحِ آشپزخانه
زنی که
مردانِ بزرگ تاریخ را می‌زاید
زنی که هر روز
سقط می‌کند تنهایی را
زنی ساده بود
که سودایِ آمیزش نداشت.

## دو

آه ماریایِ عزیز ـ ام
پوست‌ام
تاریک است
می‌توانم
کمی اوریب بنویسم
سالِ ۱۸۶۰
سالِ رنج سالِ زنجیر[۱]

ما آواره‌ایم
آن بیرون
پاییز درختان را
عریان می‌کند
و دنیا درد را
به درون می‌کشد
و من هنوز
در ساحلِ کاراییب
به کودکانی معصوم
فکر می‌کنم
که بادبادک‌هاشان
از دنیایِ ما
دور می‌شود

می‌توانم
به پروازِ لک‌لک‌ها
و آزادی... فکر کنم
و سحرگاه
زندگی را
از رگ‌هایم بتراشم
پوست‌ام تاریک است
و ماه
از چشمان‌ام می‌تابد
آن بیرون
پاییز درختان را
عریان می‌کند

آه ماریایِ عزیز ـ ام
می‌توانم
کمی اوریب بنویسم
سالِ ۱۸۶۰
سالِ رنج سالِ زنجیر

به توتون‌هایِ سرزمین‌ام
فکر می‌کنم
و هراسِ میله‌ها
میله‌ها
چه‌قدر زندان است
و این شب
از برادرِ بزرگ‌ام
بزرگ‌تر است!

ما دو سیاه پوست‌ایم
و من هنوز
با صدایِ شلاق‌ها

بیش‌تر تو را
دوست... می‌دارم
و لبان‌ام را
هر شب
به دیوار می‌دوزم

---

۱ ـ در سال ۱۸۶۰ آبرهام لینکن با شعار برچیدن برده‌داری در انتخابات به پیروزی رسید.

## ◈ طیبه شنبه‌زاده

### مازندران

آن‌چه از چنار ریخته در من
آن‌چه از فحوای دندان‌اش بر شیشه‌ی الکل آرنج خاک ریخته
نه پس می‌رود و نه پیش
فرو می‌رود در خاک ضمایر رقص‌ام که با تو رقص در کلام ببر
ماشه از جای گوش تو پرت شده بر انفجار دهان این گل سرخ که بر جنگل
سیم‌گون خار، زیبا می‌رقصد
چنین عطش‌مند،
فرو رفتن و
فرو رفتن خار به پایی که از دور بر شاخه‌ی ماه گیر کرده دهان شمشیر ـ اش
برنده و یاغی
می‌زند و شقه می‌کند
می‌زند و شقه می‌کند
گوشت‌های له شده پخش شده بر زیر ـ انداز
کی بود که استفراغ از دهن ببر،
خاک انداز؟

کی بود که بر گوشت هیده نماز می‌برد؟
که پرنده‌ها را از ته حلق لذیذ ـ اش به جویدن صبحانه می‌برد؟
که پرنده‌ها در مرام مردن در عجز پریدن از بن گلوی مادرهایشان
مادرای مادرای مادر
این کلمه را مقدس کن به نام من
کلمه را باران کن و ببار بر سهره‌های روییده از شانه
مادر را مقدس کن و به ابرها بده تا بریزند
از چنارها بر من از مادر بریزند بر من
مادر کن مرا به زیر چناری که دراز کشیده آن تن سبک بال‌اش
سبک در آهسته راه رفتن و شکل مثنوی‌اش
در رقصیدن ساق پاش در هجده سالگی‌اش
در چشم‌هایی که از پلنگ مازندران آمده در بیشه‌ی اتاق
خون‌های ریخته را می‌داند
و کفش را می‌داند و بند بر آن می‌زند که فارغ نباشد از پا
و نمره‌ی پایش را ۴۰ بار بکوبد بر آسفالت داغ
و شهید کند خود را
شهید کند خود را در ترمینال بندر
در اتوبوسی که راننده شوهر است و مردی به خانه‌ی زن معاشقه‌ی دارد
مردی با ناخن کبود به خانه‌ای برمی‌گردد
به خانه‌ای که رفته در کنج الکل‌اش بخوابد
به خانه‌ای که مرده است
و بوی جنازه‌اش را همسایه‌ها به گورستان باغو می‌برند

مردی به خانه برنمی‌گردد مرد مرده خانه مرده زن مرده در تخت مرده
فقط اتوبوس است که شب سینه‌ی جاده را زنده می‌کند
مردی را در موسیقی دندان‌اش با خود می‌برد
مردی که دهان‌اش ببرها را بیدار می‌کند
مردی که کلید چنارهای ماهان را دست دارد
و در جیب گرم‌کن‌اش همه‌ی قنات‌های ماهان را
و در چشم‌هایش ببرها را
و در گردن‌اش آهوها را

و در شلوار ـ اش ونستون‌های آبی را
و در کفش‌هایش رودخانه‌ها را
و در کوله‌پشتی‌اش زن‌ها را
و انگشت‌هایش آغشته به خون جنده‌هاست
کی بود که بر گوشت هیده‌ی ماهان نماز می‌برد؟
که کوچه‌های اناری را شقه کرده بود
خون استان ۸ ریخته کف این اتاق
خون مادری که زاییده مادر ـ اش را در آبان شگفت‌انگیز
که ماهیچه‌های مازندران را بر سینه می‌فشرد
که مازندران پلنگ را فهمید و کشت
فهمید و کشت
فهمید و کشت

## دو

می‌خواهی آرام
بایستم؟
آرام و این توفان از ناف سفت مرداد بگذرد؟
بایستم و جای من لباس‌ها بنشینند کف اتاق؟
لباس‌ها به‌سویی باد بروَد بیاید لباس‌های شنا ـ کنان در رودخانه‌ای که سر
می‌کنم در آن فرو
رودخانه‌ی شناور ماهی‌هاش از عصاره‌ی لزج گوشتِ زبان
اتاقِ در توفانِ ساعتِ غول‌ها که هر صبحی از پیشانی بلند می‌شود
ظهر لم می‌دهد بر چفت سینه
و عصر در کاسه‌ی تاول سر غروب می‌کند
غول‌های سبز بندری غول‌های بستنی‌خور
از هر گوشه‌ای از تن بلند می‌شود و خود را از لباس‌هایش می‌آویزد به حلق
تو غول غمگین بندر!
می‌خواهی تبر را در پیشانی شقه کنم تبر را؟
بر گرده‌ی هجده مجانینی که جار می‌کشن توی هر خط متصل به عنبیه
به عصب شنیداری به گوش پرتی که افتاده روی تخت و خون از سر ـ اش
گذشته در فتح باب جزیره‌ی سر...
سر که در اسکله‌ی استخوان‌هایش ایستاده تا بیفتد ستاره از ستاره در دهان‌اش
شعله کشان
سر که در سفره هر ظهری که غلیظ آبِ گوشت و پیاز است    بخواب!
اتاق که در بسته سینه‌هاش از جفت می‌ترکد از سینه‌هاش مایع غلیظ ظرف‌شویی

بخواب!
به کجا رسیده نام این غول شیک شهری که چشم‌های قاتل‌اش را در سجل فرو کرده و دارد به‌خواب می‌رود روی ناخن شست
می‌خوابد غول روی ناخن و سیاه می‌شود اتاق
می‌خوابد غول روی دسته‌ی بازو و قاب‌های عکسِ تک‌پوش و جنگل روس سقوط می‌کند
می‌خوابد غول و دمار از اتاق در می‌رود کنج هال و پاهایش توی بغل، زانوهایش را لقمه لقمه می‌جود
سقوط روی پاهای اتاق لی لی می‌کند جنگل روی دوش و تبر بر دست می‌رود به کشتن ستاره‌ها
کشتن ستاره‌ها...
آیا فعل خوبی است کشتن ستاره‌ها؟
وقتی هر چیز غلیظی توی دهن می‌چرخد و ستاره می‌شود
هر لاله‌ی گوشی ستاره است؟
وقتی بوی تند آبگوشت ستاره‌ای است ایستاده در آشپزخانه
دختر خواهر ـ ات ستاره
و آیا فعل خوبی است که در باران به کشتن ستاره‌ها قدم بزنیم در بعد از ظهری که هر گوشه‌اش سوراخ شده در دیرک آسمان؟!
و شکفتن قوزک پا در گل‌های شیپوری می‌تواند چیز رقت‌انگیزی باشد آیا در وسط بلوار؟
در بعد از ظهری برای کشتن ستاره‌ای که در دهان سگی زوزه می‌کشد
جوراب‌های سفید قاتل‌ها را پوشیده‌ای
و جنایت روی دندان عقبی گزگز می‌کند و نمی‌دانی چرا عقوبت مثل کنه‌ای به پوست مچ دست‌ات چسبیده و ول نمی‌کند
می‌خواهد خود ـ اش را پرت کند زیر ماشین
می‌خواهد به گِلگیر ـ ات بچسبد با پوست مچ دست

می‌تواند مردن پروانه‌ای در اتاق کار یا در لباس فرم در کوچه‌ی یک دبستان خاکی چیز غم‌انگیزی باشد آیا؟
پس چیزها کجا هستند؟
چیزهای پشت چیزها...

چیزهایی که جنگل دارد و در اتاق یک هتل در روسیه جا می‌شود
چیزهایی که در یخچال است و جان می‌کند که به معده دخول کند...
چیزهای که می‌تواند فاجعه را در قوزک خفه کند
به غول‌های در صحنه زولپیدم بدهد
و آن هیجده مجانین سورمه‌ای پوش را یک به یک بخواباند در گل‌های شیپوری
و این من‌ام بی‌دست و بی‌پا و بی‌آشیان آرام بنشینم و چای سبز بنوشم
می‌شود آیا تبر را از سینه‌ی من برداری جناب‌های سورمه‌ای پوش؟

## ◈ مظاهر شهامت

### یک

اکنون که درد نشسته است به میان استخوان
خون تیره
برجسته می‌شود در جغرافیای ماجرا
و صدا
در دهلیزهای فصول بی‌پرنده می‌پیچد
سخت است تشخیص بدهی کدام چاقو
آن چاقو است
از افتادنی
از دست یک پیش قاتل به وقت پشیمانی مکدر
پرتاب شده‌ایی
با دست زنی وحشت‌زده از احتمال لرزش‌آور وقوع حادثه
برنده سر یک کودک
مانند آسانی بریدن پوست یک میوه صاف نوبر
یا
درخشنده‌ایی با رنگ حماسه

پس از بازگشت از فتح پیروزمندانه عرض گردن خدا...
سخت است تشخیص بدهی این چاقو از کجای یک پس‌کوچه برمی‌گردد
یا از نقطه تاریک ذهن یک اتاق در نشانی انتزاعی
گاهی حتی درخت است
شاخه‌ها دارد و آشیانه یک پرنده را
شق و رق می‌ایستد کنار خیابان
و تنه می‌زند به عابر پیاده که یک انقلاب را در جیب دارد
گاهی از جیب کسی می‌افتد که پیش‌تر در جایی دیگر مرده است
گاهی دراز به دراز عدالت‌خواهی می‌کند
به زندان می‌رود
اتهام دار آسمان را به گردن می‌گیرد
و...

سخت است تشخیص بدهی این چاقو از کجای تن‌ات
از کجای تن‌ام برمی‌گردد
راه بده بگذرد
برود خطوط سایه‌ها را به هم بزند
زمانی شاید
برشی تازه‌ایی از خورشیدی مصمم را پیش آورد

## دو

یک اسب
یک اسب گاهی سیاه در وسط میدان شهر جهان
یک اسب با یال رها در جاده‌ها و دشت‌ها
یک اسب که شاهان را به تاریخ آورده بود
و بر زمین زده بود در میدان‌های بزرگ
یا در دشت‌ها
یا در جایی در دورتر تاریک جهان
یک اسب نوشته می‌شود در روزنامه
گفته می‌شود در تلویزیون
از دهان هر رییس‌جمهوری بیرون می‌جهد
در رویای چریک‌های کرد می‌تازد
در وهم داعشی‌ها گردن زده می‌شود
در شعر تو زانو خم می‌کند که باشکوه بوسیده شود
که زن شود
که زیبا
که عاشق
که...
مردی که از تاریخ بیرون می‌تازد
و پوست جهان از لرز باز می‌ایستد
شاخه‌ها نزدیک است
زردآلوها در آخرین کوچه جهان رسیده است

و تو می‌دانی
آن زن از همه مسیر رگ‌های برجسته‌ات گردن افراشته
گذشته بود
و شالی بر دوش می‌انداخت
که رد دست هر خدایی را داشت
و من
به تو گفته بودم مادر ـ ام است
دیگر از سیب خوش‌اش نمی‌آید
از همه چیزهای خوب
که
با آب‌ها و همه آب‌ها و همه آب‌ها شسته شده است
بعد آن یکی می‌رود
دیگری می‌آید که آن یکی که می‌رود هنوز نیست
می‌گوید:
آقا! رسیده است؟ نوش جان‌ات!
و گفتند رسیده است
و همه گناه‌های جهان را به گردن گرفته است


پیچیدن دزدانه از پیچ آخرین کوچه
برای چیدن زردآلوها
کسی اگر پیدا شود ناگهان بگوید:
آقا خجالت نمی‌کشی تو؟
و تو
مگر کم کشیدی سر آن درد را
که مدام بر رد پاهایت می‌ماند؟
آن‌گاه!
یک اسب
یک اسب گاهی سیاه
در شعر تو زانو خم نمی‌کند که باشکوه بوسیده شود

## ◈ مرتضی شهید حنیفی

**مرده‌ها، نمی‌میرند**

تو بیمار بودی
سخت بیمار
اما فرصت نداشتی
برای خوردن داروها
برای سلامتی
تو سر باز بودی
میگرن
تو را رنج می‌داد
سر ـ ات را بریدند
و میگرن تا ابد
در سر ـ ات باقی ماند
زخم معده و فقر
با تو به درون گور آمدند
گناهان‌ات با تو به درون گور آمدند
و تو آن‌ها را با خود ـ ات

به بهشت بردی
و بهشت را آلوده کردی
وقتی تو را کشتند
من به دنیا نیامده بودم
و هنوز
نمی‌دانستم ایرانی‌ام
و هنوز
رنگ خون را نمی‌دانستم
وقتی تو را کشتند
من هنوز به دنیا نیامده بودم
و نمی‌دانستم
انسان‌ام
خواهران‌ام بازی می‌کردند
و مادر ـ ام
صورت‌اش را به سمت تو می‌چرخاند
تو سربازی بودی
چهره‌ی مادر ـ ام را با حافظه‌ات
به کردستان بردی
شادی خواهران‌ام را با حافظه‌ات به کردستان بردی
تو سر باز بودی
سر ـ ات را بریدند
خون تو بیرون ریخت
خون تو
آغشته به چهره‌ی مادر ـ ام بود
تو را کشتند
چهره‌ی مادر ـ ام را کشتند
همه چیز مثل قدیم شد
دوباره ما گرسنه ماندیم
کمر مادر ـ ام مثل گردی سیب قوس برداشت
و ما کوچه‌مان را پیدا نکردیم
تو کشته شدی

قربان عمو کشته شد
هنوز اما همه چیز مثل قدیم است
نه فحش‌هایمان عوض شده است
نه ارباب‌هامان...
هنوز هم
مثل قدیم پاییز می‌شود.
برگ‌ها مثل قدیم
به شکلِ زعفرانی‌شان تن می‌دهند
فقیر و نارنجی‌اند هنوز
و هنوز پاییز،
از خانه‌ی خود آدم
امن‌تر است برای قدم زدن
و گریه کردن...
اما بهار
هم‌چنان دیوانه است
خل و وحشی
و کاملن زن.
بهار، شهوت است و شراب...
حتی وقتی در خانه نیستیم
از روی دیوار به حیاط می‌آید
رنگ‌هایش را می‌آورد
صدای پرنده‌هایش را می‌آورد
و آدم را
از کار و زندگی می‌اندازد
باغچه‌ها را آتش می‌زند
و بعد می‌گریزد
فقط یک زن
می‌تواند
این همه زیبا و دیوانه باشد...

## یک مرده‌ی وظیفه شناس

مرده بودن شغل توست
یک مرده‌ی نمونه
مرده‌ای وظیفه‌شناس
که به موقع
در مراسم‌ها شرکت می‌کند
و می‌توان از نام‌اش
برای خیابان‌ها و سالن‌ها استفاده کرد
یک مرده‌ی تمام عیار
که از مرخصی استفاده نمی‌کند
از زخم معده‌اش استفاده نمی‌کند
و به عمد یک مرده می‌ماند
مرده بودن شغل توست
و دولت
برای همین به تو حقوق می‌دهد
وام‌هایی با سودِ پایین می‌دهد
سبدِ کالا می‌دهد
تا تو راضی باشی
و نخواهی ناگهان به زندگی برگردی
مثلن
هزینه‌یِ درمان را کاهش می‌دهند
مثلن

به کودکان‌ات رسیدگی می‌کنند
که تو از شغل‌ات بیرون نیایی
و هم‌چنان مرده بمانی
تو واقعی نیستی
تو بیش از حد، مرده‌ای
و نمی‌توانی واقعی باشی
حتی قاب عکس‌ات هم جعلی است
لبخند ـ ات جعلی است
نمی‌شود به تو اطمینان کرد
این همه سال مردن
اخلاق‌ات را عوض کرده است.

## ◈ شاهین شیرزادی

### نمردن

تعادل تازه‌ای برای خود ـ ات اختراع کن
برای ارتعاش مداوم‌ات
به نقاط ثقل تازه دست بزن
فراموش کن چه‌گونه قدم می‌کشیدی و می‌رفتی
چه‌گونه در دو سوی خود ـ ات بیدار می‌شدی
کی بود آن زمان که دو مرد بودی و یک آهو
لازم به ذکر نبودی و در بلوکی گم‌نام افاقه نمی‌کردی
فراموش کن در بهشتِ زهرا چه‌گونه ولو با زبانِ بریده ـ می‌خندیدی
ایستاده رو به آفتاب بودی به صدای بلند
بی‌مرخصی می‌خندیدی
کِی بود آن‌که در تمامِ جهات از ما گریختی
از ما که می‌شناسیم‌ات
می‌دانیم که در هر لحظه در کدام سو چه می‌کردی می‌خواستی
انسانِ نشا شده در مشمّا
آن‌که در تاکسی نجوا کرد: ترمز کنیم و برگردیم؟

و زیر گریه زد تا خودِ میدانِ جمهوری
آن‌که شلاق خورده می‌بود و غلتیده بر زمین و ناگهان برخاستی
می‌گفتی چه‌گونه گویم که روسپی من‌ام
مردانه بلند کن شلاق را بزنم - بزن لعنتی دِ بزن
در کدام اتاق و چه‌وقت طوری که لای پوست‌ات هنوز تکه‌های پیراهن
از پوستی که می‌شناسیم‌اش - سوختی
با نصفِ کله نصفی از مغزِ پاشیده آهک خورده
وقتی که می‌دوی روی ریل‌ها و می‌گردد ریل‌ها به عقب،
هربار که سرگیجه می‌گیری خون دماغ می‌شوی
هر بار که به ما رجوع می‌کنی و نمی‌دانی که چرخ می‌خوری
هر چند مرتبه که آسپرین می‌خوری هر شب و نمی‌میری
آفتاب را از چند سو به جنازه‌ات می‌تابانی و نمی‌میری
بی‌قواره از پلکان بالا می‌روی، بی‌اجازه و بی‌سایه
می‌شناسیم‌ات
می‌دانیم کجایی ای جوارحِ پاره در باغشاه و امیرآباد، ای که دست گذاشتی روی خرمشهر
در میدانِ ژاله تیر خوردی و عین جوک ادامه‌دار و نمی‌میری
در بلوکی گم‌نام می‌مکد تمامِ تن‌ات را خاکِ مُرده نمی‌میری
بگو چه‌گونه نمی‌میری؟
دیده‌ایم ما چه‌گونه در آب‌های دور غرق می‌شوی
چه‌گونه تکه‌تکه‌ات می‌کنند و درست عینِ نخاله آتش‌ات می‌زنند
در کنجی میانِ تاریکی سر-ات را از بیخ می‌بُرند و شتک می‌زند خونِ تازه‌ی نارنجی
دوباره غرق می‌شوی و نمی‌میری
حالا قبول کن که تسلیم می‌شود پایی که بی‌موزه...
اره‌اش کردیم
حالا قبول کن چشمی که باران چشیده ز نامعلوم...
ناخن زدیم و تخلیه‌اش کردیم
تکرار کن زیرِ لب ای قدم‌گاهِ سیگارها به سنندج
سری که عزم کرده هر چه فرودِ حلقه‌ی فیروزه...
روی زمین خدا، تکه‌تکه‌اش کردیم
رفیقِ ناموافقِ از هم پاشیده، عروسکِ مواقعِ رنجیده

اقرار کن
کنار گذاشته‌ایم به زانو بیفتی و تکرار کنی قلب‌ام ایستاده مرده‌ام
به پتروشیمی بندر امام قسم
تمام کرده قلب‌ام ایستاده مرده‌ام
ایستاده مرده‌ام
تکرار کن
ایستاده مرده‌ام
ایستاده
مرده‌ام

## جبر نباتی

تاک بیایی و تاک شاخه کنم در حیای آمدن‌ات
تاک تو نور مایلِ آفتاب باشی و من که انگور ـ ام
پیاله از جگر خویش بنوشم و
تاک بپوشانم‌ات به حبه‌های تن‌ام
تاک به مرحبای آمدن‌ات کاکل‌های سبز بروید از سر ـ ام
تاک به امید نوشیدن‌هات پستان‌های ساقه‌ام شیر کنند
تأخیر کنی در آمدن‌ات به نیامدن‌ات ادامه دهی مُدام
به نیامدن‌ات ادامه دهی        تاک ادامه دهی با اصرار
و خوشه‌های شقیقه‌های من چُروک بردارند
تاک زلیخای زرد
از پشتِ شاخه صدایم کند
من خویشتن نفروشم
تاک از پشتِ شاخه صدایم کند
من خویشتن نفروشم باز
و هی ادامه داشته باشد تاک
سر به دار و قد افراز ادامه داشته باشد
تاک این‌ها        همه‌ی این‌ها:
مرا در این باغِ تخمی کاشته‌اند و قال گذاشته‌اند
تنها
و این یعنی جبر نباتیِ باغ.
تاکِ تنها با خواب‌های پورنو گرافی‌اش

با کاکلِ سبز و باسنِ گیاهی‌اش
با نشانه‌های نارضایتی
با چین‌خورده‌های آویزانِ پیشانی‌اش
با کدئین‌های جاری توی باران‌هایی که می‌نوشد
فقرِ آهن توی جیب‌های کتی که می‌پوشد
با گیجی سر ـ اش، سبزِ سرش که سردرگم گیج می‌خورد توی باغ
تنهاست تاک

تاک بمیرد و پروتئینِ خاک شود
هلاک شود
تنهاست تاک
جبر نباتی یعنی وقتی حتی از جای خود ـ ام تکان خوردن نمی‌توانم
جبر نباتی یعنی وقت یکه داد می‌کشند صداها توی سر ـ ام
و با این چشم‌های دلمه‌ای آداب گریه کردن نمی‌دانم
جبر نباتی یعنی وقتی که میان‌ترم دارم و
با این مستیِ توی پهلوهام
انگار      مکتب نرفته و خواندن نمی‌توانم
جبر نباتی یعنی که می‌خواستم از زبان پرنده باشم و
تاکم هنوز در کلماتَ‌ام
قد می‌کشم      بالاتر از زبان
امّا
پیچیده‌ام هنوز به نحو و
بی‌فایده‌ست تمام حرکات‌ام

بی‌فایده‌ست تاک،
تاک‌ام

◈ فریاد شیری

## فراموشی

با قدم‌های من راه می‌رود
مردی که دستان‌اش را
در جیب بارانی‌اش جا گذاشته
و چشمان‌اش را پشتِ قابِ یک عینک
به هر کس که می‌رسد
سر تکان می‌دهد
و هرگاه با نام کوچک من صدایش می‌زنند
بر می‌گردد
و همیشه پشت در یاد ـ اش می‌افتد
کلید را در جیب بارانیِ من جا گذاشته
و مرا در خیابان

## فاصله

فاصله را تو یاد ــ ام دادی
وقتی با لبخند
دور شدی از من
عکاس بهتر از ما فاصله را می‌فهمید
تو در عکس نیستی
فاصله یعنی تو

## ◈ شهرام شیدایی

### یک

ما یک خورشید قراضه آن بالا داریم
که همه چیز را مهربانانه زخمی می‌کند
دل‌هایمان را جمع کرده‌ایم
تا به او قرض بدهیم
که به دل قدیمی خود بچسباند
و همه با هم
بتوانیم با چیزهای کهنه کنار بیاییم
برای دوست داشتن بیش‌تر
برای زخمی شدن بیش‌تر

## دو

چرا هیچ‌کس به ما نگفته است که زمین
مدام چیزی را از ما پس می‌گیرد
و ما فکر می‌کنیم که زمان می‌گذرد
شاید زمین آن سیاره‌ای نیست که ما باید در آن می‌زیستیم
و از این‌رو، چیزی در ما
همیشه پنهان می‌ماند
و به این زندگی برنمی‌گردد
از دست‌هایمان بیرون رفته‌ایم
از چشم‌هایمان
و همه‌چیزِ این خاک را کاویده‌ایم:
ما به همراه آب و باد و خاک و آتش
تبعید این سیاره شده‌ایم
و این‌جا
زیباترین جا
برای تنهایی است

◈ مجید ضرغامی

## یک میز گرد، دوفنجان و این‌همه فکر

ماه میان حباب‌های فنجان
منظومه‌ی خورشیدی از زبان تلخ‌تر است.
تن‌ام ـ قصیده‌ای بلند می‌شود
بندهای لباس از زیر
رو می‌آید
سفید.............. از شانه‌های قهوه
شیر...... شکر...... تلخی را بیشتر دوست دارم.
لب‌هایت ـ عاشقانه‌ی غزل است
گوش‌هایم بدهکار نیست
نگاه می‌کند
نمی‌گیرد از شعر، گیر می‌دهد:
"مگر آدمی نبودی که اسیر دیو گشتی!؟"
آدم بودم،
گشتم گشتم گشتم.............. هی
اسیر شدم...... سیر شدم.............. از زندگی

(عیب تو این است که تقویم نمی‌خری)

دیو، کت شلوار ایکات پوشیده است
به من که نگاه می‌کند...... همیشه‌ی خدا...... گره‌ی کراوات‌اش را کیپ می‌کند
دهان‌ش بوی کافه گلاسه می‌دهد
دست می‌دهد،
دست من هم که دست خود ـ اش نیست...... دست تو...... دست هیچ‌کس
آدم به دنیا آمدم...... اسیر شدم............. سیر شدم
فرشته‌ها صف کشیدند.
حرکت کردم............. برکت شد
گیر کردم............. میان این‌همه نخ............. گیر کردم
چراغ‌ها سبز می‌شدند...... یاد ـ ام نمی‌آمد
چراغ‌ها روشن...... خاموش............. روشن
به‌جا آوردم.
فرشته‌ها نخ‌ها را پهن کرده بودند
یکی یکی...... می‌دادند
خالی بودم...... پُر می‌شدم
شبیه مرکب چهار رنگ...... سیاه، زرد، آبی، قرمز
رنگ‌ها روی هم می‌خوردند و من
از میان آن‌ها فرار می‌کردم
تصاویر به کاغذها............. به دل‌ام چسبیدند
چاپ اول برای آسمان...... چهارم به خاطر تو...... چهاردهم قرص ماه
موهایش را کنار زدم............. پشت گوش‌هاش...... تابید
فنجان دور ـ اش را گرفت............. زیر حباب‌ها رو بود
مثل ستاره‌ها می‌ترکیدند............. از تراکم............. بَنگ !
بیگ...... بنگ...... بَنگ بنگ بنگ
دوایر بی‌فرم می‌شدند...... دیدم‌اش
خورشید هم آن‌قدر که می‌گفتند بزرگ نبود
راه شیری زیر لب‌هام............. لام تا کام‌ام تلخ است
و از تو که پنهان نیست
آفتاب را گرفته است به تن‌اش

بندها را کنار می‌زنم............ بوی قهوه آدم را یک طوری می‌کند!
کاغذها را زیر تخت می‌گذارم............ خوب!؟
ـ نگاه می‌کنم، نگاه‌ام می‌کند ـ
"مگر آدمی نبودی!؟"
آدم بودم............ اما، اما، اما
اسیر شدم،
از زندگی این روزها سیر............ سیر...... سیر

(عیب تو این است که ساعت را نمی‌شناسی)

حالا خیال می‌کنم
خواب هم چیز خوبی است

## نقطه باران‌ام کن

شکل عیسی
شکل موسی
شکل محمد

شکلِ کنار این غار... تار... تنهایی
شکلِ انگشت‌هایت به روی چشم‌هایم
نگاه‌ام کن:
یک روزه‌ام ـ شاید
چند روزه
هزار و چند و روزه

خانه‌ام را به روی نیل روان کرده‌ای
و صدای من به گوش کسی نمی‌رسد
امروز کدام ساعت از کدام ماه است
و من برای کدام خنده‌ات به این دنیا آمده‌ام
و... واژه‌ها، برای کدام نشانی شعر شده‌اند؟
نیل... اصحاب فیل... میکائیل؟
شمعون... پترس... ابی‌لهب... هارون!؟
و... هر چه گشتم
کسی ندانست کجای این شعر پنهان شده‌ای،
خواب‌ام را گم کردم

صدای کسی می‌آمد
نخل... نیل... اورشلیم...

انگشت‌هایت را به روی چشم‌هایم بگذار
خواب تو را دیده‌ام... بیدار ـ ام کن

شکل میم... میان گل‌های محمدی
شکل عین... عصایم کن
شکلِ شین... شفا ده مرا

شکلِ حروفِ این شعر
نقطه باران‌ام کن...

## ◈ مازیار عارفانی

### یک

من پری پیر سرخورده‌ای می‌شناسم
که چگوارا
روی تاپ صورتیش سیگار می‌کشد
و اگر کتانی سفید و صدای بلند هندزفری داشت
می‌توانست کافه‌های جدیدی کشف کند برای فندک زیپو
که موهاش از زیر و زبر تیغ جلادی بیرون آمدست
که عرفان می‌داند
و مولوی بلد است
و سرش درد می‌کند برای انقلاب
که گیس‌هاش
آخ که گیس‌هاش
فعولن فعولن می‌شد در باد خاوران و می‌شود هنوز
که عاقبت روی ترک موتوری نشست تا پسرعموش را دوست داشته باشد
در یک قهوه‌خانه‌ی کشیف
و سال‌های بعد از افاعیل و مفاعیل

نگاه خواهد کرد به بارانی که می‌بارد بر ترک موتور
که خون مرا می‌شست و می‌شورد بر پیاده‌رو
و مرا می‌کشت و می‌کشد هنوز از بلخ تا هزار سال بعد تهران
که من دست‌هام را از عبادت زن بیرون کشیده‌ام
برده‌ام به کارخانه
و غروب رهاشان کرده‌ام روی میز
تا برای استکان‌ها تولید دردسر کنم
که تهمینه
روی پرده‌ی شاهنامه خندید
و غیب‌اش زد ناگهان
و باد خاوران
چگوارا را تکان تکان داد بر تاپ صورتیش
که دست‌هامان از زیر و زبر تیغ بیرون آمدست
که افتاده بر میز
که گرم گفت‌وگویند هنوز

## دو

مثل کمدها، میز آرایش، لباس بچه‌ها
کابینت‌ها و کتاب‌خانه و آلبوم‌ها
از تو بپرسند کیستم
اگرچه هزار بار برگشته باشم از دردهای خود ـ ام
و نفهمیده باشم چیستم
و ببینم پشت پنجره‌ی بیمارستان دوزخی
تو و باران
مشغول صحبت با آن‌هایید
و تو و باران کلافه‌ی تفتیش

درد برم گرداند

جوانی‌ام نشسته باشد بر صندلی ملاقات
با یک شاخه گل و رویاهای ویران کننده‌اش
و برقی از آینده در چشم‌ها...
بگوید دانشگاه تهران...
روزنامه‌های عصر...
بگویم اعدامی‌های صبح میدان...
صبح سرد و یخ‌زده...

درد برم گرداند

پدر ـ ام با چهره‌ی اخم‌آلود بیاید از سربالاییِ بیمارستان
هندوانه‌ای در دست و
برگه‌ی اخراج کارخانه در جیب
و دیگر نام‌اش را به‌خاطر نیاورم

برگردم به دردهام

نام‌ام بالای تخت بپرسد کجا؟
می‌خواهی بروی کجا؟
از چشم‌های وحشی و
این دست‌های اجاره‌ای کجا؟
و جمجمه‌ام جیغ بکشد نمی‌خواهم بمیرم در عصرِ دیوانگی

برگردم به هر دو طرف
آن سمت جوانی مادر ـ ام
این سمت پیری مادر ـ ام
برقصند در راهروهای بیمارستان و خیابان و کوچه‌ها
و موهای سفیدشان را قربانی کنند
و ایمان بیاورند سیاهی برگشتنی‌ست
چندان‌که دستِ چپ‌ام شروع به ستایش سرنگ کند و
از هر طرف که بیافتد
شکلی از اجازه بگیرد برای سوال
و دست راست‌ام!
آن دستِ عاشق
دست سیلی
دست مهربانی
دست انقلاب
دست بوسه و میعاد و انتظار
دست مرکب و تفریق و اعتراف
آن دست

آری! آن دست مدام مُشت باز کند از هیچ و پوچ
که شاید ظهور کند دفترچه‌ی تلفنی پر از فامیل‌های جدید

اما نام‌های قدیمی برگردند از پشت پنجره
یکی یکی بنشینند روی صندلی‌ها
و هم‌چنان که به ملحفه‌های سفید تن داده‌ام
بفهمم خانه مرتب شده ست مثل موهای تو
مثل چادر مادر ـ ام
و آوازهای بابا...
و در تاریکی بیمارستان
فرقی نمی‌کند برای کسی
"زندانی در چشم‌انداز باشد یا که دانشگاهی..." [۱]

---

۱ ـ اشاره به شعری از محمد مختاری

## ◈ ابراهیم عالی‌پور

### یک

دست‌ات را به من بزن
به تو که برمی‌گردم
سرد ـ ام که شد
ببین که چه حالی‌ام
با باد و باران در روشن گیس‌ات
کنار که آمدم
بگو که مرد شده‌ام، بگو
بگو که می‌شود، تنها باشم‌ات
لب‌ات را به من بزن
به میشی چشم‌ات که برمی‌گردم
چراغ را
که در خود ـ زنی‌ام خاموش می‌کنی
این مرد به تو می‌رسد
پرنده‌ای‌ست که ترسیده است
که در گل‌دار دامن کوتاه‌ات

برایش آب و دانه می‌ریزی
مگر نه؟

**دو**

بودیم و نمی‌دانم
در تنفس
تند که می‌شود قلب‌ات
تازه می‌فهمی که
روگردان که می‌شوی
همه‌ی خاطرات‌ات عاشقانه‌اند
حتی آخرین نفرین‌ات که به گلو بغض برده‌ای
این گریه
دیدی آخر ـ اش مرا کشت
دیدی آخر ـ اش مرا کشت
آخر قائله بود غیبت هر چه لب‌ات
توی خواب این گلو جویده در تو همین که نبودی
این مرگ است که در نبض من برای لخت تن‌ات
دارد که آخر تو را "ختم این قائله است"
ختم این قائله است

## ◈ علیرضا عباسی

### یک

موجی وزیدن گرفته بود
و ریشه‌ها تکان می‌خوردند
رو به روی هم
می‌خواستیم از "دوست‌ات دارم" بگوییم
با دهانِ پُر از کلماتِ زخم
دهانِ خون
آتش
ما زاده‌ی همین کلمات
همین زمین و تاریخ
روزهای سرخ‌ایم
ابرهایی که بر پیشانی‌مان کتمان نمی‌شوند
رودهایی که در پلک‌هامان.
به هم نگاه می‌کردیم و
فاصله‌ی چشم‌ها را دود پر کرده بود
دود ـ خانه‌های سوخته

شهرهای سوخته
آدم‌های سوخته
دودِ آتش‌های نیمه کاره درِ خیابان
بین چشم‌هامان بود

رنجی در ما
رنج انسان
رنج عشق
موج وزیدن گرفته بود
و حرفی به میان نیامد

## دو

تو در خاورِ میانه‌ات
مرده‌ی
و هم‌چنان که مرده‌ای
هنوز راه می‌روی
جایی راه رفته باشی
که خاک‌اش با خون گل شده
گلوله از بیخ گوش گذشته باشد
رو به سینه‌ای
که با او خندیده‌ای
کودکی بوده باشی
که تفنگی نشانه‌ات گرفته باشد
با تن دیگری برگشته باشی از مرگ
جایی از خود ـ ات را به مرگ داده باشی
همه‌ی این‌ها باشی
و شاعری در تو زندگی کند
تخیل‌ات بوی خون می‌گیرد
تصویر ـ ات بوی خون
استعاره‌ات
و در شباهت‌ات به زندگی
خود ـ ات در میان نیستی

## ◈ علی عبداللهی

### درخت، قله ، فواره

بلندایی دارد هر چیز؛
درخت، قله، فواره
ما که چنته‌ی خالی ابر را دیده‌ایم
و تکیه‌مان به باد نیست
جا دارد شما را
که پشتک‌وارو می‌زنید
بر سکوی عاریتی
و باورکرده‌اید که سیلی‌زنِ آسمان‌اید
همیشه آن سوی بدانیم
که نه درخت را می‌شناسد
و نه پا بر قله‌ها گذاشته است

## نگاه شکسته

درخت‌های این حوالی
به دار می‌مانند
و کوه و کمر
یخ‌زار سیاه‌اند و
جهنم - دره‌ی افسوس.

کسی تابلوها را شاید چرخانده
یا هی راه‌ها را
لوله می‌کند و دوباره
برعکس باز...

هرچه می‌رویم
جنب نمی‌خوریم از جا
هرچه پیش‌تر، روباه‌ها بیشتر
و سرنوشت‌مان
دم یکی از آن‌ها

قرار بود
به عدن برویم
از عدم سر درآوردیم
آسمان بالا سرمان

سرخ‌تر می‌شود هر لحظه
ولی شما اعتنا نکنید
به نوشته‌ی پشت صندلی؛
لطفن با راننده حرف بزنید!

## ◈ بهزاد عبدی

### یک

آجرها
میلی به دیوار ندارند
دیوارها
میلی به خانه
دیوارها
به خانه پشت کرده‌اند
دیوارها
از خانه دور می‌شوند

چه می‌شود کرد؟
با شلنگی چرخیده در فکر زمین
نردبانی افتاده در روزهای افقی
بگو چه کار کنم؟
با تختی جا مانده در خواب‌ها
می‌توانم امشب

در لیوانی فرو بروم
بروم
کنار کشتی‌های غرق شده
بطری‌های به مقصد نرسیده

یک آجر بردار از من
یکی کم کن
از جنازه‌های شهر

من فکر می‌کنم که نباشم
فکر می‌کنم نیستی
شب‌ها
که از گلوی شیرهای آب
حرف می‌زنی
با چشم خرده‌های سنگ
نگاه می‌کنی
تو همه جا هستی و این‌جا نه
تویی که از رگ گردن
به من
سبزتر روییده‌ای
کنار جمجمه‌ای
در انسجام یک گلدان
گلدانی با فکرهای خاک شده
در روزهای خاکستری

فصل‌ها رنگ به رنگ
در لباس‌ات جابه‌جا می‌شوند
از آستین‌ات جنگلی روییده است
و هزار باغ پنهان در سینه داری
تا همیشه برای خداحافظی
از لباس‌ات برف ببارد

اینجا در این اتاق
چهره‌ها در هوا معلق‌اند
زمین می‌چرخد و
زیبای‌ات غمگین‌ام می‌کند
زمین می‌چرخد و
زیبایی‌ات خسته کرده است مرا
امشب کجای رفتن‌ات ایستاده‌ای؟
که زمین می‌چرخد وُ
زمین می‌چرخد وُ
زمین می‌چرخد

**دو**

آینده‌ام
در آینه‌ی کوچک‌اش جا مانده بود
آینه را در کیف کوچک‌اش
دفن کرد و رفت

حالا هرچه می‌شویم
پاک نمی‌شود انداماش
از حافظه‌ی دست‌هام

تنها شده‌ام
مثل ردپای گربه‌ای حامله در برف
مثل پیرهنی که زنی زیبا
هنگام مرگ به تن دارد

از یاد رفته‌ام
مثل جمعیتی
جا مانده از قطار

به زودی
به زودی
به زودی تمام می‌شوم

و سطرهای این شعر
خیال‌های وحشی در اسبی است
که می‌دود در دشت‌ها و قطارها و خیابان‌ها

می‌دود و
می‌دود و
می‌دود و
هر بار خود را در تنهایی اصطبل
پیدا می‌کند

## ◈ مریم عبدی

### اهلیت شنودن از زخم

خیلی گلو دارد این لیوان
که از عصر لب نزدم به نیمه‌ی خالی
به نیمه‌ای خراشیده از اتفاق که پرنده‌های داخل یقه‌ات را شکار کنم
میان خون، لابه‌لای دنده‌ها
سینه‌خیز از فاصله‌ها برمی‌گردم
مزرعه‌ای نی گرفته در صورت‌ات گم شده
و صداهایی رگ‌دار
رگ‌های آبی‌ات را می‌بلعد
آن گوشه نشسته‌ای با گوشتی نمک‌سود
شمایلی مقدس زیر مین
خنده‌های لثه‌ای‌ات در باد تکان نمی‌خورد
وحشی نشسته در کادر
و روی صورت کنده‌شده‌اش خط می‌اندازد تا کی؟
از بین جمعیتی گرد
کشیده

صورت‌ات را کنار زدم
کنار
کنار
بغداد از پرزهای بینی سُر می‌خورد
از گوش‌های فلوجه خون می‌بارید
و دستی دیگر هویتی مجهول را می‌پاشید در اسید
بادها تو را می‌بردند از جغرافیای اندام‌ها به دره‌های استخوان
و در بریدگی دست‌ها و ستون فقرات تکه‌تکه‌ات
مگس‌ها تخم‌گذاری می‌کردند
صورت‌ات را کنار می‌زدم
مغز از هم پاشیده‌ی رفیق‌ات در هزارتوی دشت ریشه می‌دواند
کنار می‌زدم و هنوز تو را «اهلیت گفت» نبود
که ما پاره از پرده‌ی گوش
اهلی نشستیم در کادر و ژست گرفتیم
و تو هر روز در لباس سیاه گشاد ـ ات منفجر شدی
و تو هرکجا که رفتی منفجر شدی
چه‌گونه می‌توانستم تو را جمع کنم در یک سطر
در کیسه‌ی پلاستیکِ مهر و موم
زبانی که سوراخ شده بود معنی تو را از دست داده بود
و کلمات از درزهای خونی‌اش در می‌رفت
زبانی به مثابه زخمِ زبان در لبه‌های قرمز لیوان
یعنی به جملات چرکین خود ـ اش مست می‌ریخت
بدنی که ریشه کرده به نیمه نیمه ریختن
شاخه‌ایی‌ست واژگون از سلول‌ها
غده‌ای سرطانی که با مترو می‌رود سرکار
می‌رود ولگردی از ته استخوان
تا ته کاسه‌های چشم
روی تیترِ روزنامه‌های زرد، اینستاگرام زرد، فیسبوک و تلگرام زرد
زردِ زرد بالا می‌آورد
به وسعت شاشیدن کلمات روی تمام سطرها
سین‌جیم‌هایم را از روی موکت جمع می‌کنم

سین‌جیم‌هایم را کلاغ‌ها نوک می‌زنند
دست‌و پایم را گم می‌کنم از غروب می‌درم
تو انگار پریشانی از سنگ که ریشه کرده‌ای در زخم
زیر پلک‌ها فقط زخم
زیر ادامه و هنوز ـ ات زخم
با پشتِ دست، حروف را از دور دهان پاک کرده‌ای
که «بر دل‌ها مُهر است
بر زبان‌ها مُهر است
و بر گوش‌ها»

## دو

به گل‌های فرش ربطی ندارد
هم‌آغوشی استخوان با کارد
وسط رنگ‌های قرمز
میان بافت ملیح‌اش
حتی اگر لبخندهای برجسته بزند
دراز به دراز افتاده وسط ماجرای عاشقانه‌ی ما
دراز به دراز کش می‌آیم و با همسایه‌ها تبعید می‌ریزیم از کوچه
تو از من کوتاه بیا
حیاط قدیمی اگر توی دهان آجرهای خود ـ اش بزند
فرو نمی‌ریزد از خانه یا فرار نمی‌کند به ترمینال
با بلیت یک‌طرفه
مرزی کشیده‌ای تا گیجی دامن من
ساق‌هات در پرزهای رنگارنگ فرو رفته
و اتفاق آن‌قدر ساده می‌افتد
که سفیدی بند نمی‌آید
زخم از خیابان شعار می‌دهد
دست‌های مشت شده در هوا لکه‌های دامن‌ام را نشانه می‌روند
و دستمال کاغذی
پرچمی می‌شود از خون مُردِگی
تن‌ام را با شک برمی‌دارم از محله‌ای که قرار نبود
دنبال انگشت‌هام می‌گردم

دنبال اثری از پوست که ناشیانه از من فرار می‌کند
همراه چمدانی پوسیده
اشک غوطه می‌خورد در هوای ضد عفونی
قدم می‌زنی در خون دل‌ات
با شرطی که خفه‌ات کرده در پیاده‌رو
ما این‌جا چه می‌کنیم که به گل‌های فرش ربطی ندارد لرزه‌های بدن
عرق‌های ما ریخته پای ریشه‌های قومی
قبیله‌ای
اجتماعی در ما خوابیده و به صورت استخوانی‌مان چنگ می‌زند

## ◈ عطیه عطار زاده

### عاشقانه‌ای برای زمین

جهان بر گردن توست
که بر درخت‌ام بنویسی:
"بی‌خود سر ـ ات را بر شانه حمل می‌کنی."
از اجداد ـ ام بگو که بنی‌آدم بطالت است
و تنها جیغ بلندی که کشیده‌ام حقیقت دارد
پس افتخار در کشتن توست

رگ‌هات را از آب تهی می‌کنم
خون‌ات را در کف دست می‌نوشم
درخت‌هات را به آتش می‌کشم
تن‌ات را به انواع شیار و کرم‌هایی که ایوب‌وار
جان‌شان از لمس شدن کراهت دارد

همه‌چیز بر گرد فتح کربن است
و مصرف پوست درخت

و نفت که بر اجساد اجدادمان دلالت دارد
بر فوران شیطان در گلوی گیل‌گمش
و شباهت عجیب حوا به زنی که پای پخش شبانگاه سریال هفتگی به گونه‌ی
راست‌اش شلیک می‌کند


پس افتخار در کشتن توست
در تهی کردن‌ات از خون ریخته‌ی هابیل
و پای کوبیدن بر دهان‌ات تا مُردگان‌ام را پس‌ام بدهی


بعد تو نیستی
و من می‌توانم ایوب بشوم
مغاری به‌دست بگیرم و بر سینه‌ام بنویسم:
"این‌جا کرم‌ها به فرشتگان نامرئی بدل شده‌اند."

## ۵

قطره‌ای باران به دندان می‌گیرم و زمین را دور می‌زنم
کسی سنگی در من بیندازد و بیدار ـ ام کند
کسی دست‌اش را روی شانه‌ی راست‌ام بگذارد
و خبر مرگ قریب‌الوقوع‌ام را اعلام کند
زمین از اولین درخت آغاز شده
و به آخرین قطره ختم خواهد شد
فقط ماییم که به استخوانی که از جناق‌سینه‌مان
بیرون کشیده‌اند
عادت نکرده‌ایم

◈ شهریار عطایی

# یک

جنگلی در بشقاب‌ام می‌ریزم
کلم بروکلی
مینیاتوری از
باغ بزرگ گردوست
ما هواداران درخت و آب
جنگلی در تن داریم
و دریاچه‌ای که
اسکله‌اش را
با کسی معامله نمی‌کند
کنار ساحل
از زنی پذیرایی می‌کنم
که در دست‌اش
ترانه‌های دریایی
و در چشمان‌اش
جلگه‌ی سبز خیس دارد

## دو

کلاشینکف مدل پنجاه‌و هفتم را
بخشیدم به پادگان محله
حالا
اسلحه‌ای دارم از حروف نستعلیق
که تفنگداران دریایی
آرزو دارند
روی یکی از این حرف‌ها
مثلن حرف پ
سوار شوند
و پارو بزنند
به طرف معشوقه‌ای که
شعرهای والت ویتمن را می‌خواند

## ◈ الیاس علوی

### یک

خدا کند انگورها برسند
جهان مست شود
تلوتلو بخورند خیابان‌ها
به شانه‌ی هم بزنند
رییس‌جمهورها و گداها

مرزها مست شوند
و محمّد علی بعد از ۱۷ سال مادر ـ اش را ببیند
و آمنه بعد از ۱۷ سال، کودک‌اش را لمس کند

خدا کند انگورها برسند
آمو زیباترین پسران‌اش را بالا بیاورد
هندوکش دختران‌اش را آزاد کند

برای لحظه‌ای

تفنگ‌ها یادشان برود دریدن را
کاردها یادشان برود
بریدن را
قلم‌ها آتش را
آتش‌بس بنویسند

خدا کند کوه‌ها به هم برسند
دریا چنگ بزند به آسمان
ماه‌اش را بدزدد
به می‌خانه شوند پلنگ‌ها با آهوها.

خدا کند مستی به اشیاء سرایت کند
پنجره‌ها
دیوارها را بشکنند
و
تو
هم‌چنان‌که یار ـ ات را تنگ می‌بوسی
مرا نیز به یاد بیاوری

محبوب من
محبوب دور افتاده‌ی من
با من بزن پیاله‌ای دیگر
به سلامتی باغ‌های معلق انگور

## دو

محبوب‌ام
اگر مرگ به سراغ‌ات می‌آید
کاش به هیأت سِل بیاید
به هیأت سرما
نه "حمله‌ی انتحاری"

باید وقت داشته باشی
مرور کنی خاطرات‌ات را
تن‌ات را
رفتن‌ات را
نه این‌که با پاهای خود ـ ات از خانه برآیی
و تنها کفش‌هایت را بیابیم در بازار
و دست‌هایت را پیدا نتوانیم
لبخند ـ ات را
نگاهان‌ات را پیدا نتوانیم

با چشم‌های خود ـ ام باید
ببینم مرگ‌ات را
نفسِ تمام‌ات را
انگشتان‌ام باید پلک‌هایت را بسته کنند
وگرنه باور نمی‌کنند تا ابد
باور نمی‌کنم

## ◈ وحید علیزاده رزازی

### Being For the Other

در ابعادِ دیوانه‌هایِ از چند جهت
مرغوب‌ترین شکلِ ویرانه‌هایِ از چند جهت
و گوشه‌ی گونه‌ات
و گونه‌ات
و اَت
که گوشتِ مهلقی!

نامی‌ترین سپیده‌ای
که سر نزد به چند جهت
حیثیتِ مُفصّلِ بیغوله‌ای
که دم نزد به چند جهت
در وصال با کلوخ‌ام که سر ـ ات را ندید
شکستِ غلط‌های نحوی انتظار را
و پیراهن‌ام

میسّر شد از بناگوش‌ات
که کس
بیرونِ عطش نیست در ابعاد ـ ات
پیغمبر ابعاد تو!

و تاریخِجان‌ات
و جان‌ات
و اَت
که همزاد استخوان‌های عمیقی در چند تَرَک
فرشتگان نازا
از ابتدای تو بالا می‌روند
آن کافرانِ پوستِ بی‌دریغ‌ات
و می‌پذیرم:
که همه در گوشت تو می‌میرند
می‌پذیرم:
اتفاق که از دو جهت شانه می‌زند تشنگی را
می‌پذیرم:
عطسه را تا صبرِ گوشت‌ات بِخارد

و خَمِ نام ات
سکندرِ رفتار ـ ات
و چه‌گونه بگویم
از مهلتِ ناشتایی که تو بودی

## عبارت است از

مکتوب است خالی‌ات
بر مقادیر منگی
بر سرسام مخچه از فرط
طاس است احساس از فرطی
از نوشته‌ای که منظور است خالی‌ات

بر منافذی از سر از شوریده‌سر
نوشتم بر مساحت انسان
از سخت‌تنانی‌ات
که عبارت است از لِنگیِ به‌طورِ کلی
از لابه‌ای پیچیده بر فکِ شب
منبعث از پیغمبران زیر گلویت
که مقدور شدی در تاول‌های صلواتی فصول
و مرا به مقادیرت:
بالا تَن وُ بالا سر وُ بالا وَش وُ بالا کمابیش
مقدار ـ ام بدار
کم‌مقدار ـ ام بدار وُ منگ‌ام بدار وُ بگذار گلوی تو باشم
نسبتِ حرف شوم کم شوم یا از تو فرط شوم

محرز بود میعان‌ام:
توکّلتُ علی چِکه!

رفیق توالی‌ام بودی در منحصرن
تاس است جان من
ریخته در کشوهای آخرِ وقت
و منظور است فاصله

## ◈ آیدا عمیدی

### سی و دو

من اما با ده انگشت هم نوازنده نبودم
مرا می‌آفریدی
که این دیوارها فرو ریخت
این آوار کمرگاه مرا به دست‌های برادرانه سپرد
تو اما لبخند می‌زدی
که دوست‌ات دارم چیزی شبیه آرشه‌ی ویولون است
نه! این پارک‌ها تو را نمی‌خواهند
من و این خیابان اما به پاهای تو دل داده‌ایم
بدن‌های بی‌پا از آسمان‌خراش‌ها به زمین هجوم می‌آورند
پاهایت کجاست؟
چمدانی تو را به دست گرفته و می‌رود
دیوار فرو ریخته با شتاب بالا می‌رود
تکه‌های سرب از بدن‌ها بیرون می‌دوند
اجساد بلند می‌شوند
و آرام آرام به عقب برمی‌گردند

آزادی تکه‌هایت را از میان خیابان‌ها جمع کنی
و به خانه‌ی من پناه بیاوری
خانه‌ی من اما از ازدحام من شلوغ شده است
جایی برای تو شاید میان نارنجک‌ها و تفنگ‌ها باشد
جایی میان انفجارهای مکرر
دوست‌ات دارم چیزی شبیه آرشه‌ی ویولون بود
حالا چیزی شبیه حاملگی است
دو ویرانی سر بلند کرده‌اند
و موازی به سوی افق می‌روند
میان این دو ویرانی تو ایستاده‌ای
و گرسنگی‌ات برای نواختن کافی نیست
مردی کمرگاه مرا به دست گرفته و می‌رود
سنگینی چند ساله‌ی این رحم مرا به دنبال کمرگاه‌ام می‌دواند
چشم‌هایم اما جایی میان دو ویرانی گریه می‌کند
می‌خواهی دوباره مرا با انگشت‌هایت خلق کنی
من اما به تصادف انگشت اشاره‌ام با سنگ‌ها دل داده‌ام
دوست‌ات داشتم چیزی شبیه درهای بسته است
چیزی شبیه پارک‌هایی که تو را نمی‌خواستند
و من هنوز
نه از مردان بی‌شمار
که از نگاه تو باردارم
سیگار ـ ات را روی سینه‌ی من خاموش کن
نقطه‌ی آخر... همیشه بوی شیر تازه و خون

# ماهی

روزی دوباره نور از پرده‌های تیره عبور می‌کند
و ماهی لغزان
بر شانه‌ی راست‌ات آرام می‌گیرد
تو لبخند می‌زنی
و ارواح انگشت‌هایم
لمس می‌کنند خطوط کنار چشم‌هایت را

روزی از کابوس‌ها بیرون می‌پرم
و دست‌هایت را
بر پیشانی ترس خورده‌ام
کشف می‌کنم
کلمات را می‌بوسم و ناشنیده رها می‌کنم
و چشم می‌بندم بر هجوم تاریکی

اکنون اما
ماهی لغزان در سایه‌ی دیوارها خزیده
و به یاد نمی‌آورد
روزی را
که در پوست نمناک تو زیسته بود

من از جنگ‌های بسیار برگشته بودم

و زخم‌های کهنه ترک‌ام نمی‌کردند
پوست‌ام را در آتش انداختم
و پوست دیگری آفریدم
پوستی لزج
که نمی‌توانست دور از آب‌های آزاد نفس بکشد
پوستی که اکنون رد دندان‌های زیبای تو را
به دریا می‌برد


روزی به خانه برمی‌گردم
و در عصر رنگ پریده‌ی دیگری
ارواح انگشت‌هایم
سر سرگردان‌ات را
از زیر آوار بیرون می‌کشند
و سرانجام
ایمان می‌آوری
به صدای خون
که به قصد زندگی در رگ می‌دود

◈ مصطفا غضنفری

## یک

میان عشق و دوست داشتن
تفاوتی‌ست
اما
نمی‌توانم دوست‌ات داشته باشم
تا عاشق‌ات نشوم
یا
عاشق‌ات نشوم
تا
دوست‌ات داشته باشم

دریا را
بدون توفان می‌خواستی
و من شعر را
بدون تو

ای کاش
مورچه‌ای بیاید و
ترس‌هایمان را
زیر پاهایش له کند

## دو

شیشه‌ای که نمی‌شکند شیشه نیست
سنگ‌ها به اسم فحش می‌دهند
اسم دیگر آهو
پلنگ است
و شیری آن‌قدر به دنبال نام‌اش دوید
تا گوزنی از نفس بیفتد

می‌ترسم
اسم دیگر شعر شعار نباشد
و آن‌وقت با شعار نمی‌توان شعر گفت
تو اما
اسم مرگ را عوض می‌کنی
چند نفر از گور برمی‌خیزند

## ◈ حسین فاضلی

### یک

افسردگی از جایش برمی‌خیزد
می‌رود کنار پنجره:

کودک در خیابان درست سر چهار راه دارد تمام می‌شود
تمام تکه‌های تنِ زنی جویده می‌شود در پارک
مردی کارگر اعضایش را به حراج گذاشته از یک کنار
مادری کنارِ زمان درست آن روبرو
خود ـ اش را به باد می‌دهد
دختری چنان زیبا
چنان زیبا، که مادر عاشق‌اش می‌شود
در دهانِ سیاه مترو
لباس‌های زیرِ مردانه می‌فروشد

افسردگی پنجره را می‌بندد
در را با شتاب باز می‌کند
به خیابان می‌ریزد...

□

به خانه که برمی‌گردد
عاشق شده است
و پلاستیک قرص‌هایش را دو دستی
می‌بندد در دهانِ سطلِ زباله

## هنر معاصر

مثلِ کاغذِ مچاله شده در جیب
جمع می‌شوم در تو
مثلِ مشت‌های گره شده‌ی داغ
گرم می‌شوم با تو
مـا معاصر می‌شویم

مـــا راه می‌افتد
می‌افتد        را برمی‌دارد
روی پاهای خود ـ اش می‌گذارد
و دوباره راه می‌افتد

کوچه شکل می‌گیرد
چشم‌ها مرکب می‌شود
و می‌شود از جایش برمی‌خیزد
قدم‌زنان به خیابان می‌رود

□

جمع می‌شوم در تو
شانه‌های تو نانِ گرمی برای گرسنگی
شانه‌های تو آفتاب می‌آورد
و مـا
با خیابان یک اثر هنری معاصر می‌سازیم

◈ علی فتحی‌مقدم

## یک

در آغاز
صحبت از قبیل سلسله‌ی مو
وَ در نهایت
بهار را به یاد هم آوردیم
که چون اسبی سفید در صورت‌مان شیهه می‌کشید


چون درگذشتیم از هم
یکی پس از دیگری کنار آمدیم
تا خاطره
رمز دهان ما باشد
وقتی که دور از هم به لبان هم فکر می‌کنیم


لابد از دست‌های در آخرین بار

چیزی به یاد مانده
چیزی که پاهای خود را در هوا می‌شکند
وَ این چه تعلیق طمع گونه‌ای‌ست
که مرا لابه‌لای درختان وُ صدای باد رها نمی‌کند؟

با ماهی که چهره‌ی خود به چاه ریخته
با شبه بذاقِ چسبناک در دهانه‌ی چاه
وَ این تصورات واجب‌تر از نان چه کنم
که کاسه‌ای به زیر نیم‌کاسه‌ای گِلی دارند
وَ این‌ها خواب نیست
آتش نیست
سنگ نیست
که هرچه هست
یاد تو است
ای شادی دست نیافتنی

می‌گویند:
مردگان
علی‌الخصوص جوان‌ترها
با گونه‌های تمشک گونه
در مکانی غیر از عالم جسم خوش‌اند
پس یاد تو تعریف کدام مکان است
که مدام از روحانی مسجد جامع به گوش می‌رسد:
ای مردم!
در پای پله‌های خود بمانید
زیرا که پله
قتلگاهی در خود دارد
که راه رسیدنِ به بهشت را تباه می‌کند!؟

حالا تباه شدنم را به گردن بگیر
حالا که بهار آمده وُ
شعری که در ریشه‌هایم سوز می‌زند
به فراموشی سپرده‌ام!

تباه شدنم را به گردن بگیر
چون مردی که توی اتاق عمل دلواپس زن‌اش باشد
ولی قادر نیست
بیرون از اتاق به او بگوید
این زخم کهنه را
تو بهتر از این جراح جوان می‌فهمی، کوک می‌زنی، می‌نوازی

## دو

چرای روبه‌رو چه می‌کنی که/ها
های اولِ گذاشتن روی پنهانی‌ست
وَ نفوذ دادن‌اش لای دندان‌ها
غلط گیر خواب می‌شود؟

با تو بخوابم توی گودی زانو
وَ آفتاب را
بتکانم در کشاله‌ی خرچنگ
که فقرگاهی حسی‌ست، از دور دست می‌آید

چه می‌کنی که نزدیک شدن مسافرت است
وَ من که هنوز بالا نرفته‌ام
این پایین چه می‌کند ارتفاع؟

بچسب!
زخم نطلبیده پرسش است
جدا ناشدنی‌ست
وَ تو که می‌توانی نتیجه‌ی پرتاب دیسک کمر باشی

تلاش کن خواب مرا دریا زده کنی

من اما بی‌نتیجه‌ام
زیرا پاهایم را
از وسط مهره‌های کمر سوخته‌ام
وَ دارم به قطع‌شدگی قبل از واگذاری نتیجه به عصب‌های تو فکر می‌کنم

تو برایم دره‌ای که درد دارد
پس لازم به توضیح همراه تو می آید ـ

این‌که سقوط از کدام سنگ
وَ چه چیزی را در من به تو پرتاب می‌کند
شاشیدن روی کسالت یخ‌هاست!

وقتی به تامل بر مخفیگاه کلم‌ها تحریک می‌شوم
وقتی چون جانوری درشت جثه
دهان شب را
از پرتگاه استخوان خوک بو می‌کشم
دل‌خوشی‌ام نشانه‌هایی از چاقوست
که از فتح کلم
قطعه قطعه سخن می‌گوید

وقتی زخم‌ها رم می‌کنند
فرو می‌روم
وَ شباهت من با یک دایره روی این موضوع
شباهت من با فیل‌هاست

پس لب‌ها را
در عرفان خرطوم من به سخره نگیر
زیرا که درد دارد
زیرا که از یاد برده‌ها را به پرده نمی‌آورد
و هم‌خوابگی مرا در غربت عصب‌های تو آشفته می‌کند بدجور

## ◈ امید فرج الهی

### آفتاب‌گردان

پدر ـ ام هر روز خشم‌اش را با داس
بر سر مزرعه خالی کرد
برادر ـ ام از کلاه‌های بی‌سر می‌ترسید
خواهر ـ ام از بس سقف سوراخ اتاق را چکش زد
دق مرگ شد
مادر بیدار شو
جزر و مد
ساعت‌های شنی را موجی کرده
باید در مزرعه جای برنج
آفتاب‌گردان بکاریم

## رفیق

درختان خودسوزی می‌کنند
و جنگل رفیق ابر می‌شود
غم‌انگیز است دیدن کوه
که سایه‌اش را
از دیوار طلب می‌کند

## ◈ لیلا فرجامی

### ماشه

جنگ پایان گرفته‌ست
زمین
نیمی بهشت و نیمی جهنم است
و قیامت
تا چند قرن دیگر تکرار نخواهد شد

بیا عشق‌بازی کنیم تنهای من
با بادبان‌های قایقی که نمی‌داند به کدامین جهت روانه‌ست
با بادهای دیوانه‌ای در میان هیبت این غول‌های سیمانی
پیش از آن‌که ماه ذوب شود
و ستارگان مومی از آسمان، چکیده
قطب‌نمای عتیقه‌ات را به سمت آخرین قله‌های یخ نگه‌دار
و هرجا که امیدی به طول عمر پرندگان وحشی بود
لنگر ـ ات را بیافکن

بگذار مجسمه‌ای از تو به یادگار
برای ویرانه‌ها بتراشم
و موهای نقره‌ای‌ات را به موزه‌های باستان
اعانه دهم

جنگ پایان گرفته‌ست
تنهای من
و سربازی که بی‌جان و ناامید از جبهه‌ها بازمی‌گردد
شبیه سایه‌ی افسرده‌ای‌ست که اندام تو را بر خاک می‌کشد
من برایت یک سیب و یک کبوتر آورده‌ام
تا بمب‌ها و استخوان‌ها از یاد بروند

بیرون خانه در خیابان
کودکی سوار ماشین مدرسه‌اش می‌شود
غریبه‌ای مضطرب سیگار می‌کشد
گدایی با خود ـ اش حرف می‌زند
همه چیز عادی و معمولی‌ست

جنگ پایان گرفته‌ست
تنهای من
ولی هنوز انگشت اشاره‌ات
ماشه را رها نمی‌کند

## اعتراف در تاریکی

بالی سفید
و بالی سیاه
فرشته و شیطانی که همزاد ـ اند

سرگشتگی‌ام این است:
هرچه گناهکارتر ـ ام
جایم در بهشت حتمی‌تر می‌شود

خدایا
می‌خواهم ایمان بیاورم به قوزک دو پای معجزات
و کمرگاه باریک عبادت
به دریایی که با عصایی دو نیم شد
یا سگی که سی‌صد سال خوابیده بود
اما این وسوسه،
جغدی چاق و شاخ‌دار است
که از شانه‌ی چپ‌ام بلند نمی‌شود

خدایا
دوست دارم مثل حوّای پرنده‌ای
بی‌صدا از بام‌های شهر بگذرم
از غارهای عصر سنگ فاصله بگیرم

خیانت زرد گندم را از حافظه‌ام پاک کنم
و از ترس آدمی که دوباره از باغ‌های عدن رانده خواهد شد
به ابرهای ضخیم زمستان
پناه ببرم

◈ نگین فرهود

## یک

تن از پوست بکشم بیرون
فرو روم در شیره‌ی گیاه
بنوشی‌ام از ساق
سر بریده‌ی ماه جوانی من است
چسبیده به پاهام

زن
زیبایی‌اش حرف می‌زند
می‌آید با روب‌دوشامبر به رخت‌خواب

و ماه
آه
که تنهاست در آسمان
روی تخت دو نفره
و رفتار هندسی اشیا

[۴۰۶]

ربطی ندارد به لرزش‌های ناپیدا

پاهایت
اسطوره‌ی جفت‌هایند...


در نوبت نشستن‌ام
شاخ زمین را بچسب
نجنبد گاو
که جهان به مویی بند است
هزار مو
هر یک تنها
ریخته
بر شانه‌هام

## دو

خون در کاسه‌ی سر ـ ام بریز و بنوش
راه بیفتم زیر پوست
رگ باشم نزدیک‌تر

تن خالی‌ام پر نمی‌شود از من بنوش
در خون بالغ شدم بنوش!

پستان‌هایم پر شیر
و این خون
چه زبان سرخی دارد بنوش

چه گفته‌ام مگر
که درد می‌کند
جای حرف در گلو
صدای عجیبی گیر کرده زیر تیغ
سطر به سطر

که دفترهای چهل برگ
تنها چهل روز زنده‌اند
بعد آن صدای عجیب را
خفه می‌کنند و می‌میرند

زنده باد خون
زنده باد آن بلوغ نه ساله
که تحریک‌ام می‌کرد به شرح پاها
به دست بردن در خود

وقتی دهان‌اش شکل آن کلمه‌ی محزون بود

در خون‌ات آفریدم
با اندامی مهربان
و اندام تو
با عجله
خود ـ اش را به جوانی رسانده است
جوانی ات را ببر از اندام‌ات
به خون‌هایی فکر کن که جوان بودند...

◈ علیرضا فریدون گودرزی

انسداد

با احتساب ۶۴ کیلو گرم وزن خالص و
کمی ناخالصی که هر روز جابه‌جاش می‌کنی در شهر
جایی که نباید خیره شد به چیزهاش و
مدام
مسئله این است که از کدام خیابان زودتر می‌شود رسید
من به ساخته‌های وطنی فکر می‌کنم
به این‌که از کدام اتاق می‌توان بیرون زد و تصور کرد
شهر بدون خود ـ اش مرور می‌شود
همیشه تاریخ می‌شود و فراموش
با احتساب چیزهای حاضر به شباهت‌ام فکر می‌کنم و از لای در نگاه‌ات می‌دارم
با یک چشم روی پاگرد
تمام جهان توی پله می‌ایستد
تف می‌کند و نمی‌کند و خلط بالا رسیده را می‌جود
تکه‌ای از همان‌ها که توی شهر جابه‌جا می‌شود
به یقین سال‌ها باید گذشته باشی از کنار همه چیز که غلظت خون بالا گرفته

و چیزی سفت می‌شود در گردن‌ات
یا بهتر که حین تمرگیدن کنار صندلی و راه و راننده و حرف‌ها و تحلیل‌ها و صورت‌های مضاف بر جر ـ خوردگی روکش سقف
از اتاق بیرون زده باشی و به ابعادِ درست اتحاد فکر کنی
این‌که شاید بشود چار طرف خیابان را بست و پشت سنگ توالت و سطل زباله سنگر گرفت و از سوراخ‌ها به شهر سلام کرد
حین ادراک شباهتِ بی‌بدیل‌مان به چند چریک توی مبحث اتحادِ فیل و فنجان
کسی با انگشت باریک‌اش همان که اشاره می‌کند و همان‌که شلیک می‌کند و همان که با شصت‌و یکی که اسم‌اش را نمی‌برند سیگار را نگه می‌دارد
همین که روی صندلی صحنه را توصیف کنی راننده تق می‌زند روی فرمان
خیابان شلوغ شده و شهر از خود ـ اش جدا
با احتساب راننده و جر ـ خوردگی سقف ۶ نفر بودیم
یکی که مدام رعشه داشت و دور خود ـ اش خط می‌کشید که بیرون نزده باشد از اتاق و توی کادر
دوربین‌ها درست روبه‌روش بودند همه‌جا نمایی رو به لامپ صد بود و خط می‌کشید
دایره می‌کشید   دور می‌شد از پشت در
دنبال می‌کند مسیر را و پیکر دیوار را روزی هزار بار می‌تراشد
با ماهیچه‌هایی درشت
بی‌شباهت به مردن
خالی می‌کند اضافه‌اش را توی سوراخ و خیره می‌شود به ساخته‌هاش:
شیر مخلوط قهرمان
سنگِ گلریز
فلاش تانک اصالت
کاشی گل قرمز یزد
یکی که توی پاگرد بالا آورده‌اش را پنجه می‌کند و می‌زند به دیوار و شبیه‌تر از همیشه به معمولنِ این‌ها که هر بار از پله می‌افتند بلند می‌شود که بایستد پشت چشمیِ در
و در کسری از زمان خیابان را فراموش می‌کند که شهر جای جایزی نیست توی راه پله و حتی در حد فاصل یک نگاه از بالای نرده‌ها
با احتساب هر طبقه چارده پله و یک پاگرد ۲ در ۱٫۵ حداکثر زمانِ لازم

باقیمانده تا خیابان ۵ دقیقه طول می‌کشد و اواسط راه هم که عق زده باشی
چیزی به شهر اضافه می‌شود
با یکی که حرف‌ها را در گوشه‌ای از پیاده رو برمی‌گرداند برای بغل دستی‌اش
و فضاهای باقی مانده را می‌چپاند پشتِ هم
همین‌که از اتاق بیرون زده باشی از اتاق و دایره و پاگرد پنجه‌ی روی دیوار
شهر بدون خود ـ اش شده و هر بار بیش‌تر ادامه می‌دهد نبودن را
تاریخ درست توی سوراخ‌ها اتفاق می‌افتد
در مکثِ کوتاه و گزاره‌ای کش‌دار که یکی روی صندلی و کنار راننده جا می‌گذارد
و می‌پرد به شهر
با احتساب حدود فاصله و زمان رفته
سیگاری آتش می‌کنیم و از پشت هم بیرون می‌زنیم
ماشین به راه‌اش ادامه می‌دهد

## Methylene Oxide

کسی که مرده را به یاد نمی‌آورد
چیزی را خاطره می‌کند
در ضبط و ثبت خود ـ اش صدا می‌شود
سراسر
چیزی را از جایی بیرون آوردن و جا کردن‌اش در قاب
دور ـ ات می‌کند
طوری‌که حساب و حد از انگشت بیرون بزند و با تصویر دوره کنی حکایت او
را که سه بار پیش‌تر از توست:
۱ـ او که نوشته را به بهانه مرده‌اش در تصویر رقم می‌زند
۲ـ او که نیست و نوشته را نبودن‌اش می‌نویسد
۳ـ او که پیش از تو به روایتی، مرده را حدس زده با چند اشاره به نزدیک
الف: انگشت اول اشاره‌اش را نزدیک می‌کند به صورت‌ات و وسط فکر کردن
به اصغر همت نخ نبات را قورت می‌دهی
خوب فکر می‌کند
پلک‌ها را هم بسته هم نبسته هم لرزان
ادامه می‌دهی
چیزی در کمترین زمان ممکن از جایی به جایی می‌رود
متیلن اکسید در تمام سوراخ‌ها و تو جمله درست می‌کنی
"او مثل سگ می‌دود!"
الف، دست‌اش که پایین برسد تا روی فانسخه یعنی که...
و تو با "مادر ـ اش" جمله درست می‌کنی

شماره‌ها در بستگی‌شان به نظام و ریاضی معنا می‌شوند و او که اشاره می‌کند و لابد نمی‌داند و نشان می‌دهد که دست تا مادر و فانسخه رسیده را دیده از عددها یکی و تنها یکی را خط می‌زند
الف: تو چقدر حرف می‌زنی! اصلن انگار نوشته رو نخوندی و یاد ـ ات نیس که بازی نمی‌کنیم
درپوشِ سوراخ‌ها آبند نیست
ی: خدا بیامرزی هم دارد
الف: آقای همت هر روز به پلاتو می‌آید

ـ نفسِ‌اش بالا نیاد!
قضیه اول: یه سرباز قنداق تفنگشو بزرگ نمی‌کنه که بذارت‌اش یه گوشه کوچیک‌اش می‌کنه اون‌قدر که بشه اندازه‌ی یه ضامن‌دار
کثافت کم‌اش بهتره!
فرضیه اول: آقای همت توی مسیر با جنازه‌ای همراه می‌شود که خود ـ اش نیست و با طناب خفه می‌شود و از مرگ چاقو چاقو می‌کند
الف: پیکان‌ها قاتل‌اند و همیشه جان سالم را بیرون از شهر می‌برند
حرکت بطئ گازی فرار توی سوراخ‌ها عامل اصلی تمام تاخیرهاست
کانون ایستاده رو به جمعیت و از باقی حرف می‌زند که روبه‌روش ایستاده‌اند حالا
کانون به دوست خوب‌اش اشاره می‌کند که هنوز برای سایه و گل‌دسته‌هایش دست تکان می‌دهد و سید سید می‌کند
کانون به نوشته‌ها فکر می‌کند و نوشته‌ها خود به خود به مختار می‌شوند
کانون توی عکس‌ها ۶۰ کیلوگرم است

فرضیه اول: تو نوشته بودی نوشته‌ات را و رفته بودی بخوابی که سقف هوار شد و نوشته هوار شد و شهر هوار شد و اصغر همت را چند روز بعد از لچکیِ پنجره‌ی عقب دیدی و بغل دستی هوار شد روی سر ـ ات
ی: خفه شو! کی بود؟ با جزییات درومده همه چی! گفتم قسم نخور! فیلم نیا! می‌گه سرباز بودم! کاری نکن بگم بیارن‌شون توی اتاق بغلی!

همه چیز از برف و دندان گذشته بود و من از کودکان آب و گل گذشته بودم و کتاب‌ها را لای بطری چپانده بودند و خیابان میر از رگ‌هام پایین نمی‌رفت

(متیلن اکسید گازی بسیار سمی است که در فاضلاب‌های صنایع رنگ‌سازی استفاده می‌شود)
قضیه‌ی اول: تا حالا یه پیکان گیربُکس آرژانتینی رو از تهران یه کله تا فرج‌آباد روندی؟
نوشته می‌گفت
از لبه‌ی قبر که آشنا نشسته و خود ـ اش را خاک می‌کند چند تن فاصله دارد
آقای همت همیشه به پلاتو دیر می‌رسد
ی: یه سرباز اون‌قدر احمقه که همیشه یاد ـ اش می‌ره توی جنگ به خونه پشت می‌کنه
۱ـ حرف صورت عجیب‌اش را توی کاغذ می‌پیچد و نشانه می‌شود
خانه جایی‌ست که توش نفس‌نفس بزنی بشوی خون شتک‌زده
بشوی زنجیره‌ی صفت‌ها و تکثیر بشوی
۲ـ جمله آن‌قدر ادامه دارد که تمام کند
میم
۳ـ کلمه بیشتر با خود ـ اش می‌نشیند   با سومین بار که ضربه تا ته باشد و همه چیز او
فرایند ترکیب گازها همیشه موثر نیست
فرضیه اول: در فرج آباد مردی ۶ بخشی زندگی‌اش را از الیگودرز آورده بود زیر پنجره که بگوید "خون سفید شمشیر" روی این ضامن‌دار جا نمی‌شود
همه‌تان را می‌برند که بگوید:
می‌کشند
که گفته باشد: من از پشت پنجره دیدم
می‌برند سر ـ به ـ نیست‌تان می‌کنند
نه مثل من که تکه‌های چ را ساختم هر بار الف هر بار قاف هر بار واو هر بار که مثل سرباز که خانه را دور می‌کند و با خود ـ اش به که فکر می‌کند و با که پشته می‌گیرد و لبلبه‌ی خون دارد مدام و آن‌قدر احمق است و به که رفته و این کجاست که همه چیز را می‌پاید
آقای همت گلویش را صاف می‌کند!
فرضیه اول: قضیه اول
چاقو: تو بردار بزن
قضیه اول: طناب

ی: پیکان چند نفرمون را برد تا دم ساختمون که فیلم بگیرن و پخش بشیم توی اسم‌ها. که زیر اسامی درشت تیتر بشیم. ما درسته آره سربازیم. سعید! لچکی رو باز کن باد ببیچه توی ساختمون!
الو! آقای همت از ساختمان بیرون زد

◈ **بهاره فریس‌آبادی**


## آن روز باران بی‌وقفه بر بِرِست می‌بارید¹


من عاشق پلاک‌های مفقوده‌ام
عاشق واژه‌های دشوارِ آلمانی از زبان پیشوا
عاشق یونیفرم‌های خاکستریِ سربازهای روس
فرماندهان بی‌ادبِ ناپلی
پارتیزان‌های خوش‌قیافه‌ی مفلوک
من کاشف پلاک‌های مفقوده‌ام!
فلورانس نایتینگلی خوشگل درست وسط جنگ‌های تن‌به‌تن

من عاشق درهای آهنی بزرگ‌ام
عاشق کلاه آهنی
پیاله‌های آهنیِ چرک
مچ‌بندهای آهنی
عینک‌های پَنسی با دسته‌های فلزیِ سرد ـ چیزی شبیه همین که به چشم
این آقاست! لعنتی... ـ
عاشق قوطی‌های زنگ‌زده‌ی ترسناک‌ام

پُر از نامه‌های سربازهای یوگوسلاو برای نامزدهای جوان‌شان

پلاک‌های مدفون در گل‌و لای را کش رفته‌ام سال‌ها
و حالا اتاق‌ام پُر است از مردهای قدبلندِ شجاع
که افتخار میهن عزیزشان بوده‌اند
اما، به کسی نگو!
من علاقه‌ای به رهانیدن خانواده‌ای از نگرانی نداشته‌ام، هرگز

من عاشق منورهای آن‌سوی رودخانه‌ام ـ ساعت هشت شب. و بعد هم صدای تک تیری، چیزی... ـ
و فقط عصرها سازدهنی می‌زنم ـ این هم نقشه‌ی نیکلا بود برای عادی جلوه دادن موضوع ـ
من عاشق سنگرهای لای برف‌ام
شهرهای مخروبه
پل‌های غیرقابل عبور
و البته "باربارا"...
هی! باربارا
به یاد آر" لعنتی!...
□
حالا در حالی که پلِ سفید در آینه‌ی اتاق‌ام پیداست، مه از لای درز پنجره نشت می‌کند، و من رو به روی آینه ایستاده‌ام. سعی می‌کنم کلاه پشمی خاکستری‌ام را روی سر ـ ام محکم کنم، و خبر ترور ناموفق پیشوا را برای نیکلا ببرم. فقط چیز آزار دهنده‌ای روی سینه‌ی تی‌شرت‌ام هست:
«faAKControl'em all on 2012»
و من حس می‌کنم که متاسفانه جنگ تمام شده است. من مانده‌ام و "پسری با پیژامه‌ی راه‌راه[۲] "، که ظاهرن به آرزویش رسیده. لعنتی!
لعنتی...

---

۱ـ سطری از شعر "باربارا" سروده‌ی ژاک پره‌ور

۲ـ نام فیلمی به کارگردانی مارک هرمان، که بر اساس رمانی از جان بوین و با همین نام، ساخته شده.

## بانی و کلاید

و انگشت‌هایش پیش از لوله‌ی تفنگ رسید
پیراهن پوسیده را رد کرد
و دنده‌های او را
لرزشی گرفت از پشت دنده‌ها
پیراهن پوسیده را رد کرد
و از انگشت‌ها به ساعد و شانه و کتف او برگشت
تفنگ شوخی بود!
باید برای دوربین منتظر ادا درآوَرد
و خدا را شکر
که رنگ سرخ صورت استخوانی‌اش توی عکس نمی‌افتد
سیاه و سفید محض
مثل خط‌کشی‌های گیبسلند روی قیر سیاه!

به فکر قال گذاشتن من نباش زنک! "مرگ من و تو آه... آن هم حکایتی‌ست"
و پیش از اتمام جمله‌اش، نقش اول فیلم شده بود
نقش اولِ زنی که بارها به ضرب گلوله کشته نشد.

سیاه و سفید محض
طوری که پاشنه‌ی کفش‌اش در رنگ تیره‌ی قیر محو بشود
چشم که ببندد
گلوله‌های‌شان ته بکشد

چشم که باز کند
سیاه و سفید محض
جنازه‌ی مرد را از عرض بزرگ‌راه رد کنند
از توی آینه‌ی ماشین رد کنند
فورد، زن و گلوله‌ها در جاده‌ی پشت سر باشند
حالا اراده کند و بمیرد


این‌جا قطب دیگر زمین است
قیر
و خونِ محضِ تو روی راه
که بوی مرگ را روی نگاتیو ثبت می‌کند
شب‌ها
خواب از چشم فراتر نمی‌رود
روز روشن نیست
و باد می‌وزد
طوری که نفس‌گیر می‌کند بین دنده و گلو
و میل مهلک تباه کردن و خیال‌های ماهی‌وار
از اولین مجرای پیش رو سر می‌روند
در نمایی دور که منتهی می‌شود به راه
و رود
و خون؛
که بیش از رگ به راه میل می‌کند
در محیط و مساحت منظره‌ای عمومی


قطب سوم زمین
زاویه‌ای برای کاشت نور
برای برداشت‌های دو و سه
و انتقام جهان از فطرت زنی که نقش اول راه شده بود
سیاه و سفید محض
و برداشت‌های چهار و پنج
از انهدام مردی که به ضرب گلوله کشته نشد

هلاک شد
در قاب کوچکی از منظره‌ای خصوصی
مردد میان تعویض نقشه یا تعویض نقش

موج خاکستریِ روشنی لیز می‌خورد در سیاه
نقطه نقطه‌های ریز و درشت برق می‌زند
و حفره‌های کوچکی باز می‌شود در فواصل سیاه و سفید
این صحنه‌ی آخر نیست
نمای نزدیک دانتل سفید آستین اوست
در خون
که توی جاده مایل شده به سیاه
و تنها کلاه مرد جا مانده از غریزه‌ای تباه

ستاره‌ی کلانتر برق می‌زند
آینه‌ی فورد برق می‌زند
آسمان خاکستری سردی‌ست مماس با لوله‌ی تفنگ
و دوربین خاموش می‌شود

## ◈ بنفشه فریس‌آبادی

### ملانکولیا

در فاصله‌ی میان دو ایستگاه
از انقطاع ملیله‌ی نور بر خطوط کنار خیابان
تا اصابت تیزی مختصر ـ اش با پلک
اشتباهِ تشخیصِ رنگ در پرده‌ی سیاه اتوبوس رخ داد

مثل همیشه در هاریِ حدودِ قاعدگی
عصرانه در کیفِ مدرسه‌ام وا می‌رفت
انتشار بی‌دریغِ شیر در سوراخ‌های گشاد کیکِ اسفنجی
و رطوبت ساختمان پیچیده‌ی چشم‌های تو
به جای تمام اندام‌های جنسیِ حذف شده از کتاب علوم

اشتباه، بیرون از منجوقِ هفت‌رنگِ مردمک‌ات رخ داد
خیابان تا خانه به اندازه دراز می‌شد
شیر که بر جدار مخاطیِ کیک ایستاده بود
سبز شد، راه افتاد

و ساختمان چشم‌هایت هنوز بسته بود

از حالا به بعد سیاره‌های سیاه و قهوه‌ای و سبز در اطراف سر ـ ام می‌چرخند
و از میان تمام اندام‌های جنسی حذف شده از کتاب
شیر در آفتابِ ناچیزِ هفت عصر
راه می‌افتد بر موهای بلوطیِ سینه‌ات
و زمان، بی‌رحمانه از وقت عصرانه می‌گذرد

در تقاطعِ بعد اشتباهِ تشخیص رنگ در چراغ راهنماست که رخ می‌دهد
گلوله‌ی قرمزی که می‌ترکد توی شلوار مدرسه‌ام
و سوراخ‌های کیک اسفنجی
در التهاب رگ‌های کُره‌ای سفید، ریز و درشت می‌شوند
دوایر سرخی از لای پلک‌هایت می‌ریزد به ایستگاه
و از میان تمام اندام‌های حذف شده
شیر از دیواره‌های نازکِ مری ترش می‌شود تا نزدیکی حلق

در فاصله‌ی میان دو ایستگاه
گرد می‌شوم روی صندلی چاک‌چاکِ اتوبوس
گلوله‌ی طوسیِ مختصری می‌شوم که قل می‌خورد در تکان دست‌انداز
اصابت آبیِ مدوری را به مرزهای مقنعه تشخیص می‌دهد
و شیر چرب غلیظی از شکاف‌های تن‌اش تو می‌رود
پیش از تعویضِ تمام اندام‌های دیگر ـ اش با چشم

## هشت دقیقه از شدن تا عبور

اگر صدایش کنی
یعنی به طور دقیق صدایش کنی از آن اتاق به این اتاق
تازه می‌شود خود ـ اش
بگیر و نگیر دارد این وضع
یعنی از چند دقیقه پیش‌تر تا بشود
احتمالن دقایق وخیمی از حدس گذشته است

و بعد که بیاید در حال شدن است
ساعت‌اش را آرام باز می‌کند از مچ
که احتمالن در این فاصله خواب‌ات برده است
یعنی به طور دقیق در فاصله‌ای که بشود خود ـ اش

درست مثل تخم‌ریزی ماهی‌ها توی آب
دراز که می‌کشد زیر لحاف شده است دیگر
و با احتساب بگیر و نگیر این اشتغال
مراحل زیادی نمانده برای عبور

از این پهلو به آن پهلو که بشود مدتی گذشته است
که به هر سمت لحاف که قل بخورد تنهاست
یعنی به طور دقیق
از مراحل زیادی بدون خطا گذشته تا شده است

پس موهایش را از این شانه به آن شانه پخش می‌کند روی متکا
و مثل تخم‌ریزی ماهی‌ها
فکر می‌کند که بخوابد توی آب

بگیر و نگیر دارد آن هم
"نگیر"ش باز می‌شود خود ـ اش
نیمه‌های شب می‌پرد از خواب
نوکِ پا نوکِ پا می‌رود تا کنار پنجره
و احتمالن به چراغ‌های روشنِ بزرگ‌راه نگاه می‌کند
می‌ایستد تا صدایش کنی که برگردد به تخت
برنمی‌گردد

و "بگیر"ش این‌که بچه کند دریا
دست بزنی به نرمیِ حلزونی که احتمالن سر کرده توی صدف‌اش
یعنی به‌طور دقیق از راه ناف به اعماق‌اش دست بزنی
که درست مثل تخم‌ریزی توی آب
دیگر شده است، رفته و تمام

این که بشود قطعی‌ست
گیرم که برگردد به تخت
سر ـ اش را بگذارد روی متکا
و در فاصله‌ی میان شدن تا عبور
به انواع احتمالی زیست توی آب و تخت‌خواب فکر کند

یا صدایش نکنی و برگردد به تخت
در بگیر و نگیرهای عبور شدن از خود ـ اش
بزرگ‌راه رسوب کند
و امواج خال‌خالِ سیاه تا روی ناف بالا بیاید
یعنی به طور دقیق اگر بخواهی
درست مثل آب

خلاصه بگیر و نگیرش حتمی‌ست

در فاصله‌ی میان قبل‌تر که خود ـ اش بود تا گذشته شدن

ربطی‌ست میانِ آب

با احتمال کشف دهانِ باز و بسته‌ای که روی پتوست

یعنی به طور دقیق

احتمالن چیزی‌ست مثل تخم‌ریزی ماهی‌ها...

## ◈ ساجد فضل‌زاده

### یک

یک روز جایمان عوض می‌شود ماهی
تو با تلنگری به تنگ
سلام‌ام می‌دهی،
من
سرخی کوچکی می‌شوم در آب
و بعد
حباب
حباب

آن‌که اولین‌بار داد می‌زند خشکی
ملوان غمگین‌تری‌ست،
که لنگر انداخته وُ نینداخته
تکان‌های جزیره
امیدی دور را
دورتر می‌برد

ـ این همان ماهی نبود که پیامبر را بلعید؟

اسکله زبان درازی ساحل است
به رفتن کشتی‌ها
سوت می‌کشند و می‌روند
می‌روند و سوت می‌کشند
مدی‌ست مدام که انگار
هر چه آمدن را دور می‌کند

گفت
من پیامبر ـ ام
در شکم نهنگ
دیوارهای این زندان را سرخ رنگ کنید
او را صبح چهارشنبه بازار
در میدان تره‌بار آویختند،
زن
ساقه‌های کرفس را در زنبیل‌اش جابه‌جا کرد وُ به خانه برگشت
زن
خرده ریز نان صبحانه را برای ماهی‌ها برد
زن
با تلنگری به تنگ
تلنگری به تنگ
تلنگری

مرگ
بر سطح آب
می‌درخشد

## دو

غار
دهان کوه نیست،
جایی
برای پنهان کردن حرف‌هایمان

هر سنگ
که از زیر پا می‌غلتد
اشکی‌ست بر صورت کوه
پرچم اما
در باد خواهد رقصید
چون زنی زیبا در مهمانی

آن‌که بر دیواره‌ها نقشی می‌کشد
به آینده هنوز امیدوار است
می‌آیند وُ می‌فهمند
که درخت زنی‌ست
پرنده زنی
و خورشید...

کسی آمد وُ سنگ‌ریزه‌های درخشانی پیدا کرد
و سنگ‌ریزه‌های درخشان
کوه را ویران می‌کند
می‌آیند وُ مشت مشت به خانه می‌برند
و این‌جا مشت
حتمن
نمونه‌ی خروار است،
سوراخ پشتِ سوراخ در دل کوه

ـ تا به حال لانه‌ی مورچه‌ای را
در شیشه‌های پر از خاک دیده‌اید؟

غار
دهان زنی‌ست
با دیواره‌های سرخ
قندیل‌های سفید

با سنگ
دهان غار را می‌بندند،
زن
چیزی می‌گوید
چیزی می‌گوید
چیزی...

اما کدام کوه
سکوت را
برمی‌گرداند؟

## ◈ مهرداد فلاح

### یک

چه‌قدر این اتفاق اهلی نمی‌شود!

دارم چیزهای غریبی می‌بینم
با چشم‌هایی که نمی‌دانم چه رنگی
اگر بگویم دارم به صورتی در می‌آیم شبیه خود ـ ام چیزی نگفته‌ام
جای پنجول‌ها تازه دارد دهن باز می‌کند:

هر چه قرار نیست را می‌چپانند توی سطل‌ها
طوری که هزار زبان سبز می‌شود که بگوید زباله شهردار!
بگویم؟

بلد ـ ام جوری جمع شوم توی خود ـ ام
که اگر بترکم یکهو
گربه‌ها بو نبرند که دارند مثل گربه‌ها شلوغ

از جوب‌ها که بگذریم
روی این پادری پیاده یاد ـ ام شده باشد نمی‌آید روز
چپ کرده توی خیابانی که تازه اسم قشنگی برداشته بهار
بگویم؟

قرار بود و نبود نیست
هست که می‌زند جار
می‌زند به سر ـ ام تا ته بن‌بستی بدوم
که کلید ـ اش قفلِ مرا می‌خندد
این قفل که مرا ... باز بگویم؟
از موش هم کشته خود ـ ام را بیش‌تر... نگویم!؟

زیر پوست‌ام کسی
و زیر پوست‌ام کسی‌ست

شاخ می‌شود توی چشم من کسی به زیر پوست‌ام
دشمن است یا که دوست‌ام چه فرق می‌کند؟
زیر پوستی‌ست این که می‌زند
زیر گوش من مدام
قاه قاهِ زیر پوست می‌زند به ریش من
(ریشی که هر چه می‌تراشم
باز هم بلند...)

آدم؟
(صدا نزنی مرا) نیستم
(از من عوضی‌تر) پیدا نمی‌شود نگرد!

می‌توانی مچ‌ام را جایی بگیری (که تازه سبیل)

دیو از کلاس درس
دخترک را به دخمه می‌کشاند

این دیوانگی را زن‌ام (نزنی مرا!) امضا می‌کند

خیلی که خود ـ ام را کنار
بزنم خود ـ ام را که خیلی
تازه می‌شود سرخ
چراغی که نمی‌گذارد... بگذریم!

حالا که دارد از توی خود ـ اش (مثلن) می‌زند بیرون
نگرانم که روی همین صفحه سقط بشود
بو بگیرد این شعر
کار دست‌ام بدهد

کار که داده دست‌ام (چه جای انکار)
با این دم و این سم‌ها
نه این کفش به درد ـ ام می‌خورد دیگر
نه این کت و شلوار!

دروغ چرا؟
زبان آدم سر ـ اش نمی‌شود
(دارم از خود ـ ام حرف می‌زنم)

تا بیایم دهن باز کنم
خرخره‌ام را می‌چسبد (خودمانیم! )
لنگ انداخته‌ام پیش پای این وحشی   این بی‌قواره
که اجازه هرگز نداده بگویم دوست‌ات... راستی!
آدم با چه زبانی زن‌اش را صدا می‌زد؟

(دارم برج بابل‌ام را بالا می‌برم
و هی فرو می‌ریزم توی دست خود ـ ام)

نمی‌گویم از خود ـ ام بد ـ ام می‌آید
به من نمی‌آید!

## دو

چشم‌های کسی که توی کاسه من نیستم
دست‌هایش پا
پا مالِ هر کجا!

مال همین جایم که جیب دارد این هوا!

کمی توی پنهان
زیادی سفید

مثل من هیچ‌کس نیست     ندارد!

من
همین دو حرفِ ساده
از دروغ هم سنگین‌تر!

◈ جواد قاسمی

## یک

زیبایی تو       اسبی‌ست بال‌دار
ایستاده بر بلندی‌ها
با قصه‌های مادر ـ بزرگ

دویده‌ام و به آخر دنیا نرسیده‌ام
حتی به اول قصه اسب بال‌دار

تو زیبا بودی این را از بعد از یکی بود یکی نبود می‌شود حدس زد

می‌شود       می‌شودهای دیگر گفت

تو یک قصه داشتی و من هزار بار شنیده‌ام
همیشه از جای که تو ایستاده بودی بر بلندی‌ها

قصه‌ی خواب نبود من تو را دوست داشتم

و مادر ـ بزرگ که حالا قاب بزرگ هم ندارد
خواب افتاده است

حالا که کسی نیست
من فقط به تو فکر می‌کنم
که چه‌طوری یک جنگل ستاره توی سینه‌ات کاشته بودند
و تو هی می‌گفتی   جان جان        تفنگ من کو

و هم‌چنان        اسب بال‌دار بودن‌ات را
بر بلندی‌ها ایستاده‌ای

## دو

برگرد به خون‌ات     به التهاب معده‌ی     بعد از عرق سگی
به حرف‌هایی که زدی برگرد
به برگرد برگرد
حرف‌های بعد از مستی     حرف‌هایی دارند برای خودشان
می‌روند درگذشته‌ها و از سر می‌گیرند حرف‌هایشان را

مستی چند سگ بی‌صاحب است که روح را می‌دواند
خسته و عرق کرده از التهاب معده
می‌زنند به تن که ای تن
حکایت تو     شب را و صبح را     نارنجی کرده است

و تو برگشته‌ای و صبح برگشته است
این روال زوال را می‌آورد در تن

و تو مست رها شده‌ای در خود
و برمی‌گردی

## ◈ مهرنوش قربانعلی

### خاطره‌ای از قفس پرید!

می‌خواهم
به اشتباهات‌ام برگردم
چنان در آغوش‌شان بگیرم
که حتی نفسی از میان‌مان نگذرد

شباهتِ بی‌دریغ DNAی مرا
با مولکول‌های لبخندشان پیوند می‌دهد

برگردم به طبیعت‌ام
یله‌گی شاخه‌های آلبالو
از هشدارهای مرزی می‌گذرد

بی‌هیچ کنسرتی می‌خواند باد،

یاد باد آن روزگاران یاد باد...

بکری شانه‌های کوه، پرنده‌ای را کول می‌گیرد
کنگرهای وحشی طعم‌اش را لبخند می‌زنند
به هرسو که بخواهند می‌وزند
گستاخی خاطره‌هایی که از قفس پریده‌اند

انگار جوش‌اش قناتی در قلب‌ام جاری‌ست
سرپوش می‌گذارم و سر - ریز می‌شود، سرپوش می‌گذارم و سر - ریز

دامنه‌هایم را جمع می‌کنم
کوهستانی پشت سر - ام ایستاده است
دل‌ام می‌خواهد به طبیعت‌ام برگردم
اشتباه‌ام را چنان در آغوش بگیرم
که حتی نفسی از میان‌مان نگذرد!

## آن قصر که بر چرخ پهلو می‌زد! [۱]

کو، کو، کو، کو...
رفته‌گی روزهایم را لمس می‌کنم
کو، کو، کو، کو...
بی‌انعکاسی صدایی آزار ـ ام می‌دهد
زخمی دراز می‌کشد در تن‌ام و باج خواهی می‌کند
چاهی گریه‌هایش را فرو می‌ریزد و حلقه‌حلقه بند می‌کشد بر نفس‌هایم
اوهام‌نگاری ترس پشت دست‌ام را داغ گذاشته است!
صورت شطرنجی عشق
از اخبار پخش می‌شود و شایعه‌ها دهان‌شان را می‌گیرند و
سر تکان می‌دهند
به آن‌ها هشدار داده بودم عبرت را بگیرند!

باد برهم می‌کوبد برگ‌ها را و می‌گریزد
صدای سوت صاعقه‌ای تعقیب‌اش می‌کند
تعادل سیرک را چوبی بر بندهایش حفظ می‌کند
بر کنگره‌ی خاطره‌هایم
آوازی می‌پیچد، کو، کو...
روزهای ابری فرصت‌هایی تار به بار می‌آورند
تعادل سیرک را نخی جابه‌جا می‌کند
که رفت و آمد ـ اش به یک‌جا ختم می‌شود

به چوبی که وبال دست‌اش باشد

از قصری که پهلو می‌زد بر چرخ
فاخته‌ای در گلویم می‌خواند
عشق گیج‌تر از کلاغی به خانه‌اش نرسید آخر
بی‌عبرتی که گرفته باشد

کو، کو، کو، کو...
چوبی تعادل بازی را بر بندهایم حفظ می‌کند
کلاه‌اش را سیرک بالاتر بیندازد

کو، کو، کو، کو...
رویایی دور گرفته و دور می‌شود!

---

۱ ـ عنوان، اشاره به رباعی‌ای از خیام دارد

## ◈ مهدی قلایی

### یک

برای دیده شدن توسط تو
دو دست صدا ندارد
بگذار تا مقابل تو
با همه‌ی چشم‌ها وُ
متون کلاسیکُ
سرهایی که بالا رفتندُ
چشم‌هایی که پایین افتادندُ
شلواری که بند ـ اش باز نشد به حرام... دزدیده بگذریم

با بعضی زن‌ها بوسیدن کم است خوااااااابیدن کم است
باید یک صبح خیلی زوووود
سینه‌به‌سینه با آن‌ها مُرد

همه چیز برمی‌گشت به این‌که
تو رفته بودی

همه چیز برمی‌گشت به این‌که
همیشه پای دیگری در میان است
و این را همان‌طور که فلوبر
از چشم‌های مادام می‌گفت... گفتم

گفتم من از چشم‌های تو کم گفتم ببخش!

گفتم من دست‌های تو را به راحتی دادم به باد ببخش!
گفتم که با دست‌ها و رنگ‌ها و گریه‌های خود ـ ات
و با خنده‌های کسی که هوایش را می‌کنی هر غروب
گفتم با پاهای خود ـ ات
وقتی روی آن‌ها ایستاده‌ای و
بی‌قراری تا پیاده شوی و زودتر برسی به دو پای دیگر
به درون‌ام برگرد
چون ماری به لانه‌اش

به درون‌ام برگرد
و به اعماق‌ام دست ببر
همه‌جام را خوب بگرد
در پستو
مردی نخفته به درازنای سالی
در روبه‌رو تنی لو رفته
حتی وقتی لباس‌های ضخیم زمستانی‌اش را می‌پوشد

پشت سر
کسی بس نشسته روی صفحه‌ای از بُندهش
و دلیلی ندارد وقتی تو
بدون ضامن خوابیده‌ای در حساب
به مضارعی از بیهقی برگشت

دلیلی ندارد برنگردی سر جات!

و برای همه‌ی آن‌هایی که با من
گفته‌اند نووووش
و یک شب را با هم رفته‌ایم بالا
نیش نباشی

رشته‌های مرا با آنان که بوسیدن هم از سرشان زیاد است پنبه کن
به درون‌ام برگرد و
در را از جا بکش
هیچ‌جایی آدم
بی‌خود جاخوش نمی‌کند
من بیش‌تر از هر چیز
عاشق آن دهان‌ات بودم
که راست از او در نیامد

**دو**


تو سوراخی در بدن‌ات نداشتی به جز زیبایی‌ات
که هم ورودی بود هم خروجی‌ات
باید از منافذ پوست‌ات وقتی تو را بوسیده بودم و عرق کرده بودی از شرم
به تو ورود کرد


شرم
پدری از ما در آورد
که طبقه از مارکس
هر کس می‌خواهد جای من عاشق تو باشد بسم الله راه باز جاده باز
فقط بدانند از من خیابان‌هایی گذشته از تو که در آن عابران خسته‌اند از
موش‌هایی که دوانده‌اند
فقط بدانند من حرف‌هایی در گوش تو پیچانده‌ام
که چند سوراخ به سوراخ‌های گوش‌ات افزوده است و
یک گوشواره‌ات در شده یکی دروازه
زیبایی تو چند بار سوراخ شده است
یک‌بار وقتی عکس علی آقا حسین‌پور روی بیلبورد شهرداری کوهدشت بود
گفتم من هم می‌توانستم
اما عاشقی در سی و هشت سالگی آدم را فلج می‌کند
از دهان می‌اندازد
از زن و بچه فلج می‌کند
و سنگی را که رفته‌ای برای صبحانه بیاوری به زور می‌رسانی به دیزی ظهر

من تو را فراموش می‌کنم قبول!

ولی آن‌ها زیبایی‌ات را حرام می‌کنند

این عادلانه نیست که هر شب زیبایی تو زیر دست‌و پای کسی له شود

که بعد ـ اش فقط یک‌بار یک‌بار تو را می‌بوسد و تا فردا پشت می‌کند به تو

باید تا صبح به زیبایی تو رو کرد

باید زیبایی تو «درون استخوان یک نویسنده» آواز بخواند

باید زیبایی تو کاری کند

یک ۹۹ ساخته شود

زیبایی تو امری سیاسی است

باید از پوست‌ات در بیاید

بگردد دور شهر

و به زنانی که دست‌شان دراز است

بگوید هیچ‌وقت جرات‌اش را نداشته‌ام

به زیبایی زنی نگاه کنم

که بچه شیر نمی‌دهد

# ◈ علی قنبری

## شعرماهی صید ناشدنی

دارم فکر می‌کنم به این‌که پرسش‌ها را جا بگذارم در پاگرد، وارد آپارتمان شوم،
و از تمامی سطح میز استفاده کنم برای عرصه‌های سقراط. دارم فکر می‌کنم
به این‌که ملال بعدی را بگذارم روی میز، کنار فنجان، تا بعد از اولین هورت
فقط سمت سقوط را عوض کنم. دارم فکر می‌کنم که درگیر «مراقبه» شوم،
که چه‌طور قدم بعدی را بردارم و بروم به بالکن، تا فقط جایی را برای عروج
به روزنه‌های اعلاء تعیین کنم، و مشغول شوم به تعبیر «مادر». دارم فکر
می‌کنم به این‌که با« تعابیر درمان» شکلک‌ها را بردارم از روی زبان‌ام. دارم
فکر می‌کنم به این‌که چرا فقط باید بروم به پیاده‌رو، به «اشکال رنج»، تا
لکنت‌ام رو شود. دارم فکر می‌کنم به پانسمان ذهن.
من باید چشمک بزنم به یک «زن تئوری»، از همان طریقت مرسوم
پنجره، که بیاید برای شیوع. باید یک کروکی بکشم، از شیطان، و مادر ـ ام
با صلوات پنجگاه‌اش در نشیمن، تا امتناع کنم از «خطای داوود». دل‌ام
می‌خواهد گسیل کنم «نزدیک‌ترین خدا» را، بر خلاف اعتیاد ـ ام، تا راه بدهد
به تشویش‌ام برای شروع دوباره، و نقطه‌ی عزیمت‌اش را برایم پست کند.
دل‌ام می‌خواهد نوک زبان‌ام را افشا کنم، اما می‌دانم هیچ کمکی نمی‌کند فقط

به «مینا» فرصت می‌دهد که بعد از قفس کمی فکر کند.
کشف تو فقط مرا بالا می‌آورد تا نزدیکی‌های مادر. کشف تو باعث می‌شود که به‌جای دکور یک کلمه را تغییر دهم، به‌خصوص وقتی کمک می‌کنی که حریم مادر را بگذاریم آن‌طرف‌تر. من باید حتمن «آخرین بار» را می‌آوردم به‌عنوان قید، در یادداشت روی میز توالت، و می‌دانستم با هیچ جمله‌ای دنیا به آخر نمی‌رسد. دارم فکر به همه ثروت دهان شاعر، که برای سامان و التیام، ادامه داد به مراودات با یک حباب، با مهاجرت به اقیانوس.
حالا کاملن عادت کرده‌ام به تکریم یک خدای خزیده در کنج، و به باقی رحمت‌ام، با یک «جوینت» پشت شمشادها. فکر می‌کردم چون شبیه یک حوا در آخرین طرح من است، می‌توانم کنسرو ممنوعه را باز کنم برای ناهار. فکر می‌کردم که آخرین بهشت در کوچه‌ی دبستان به من مبتلا شده است. آن‌وقت‌ها کلمات تو به من می‌آمدند، وقتی می‌پیچیدی به چپ، که الصاق کنی حقیقت‌ات را به راه، وقتی‌که یک رُژ، از خیال‌ات می‌رفت روی میز، عطف بماسبق. حالا چه‌قدر احمقانه است که امیدوار باشم شیطان بروشور ـ اش را ارسال کند، تا من کپی بگیرم از مدل چیپی. من باید منجی را ماسکه کنم در عکس آخرین صعود. راستی، مگر چه می‌شود که یک نام سبقه‌اش را به من بگوید؟ چرا باید وقتی لبخند بزنم که تمامی وظیفه بُرش بخورد در بشقاب ذهن؟ من با چشمان خود ـ ام دیدم که این‌بار خود «الله» شلیک کرد، و من مردم به انحاء دیگر. می‌بینی؟ روزهاست که عقب‌نشینی کرده‌ام تا فقط در باره‌ی یک عکس پولاروید حرف بزنم.
من باید یاد بگیرم چه‌طور بقیه‌ی یک مرد را تحریم کنم، و راز را در کشو بگذارم کنار قرص‌ها. چه‌طور بایستم در حومه‌ی نقاشی، با فاصله از خطوط قابل اعتماد، چه‌طور دریا فارغ کنم از دوربین قدیمی‌ام، چه‌طور خود ـ ام را فارغ کنم از حلقه‌های انسانی، و حلقه‌های چربی، که از زیر جین‌ام بیرون زده است. من باید یاد بگیرم بروم به اطرافِ «من»، که در آن ترسیم سایه مرسوم است. باید رو کنم به قاب جوان‌مرگ، برای تعارضات خط‌و ـ مشی. باید به فکر راه حلی باشم که چه‌طور یک زیبایی مراجعه کند به اعصاب‌ام، و آرزو بایستد همان‌جا، روی نوک زبان‌ام. که چه‌طور ساحل را بیاورم برای قاب عمه، چه‌طور با یک تیوب، بریزم به اقیانوس‌ها. حالا دیگر، کاملن از جهنم بالغ‌تر ـ ام.
«غریق‌ام» دارد چنگ می‌اندازد به گیسوی مادر، مادر، که آسان‌ترین راه بود.

من رفیق را دیدم، در آخرین ترمیم روح، با آمفیتامین، و دیدم که کنج پارک از شر خدا خلاص شد. من باید یک دلیل قرض بگیرم، از نطق ارواح، و زباله‌های رایج. من باید زبان تو را تصرف کنم در مسیر کافه و دور بزنم حق رایج را و بپیچم به اولین فرعی. اما من کاری نمی‌کنم، نشسته‌ام این‌جا، با این، با این، با این، درک می‌کنی؟ من دیگر عمومی شده‌ام، اما دل‌ام می‌خواهد غلط کنم، وقتی از معماری تو برمی‌گردم. اما دیگر کاملن تسلیم شده‌ام، و باید بپرم با قرص‌ها. فکر می‌کردم تو کاری می‌کنی که بنویسم، فکر می‌کردم تو کاری می‌کنی که «فعل» نباشد. من یاد گرفته‌ام جمعیت‌ام را حبس کنم در سینه‌ام و راه بروم در یک کریدور. ذهن من مستعد درمان نیست، «عمق بیمار» راضی‌ات نمی‌کند اما به هر رو غواصی‌ام راجع به توست. تو نگران من نباش، جایی نمی‌روم، مراجعه می‌کنم به رویا، و حاشیه نگاری می‌کنم بر سطرهای دیکتاتور.

گر چه می‌دانم، فردا صبح، سطر خدا را هم از دکه‌ها جمع می‌کنند. فقط یک چیزی، انگار خیلی از خانه دور شده‌ام، نمی‌توانم برگردم و روح اتاق خواب را چک کنم، گرچه تو پیش از این‌ها رفته‌ای.

خوش‌بختانه من این‌طور می‌نویسم، مستقیم اشاره نمی‌کنم به تو، که بر خلاف طبیعت آمدی به آپارتمان‌ام. اما من می‌خواهم با یک فضیلت بنجل رخنه کنم به کوچه، چرا که دیدم یک «مسیح» برگشت و گفت: «بوسه‌ی یهودا» دیگر یک استعاره‌ی خشک نیست بر لبان خیس. من باید گردگیری کنم قاب عکس برادر ـ ام را، که در دهه‌ی شصت، یک «فرشته» داشت، یک شلوار «رانگلر»، و یک « انسان تک ساحتی»، که زیر پتو، با چراغ قوه، آن را از بر کرد، هم‌چنین، کپی گرفت از «چریک‌های شهری ماریگلا»، و آن را تکثیر کرد، در یک نمودار درختی. منظور ـ ام این است که (منظور بدی ندارم) او نباید می‌مرد، او باید شاعر می‌شد. اما «فرشته»، راه‌اش را گم نکرد، و نرفت به سوئیت‌اش، تا او شروع کند با تایپ، و اختلال در افواه عموم. آن «فرشته» نیز متعلق به جهانی نبود که در آن، گیلاس‌ها در مهمانی‌ها نمی‌شکنند.

الان بیست سال از آن ماجرا می‌گذرد، اما دیروز یک «برادر» سویه‌های اعلی را رصد کرد، با یک بمب، با جراحت فرشته، فکر می‌کنم یک آیه بود، از طرف خدای بی‌ملاحظه.

دارم فکر می‌کنم که بروم به اورست، نه برای فتح قله‌ها، بلکه برای این‌که

بترسم از یک چیز کاملن طبیعی. دل‌ام می‌خواهد دوباره قهوه‌های تو را بخورم، و با تو حرف بزنم، کلمات تو مثل کوهستان است، جایی که آدمی صعود می‌کند و سقوط. من هر وقت می‌خواهم به آسمان بپرم اضافه بار دارم، اما من می‌توانم، چون من هم مثل آل پاچینو، توی یک فیلم، حقیقت را می‌گویم، حتی وقتی دروغ می‌گویم. ولی خب، من فکر می‌کنم تقریبن همه چیز را گم کرده‌ام،

چون‌که شناسایی کمی هم به قدم‌هایی که بر می‌داریم مربوط است. لطفن مرا سرزنش نکن، من مارکس خوانده‌ام، پس باید قفسه‌های سوپر مارکت خالی می‌شد از کنسروهای ذهن. من ژاک لکان خوانده‌ام، پس باید زبان مذکر خط می‌خورد از لیست خرید تو، کانال‌ها عوض می‌شدند تا یک رکوئیم، من باید خواب‌ام می‌برد در آغوش آخرین سوال، کفش اسپورت آبی‌ات هر روز می‌رفت تا مرکز مشاوره، یک صندلی پر می‌شد در گروه درمانی ارزان، و یک قله تعیین می‌شد روی تابلوی دکتر.

دارم فکر می‌کنم «علیه دیکتاتور»، که روی بوم تو ریخت، در کارگاهی در حاشیه شهر، بعد از دراگ، اما در سوره‌ی طاها، خدا به موسی گفت: با فرعون نرم سخن بگوید، و نرم رفتار کند. ضمنن من هر وقت محکم می‌ایستم در مواضع‌ام، تو می‌روی به سمت یک عصا. راستی، فردا صبح نور منتشر می‌شود، من تا دیر ـ وقت بیدار بوده‌ام و چیزهای زیادی را از یاد برده‌ام. دارم فکر می‌کنم که سینه‌خیز بروم به دور از تربیت شهر. جاهایی هست که عشق آدمی را مبتذل می‌کند، مثل پیامبران بی‌پرستیژ روی بیلبوردها. عزیز ـ ام! زیبا باش، مثل عقل‌ام که به جایی نمی‌رسد.

## مصاحبه با « اورس مه‌یر»[1]

داور دیدار آمریکا ـ ایران (ورزشگاه ژورلان لیون ـ ژوئن ۱۹۹۸)
و آمریکا ـ کره جنوبی (ورزشگاه دائجو[2] ـ ژوئن ۲۰۰۲)

هی ‹‹مه‌یر›› ای قاضی‌القضات در زمین سبز ‹‹دایجو››
چرا عبارتی شاعرانه بر روی بازوان است؟!

تقریر عطوفت مهدوم

هی ‹‹مه‌یر›› ای قاضی‌القضات در زمین سبز ‹‹دایجو››
چرا بروز نمی‌کند اوقات خیره شدن؟

انتساب چشم به گرای مخدوش

هی ‹‹مه‌یر›› ای قاضی‌القضات در زمین سبز ‹‹دایجو››
فرزین چرا پیاده می‌رود؟

گامی بلند به سوی امای ما

هی ‹‹مه‌یر›› ای قاضی‌القضات در زمین سبز ‹‹دایجو››
چرا مثل نام‌های نیامده‌ایم؟

مثل رسم‌های نرسیده

هی ‹‹مه‌یر›› ای قاضی‌القضات در زمین سبز ‹‹دایجو›››

چرا گذر می‌کنیم از خط مفروض دیازپام؟

به جمله‌ی بلند غریزه شک می‌کنیم

هی «مه‌یر» ای قاضی‌القضات در زمین سبز «دایجو»
چرا شکلک‌ام آسان‌تر از دیوانه نیست؟

اوریب بر نص صریح چشمان‌تان

هی «مه‌یر» ای قاضی‌القضات در زمین سبز «دایجو»
چرا کوروش کبیر
در «آشور» و «شوش» در «اشنونا»
در «گوتیوم» در «آگاده»
در «زمبان» در «مورنو»
و در «دِر»
همه‌ی ایزدان را مرمت کرد؟

«من به‌عنوان مقام عالی وزارت دفاع کره جنوبی
مطمین‌ام که شاهد حادثه‌ای نخواهیم بود
چرا که در سواحل کره
کشتی‌های جنگی
و جنگنده‌های آمریکایی
تمام شهر را
با دستگاه‌های ویژه کنترل می‌کنند
و جت‌های نیروی هوایی
بر فراز آسمان کشور
و بر روی استادیوم گردش می‌کنند
موشک‌های ضد ـ هوایی آماده‌اند
نه‌صد گروه نظامی
و ده هزار نیروی پلیس
در اطراف نگهبان‌اند
و «بروس آره‌نا»[۳]

با گاردهای ویژه امنیتی در هتل قدم می‌زند»

هی «مه‌یر» ای قاضی‌القضات در زمین سبز «دایجو»
چرا گیاه در تربت دیگر است؟

مثل ردیفی از منقارهای ریخته در احشاء من
فواره‌ای که متمایل است به کتمان‌مان
و ناگهان ترانه‌ای که به انسداد هوش...

هی «مه‌یر» ای قاضی‌القضات در زمین سبز «دایجو»
چرا کفش‌های لینکلن به تآتر می‌رود؟

مثل بیش‌ترین شمارگان قدم‌هامان به سمت قبر

هی «مه‌یر» ای قاضی‌القضات در زمین سبز «دایجو»
در ضلع شرقی
گل‌های سفید از چه رو لحاظ می‌شوند؟

هی «مه‌یر» ای قاضی‌القضات در زمین سبز «دایجو»
پس چه می‌گفت آپولون[۴]
که هرگز به آخلوئوس (آشیل) زخمی نخواهد رسید؟

پس چه می‌گفت آپولون
که او به عمری دراز خواهد زیست؟

پس چه می‌گفت آپولون (آن خداوندگار)
که رحمت آنِ اوست؟
«سیداتی ساداتی انیساتی و العشاق کره القدم حان الان سیدی بن لادن لاعب کبیر مهاجم خطیر یدخل و یلعب لاعب قوی جدا سیدی بن لادن، قویاً و خطیراً و غریباً»[۵]

و کبوتران و بادکنک‌های سفید

از بریده‌های شعورمان رها می‌شوند
و چیزی به پایان آن شک سترگ نمانده است!

هی «مه‌یر» ای قاضی‌القضات در زمین سبز «دایجو»
معشوقه با گل‌های کاغذی فرا می‌رسد
و من شبیه شمعون تازه آغاز می‌شوم

هی «مه‌یر» ای قاضی‌القضات در زمین سبز «دایجو»
لطفن به من بگو با بوسیدن‌اش از تسلای که دور می‌شوم؟

هی «مه‌یر» ای قاضی‌القضات در زمین سبز «دایجو»
کدام گل به نشانه‌های ما تن نداده است؟

آه زیبایان زیبایانِ منتهی به خیال‌ام!
خدا خود در « تروا» بود
و با هم
آشیل را کشتند

هی «مه‌یر» ای قاضی‌القضات در زمین سبز «دایجو»
just a cup of coffee!
برای من که دروغ
و بلد نیستم
و زندگی
و درب خانه‌ی شمعون را

---

۱ ـ داور سویسی فوتبال که دیدار ایران ـ آمریکا و نیز دیدار کره ـ آمریکا را قضاوت کرد

۲ ـ استادیومی در کره، محل برگزاری فوتبال آمریکا ـ کره

۳ ـ مربی تیم ملی فوتبال آمریکا

۴ ـ هنگامی که آشیل به دنیا آمد، آپولون به تتیس و پلوتوس (پدر و مادر ـ اش ) گفت که هرگز به او زخمی نخواهد رسید. اما وقتی بزرگان تسالی به نزد تتیس رفتند و گفتند که آشیل در تروا کشته شد. او فریاد برآورد: پس کجاست آپولون که می‌گفت آشیل تا ابد زنده خواهد ماند. و آنگاه به او گفتند: آپولون خود در تروا بود و به همراه آنان آشیل را کشتند.

۵ ـ آقای بن لادن، مهاجم خطرناک، وارد بازی میشه

◈ فرزانه قوامی

## فرضیه

آدم عجیبی شده‌ام
کم‌تر گریه می‌کنم
بیش‌تر عصبانی هستم
و بی‌جهت هیجان‌زده می‌شوم

اگر فرض کنیم ایدز بیماری قرن ما نبود
آبله یکی از بلایای طبیعی محسوب نمی‌شد
و بم به فاصله‌ای نزدیک‌تر از رگ‌های گردن‌مان نمی‌لرزید
باز هم کاپوچینو سفارش می‌دادیم؟
گزینه‌ی نادرست وجود ندارد
از کودکی درست قدم بر می‌داشتم اما پایم را کج می‌گذاشتم
بدخُلقی‌ام برمی‌گشت به عارضه‌ای مادر ـ زادی
ناشی از ذبح گوسفندی در حاشیه‌ی اسماعیل
حالا فرض می‌کنیم عام‌الفیل است
هیچ‌کس ابرهه نیست

من به دنیا می‌آمدم با لبخندی از دور
باز هم سنگ مبدا تاریخ خانواده‌ام می‌شد؟

حافظه‌ی نزدیک‌ام شرمنده است
من جزییات خود ـ ام را فاش کرده‌ام
پرخاش نمی‌کنم اما عصبانی هستم
زود ـ رنج نیستم
و کاترینا طوفان مورد علاقه‌ی من است!

## فضاهای نزدیک

پاره‌ای از پرسش‌ها فلسفی‌اند
تعدادی نامحدود از آن‌ها کنجکاوی
امروزه در معابر
زندگی ادامه دارد به شیوه‌ای خصوصی
خیلی‌ها علاقه دارند به راه رفتن
تعدادی به نگاه کردن
و دسته‌ای که صد بار هم اگر دست‌گیر شوند می‌پردازند دوباره به لمس کردن

چه حسی دارد زنی که پیاده می‌شود از واگن ویژه‌ی بانوان؟
آیا این زانتیای موقت مشکی همیشه شوهر همسایه‌ی ماست؟
یعنی مردها هر بار بدون همیشه عاشق می‌شوند؟
زن‌های زیبا اگر خفته باشند چرا جذاب‌ترند؟
دستمال‌ها اگر آغشته باشند به عشق دیرتر شعله‌ور می‌شوند؟

آیا واحد تنهای روبه‌رو شام‌اش را کنار پنجره می‌خورد
به ماه خیره می‌شود تا جای پای آرمسترانگ را پیدا کند؟
ما فردا شام را با هم می‌خوریم
و به سطح نه چندان صاف ماه فکر نخواهیم کرد
این کفش‌های کهنه پایم را هنوز می‌زند
از شکاف شگفت‌انگیزی در خود ـ ام
فضاهای نزدیک را دورتر می‌بینم

لامپ‌های اضافی شهر خاموش‌اند
آیا نفس ـ نفس که می‌زنیم بیش‌تر زنده‌ایم؟

◈ عبدالصابر کاکایی

# یک

فارسی
زبان دوم من است
که با آن می‌نویسم
و حرف می‌زنم با تو
زبان مادری‌ام اما
زبانی‌ست که با آن سکوت می‌کنم
در اداره
در بی‌آرتی و مترو

# دو

سرباز سفیدپوست را خفه کردند
سیاه شد و
جان داد

گلوله، سینه‌ی سرباز سیاه پوست را درید
خون‌اش جاری شد
رنگ‌اش پرید
سفید شد و
جان داد

ما هر یک
چیزی را زیر پوست‌مان پنهان کرده‌ایم
که تنها مرگ رو می‌کند

## ◈ میلاد کامیابیان

### چرخِ گوشت

تخیّلاتِ پشتِ‌میزیِ کارمندِ ثبتِ‌احوال را که بنویسد؟
احلامِ سربازِ وظیفه را که گلوله شده زیرِ پتو؟
رعبِ خلیده در سینه‌ی دیدبانِ استخوانی را
که وهم در مردمکان‌اش هر شب تخمی ظلمانی می‌گذارد؟

که بنویسد مکثِ عابری را که، یک لحظه، دست بیرون می‌آورد از جیب،
میانِ جویبارِ گوشتیِ پیاده‌رو سنگ می‌شود
و می‌گذارد امواجِ انسانی ایستادن‌اش را صیقل دهند؟

کیست که بایستد و ایستادن را بنویسد
و خون را
که میانِ گردشِ صبورانه‌اش در ورید
و ریختنِ سرکشانه‌اش بر زمین
دستِ قاطعِ کارد قضاوت خواهد کرد؛
خون

که با تمامِ تلاشِ شاعرانِ قرون و اعصار
نقش بستن‌اش بر خاک
از قواعدِ هیچ الفبایی پیروی نمی‌کند

معمّایی از گوشت پیشِ پای سرباز است:
توده‌ای که به هیچ زبانی معنایی ندارد،
هرچند زمانی کسانی به هزار لهجه «مادر» خطاب‌اش کرده باشند
لاشه‌ای از کلمات پیشِ روی کارمندِ ثبتِ‌احوال است:
شعری که به هیچ زبانی معنایی ندارد،
حال که صفیرِ گلوله بشارتِ صور را خفه کرده‌ست
و ملکانِ کاتب، به انتظارِ پایانِ وقتِ اداری،
بر شانه عاطل نشسته‌اند

لرزه‌ی استخوانِ ساعد را به وقتِ کشفِ حجابِ پوستی
ــ به وقتِ قلم شدن ــ
که بنویسد؟
اشاره‌ی پلک را به خاک
وقتی مردمکِ ظلمانی ملکوت را خطاب می‌کند،
وقتی خودکارِ آبیِ کارمند داغِ امضایش را
پای صفحاتِ استعلام می‌نشاند،
وقتی مادرِ سرباز انگشت‌های کشیده‌اش را
زیرِ لحافِ ارتشی به خوابِ پسر می‌فرستد
تا ماشه را بچکاند؟

همه‌ی این‌ها را که بنویسد
وقتی مادرشهرْ ما را در چرخِ‌گوشتِ روبازش می‌گرداند
مفصل‌ها، پوست‌ها و خیالات‌مان را در هم می‌برد و می‌آمیزد
و به روده‌های زیرزمینی‌اش می‌سپارد
تا هیولاهای قرنِ بیست‌ویکمِ سده‌ی پانزدهمِ هجری،
زودازود، از دریچه‌های فاضلاب
سر بیرون کنند

## روزِ فرشته

روز بود و پَرِ فرشته
سایه‌مان می‌داد
بر ارتفاعِ بزرگراهِ طبقاتی،
چشم به بیلبوردهای جوان داشتیم
و شهر، با تمامِ حراج‌هایش، بر ما گشوده بود

روز بود و بو،
بو از آسمان،
بو از هزار سو می‌آمد،
امّا تجریشِ محقّرِ ما
چهار راه داشت:

یکی سوی چشم‌هات، آرام، شبِ شهرستان؛
یکی به موهات، پنهان، ظلماتِ تهران؛
دیگری به لاله‌ی گوش
و آخری به لب‌ات، وقتی حرف
لبخند را رنگ می‌زد:
«گلی که سراپا سرخ باشد
حشو است.»

روز بود و افقِ معوّج

دورنمای شهر را هذیانی می‌کرد
می‌خواستم آن‌قدر به بکارت‌ات خیره شوم
تا پرِ جبرئیل افشا گردد
چه کسی نامِ مرا به نافِ تو تعلیم می‌خواهست کرد؟
چه کسی لاهوت را، میان دنده و بازوت،
به زبان مشرّف می‌توانست کرد
تا مدفن‌ام را سرانجام نامی باشد؟

چشم به بیلبوردهای مخنّث،
دست به لاله‌ی گوشَت بردم
تا تمامِ سکوتِ جهان را
بر آن آویز کنم

روز بود و پرِ فرشته
جراحتِ عرش را می‌پوشاند

◈ **کورش کرمپور**


**پروردگارا !**

**ایران را به خاطر بسپار**


از جناق سینهی ما رد شده بود

از استخوان ترقوهی کتفهای ما رد شده بود

از سرخرگ قلبهای ما رد شده بود

درست خورده بود توی بغضی که توی گلویش بود

ما

به شکل میدان در میدانها حلقه زدیم

ما

به شکل خیابان در خیابانها راه رفتیم

و حرفهایمان به شکل کوچههای فرعی بود

از درهای باز خانههای کوچههای فرعی رد شده بود

درست خورده بود توی بغضی که توی گلوی درها بود

گلوله شاهنامهی میدان فردوسی را سوراخ کرده بود

دیوار صوتی انقلاب میدان را شکسته بود
کمانه کرده بود به دیواره‌ی میدان آزادی

پرنده‌های بومی
اوج گرفته بودند تا آسمان بلندتری را نشان بدهند
گلوله از پر پرندگان رد شده بود
باد
خودش را می‌برد به جاهای دیگری تا نسیم ملایم‌تری باشد
گلوله گُرده‌ی باد را سوراخ کرده بود
ابر
داشت خویشتن را در آسمان تهران به جای دیگری برای باران می‌برد
گلوله از توده‌ی ابر رد شده بود
درست خورده بود توی بغضی که توی گلوی ابرها بود

مطلق بود
گلوله‌ی مطلق از گلوله رد شده بود

وی
در بعلاوه‌ی دوربین تک تیرانداز
نمی‌توانست بفهمد؛ گلوله می‌تواند که گلوله نباشد
پس با نگاهی به قفایش
پس دور می‌شد از تک تیرانداز و از ما رد می‌شد
پس نمی‌توانست اثبات کند که شلیک شده است
درست خورده بود توی بغض توی گلو

از بلندگوی دستی فروشنده‌ی دوره گرد رد شده بود گلوله
از قرآن‌های جیبی رد شده بود گلوله
خلاف مسیر متروی تهران در حرکت بود گلوله
از تیشرت‌های جوان
از پیشانی بندهای سبزی که روزی با وی خاک‌ریز مشترکی داشتند رد شده بود
گلوله از خط مقدم به پشت جبهه‌ها می‌رفت

از آمبولانس‌های مجروحین و زخم‌های باند پیچی شده
از دست‌های مصنوعی که بالاخره توانستند خودشان را مشت کنند
رد شده بود گلوله

از صندوق کمک‌های مردمی رد شده بود
کمانه کرده بود به اخذ رأی
درست خورده بود توی بغضی که توی گلوی رأی بود
این گلوله است که در خود ـ اش می‌چرخد و می‌پیچد و راه‌های خود ـ اش را می‌درد
و در سرب داغ خود ـ اش می‌سوزد و جهان در مقابل چشم‌اش دهان تو بود
درست خورده بود توی بغضی که توی دهان‌ات بود
از غیب آمده بود و در ملاء عام به غیب می‌رفت
ملاء عام کد ملی داشت
ملاء عام در ورزش همگانی تمرین راهپیمایی خانوادگی داشت
ملاء عام قسط بانک می‌داد
ملاء عام کارمندانی بودند که توضیح‌المسائل خوانده بودند
ملاء عام حجاب اسلامی را رعایت کرده بود
ملاء عام مشتی محکم بر دهان دشمن بود
ملاء عام حامی مظلومان جهان بود
گلوله از لب‌های تشنه‌ی حامیان مظلومان جهان رد شده بود
درست خورده بود توی بغضی که توی گلوی آب بود
مردم در صحنه بودند
مسوولین در صحنه بودند
دشمنان در صحنه بودند
اراذلیون و اوباشیون
گلوله از صحنه‌ای که مردم در آن بودند رد شده بود
درست خورده بود توی بغضی که توی گلوی صحنه بود

وی
می‌توانست مکث کند
وی
می‌توانست خود ـ اش را در یک قدمی گلویش به زمین بزند

می‌توانست همان تک تیری باشد

که در هیچ جنگی شلیک نشد

فشنگی که به یادگار به گردن دوست و دشمن آویزان است

گلوله درست خورده بود توی بغضی که توی گلوی دوست و دشمن بود

پروردگارا!

این نبود که این گلوله این بغض را این‌گونه در این گلو بشکند

پروردگارا!

این‌جا تهران است

و خون به خونین‌ترین شکل خون

پایتخت خون

پروردگارا!

ایران را به خاطر بسپار

پروردگارا!

این شعر

در یکی از کوچه‌های فرعی آبادان سروده شده است

گلوله

درست خورد توی شعری که توی گلویش بود

## تیغ‌ها

یکی از دلایل این شعر
چیزی است که در آن گوشه‌ی خیابان می‌بینم

به من حق ندادند
که اگر این آدم‌هایی که در این خیابان‌ها می‌آیند و می‌روند، تیغ نیستند
پس من چرا تکه‌تکه به خانه برمی‌گردم؟
به‌خصوص این طبیب
که هر چه نور می‌اندازد توی گلویم
تیغ‌هایی را که خورده‌ام را نمی‌بیند
اصلن من چرا باید
دو لنگه‌ی در را دو لنگه‌ی تیغ ببینم؟
دست که می‌برم در تصور موی معشوق
می‌ترسم از گوشواره‌هایی که دو تیغ آویزان صورت تراشی‌اند
سرباز این پرچمی بودم که وطن‌ام بود
پس این خونی که می‌چکد از باد چیست؟
زندگی کردن در میان دو آرواره‌ی سوسمار
پیشنهادی مدنی است برای پناه بردن از تیغ به تیغ
متولد فصل تخم‌ریزی تیغ توسط سوسمار ـ ام
صورت فلکی من جامعه‌ای است که ستارگان‌اش بر خاک وطن افتاده‌اند
باران بارید و هر قطره‌ی باران تیغ بود
برگ می‌ریخت و هر برگ تیغ بود

و در هر دانه‌ی برف تیغ بود
و هر آجری که در خانه‌های شخصی به کار می‌رفت تیغ بود
نی را
آن‌قدر تراشیدند که به زبان فارسی حرف زد و خط بنوشت
نوشت:
نستعلیق تیغ آبدیده
نستعلیق تیغ آفتاب
نستعلیق سه تیغ کوه
نستعلیق تیغه‌ی آجر
نستعلیق تیغه دیوار
نستعلیق تیغ زدن

به من حق ندادند
که اگر زبان مادری من ناامن نیست
پس این خون که می‌چکد از نستعلیق چیست؟

روزگاری در یکی از شهرهای جنوبی ایران
روزی
جوجه تیغی غلتانی
که یک عمر خاردار زندگی می‌کرد
در آن گوشه خیابان
از درون خود ـ اش به درآمد گفت:
به من حق ندادید که این چهار راه واقعیت دارد
تیغ‌ها
روی پوست جوجه تیغی        تظاهرات کرده‌اند

## ◈ سعیده کشاورزی

### کجاست دستی رقصنده بر کیبوردها و تاریکی‌ها؟

برگشتم به آخرین دقیقه‌ی ممکن در ایستگاه
برگشتم به اولین سکوی مهربان برای دیوانه پریدن
برگشتم که ببینی این است تکیدن از زانو به خاکستر
این است مخیله‌ای در خنده‌ها و گریه‌ها داشتن
این است دستی که تصریح کند از دست داده‌ام
موی‌رگی که خنده از نخاع می‌پَرانَد را داده‌ام
دقایقِ دیوانه بر کیبورد کوبیدن
ثانیه‌ای که می‌گویی سلام فقدانِ من از من
سلام
برگشتم از اشاره به شهری که می‌آمد ببوسد     می‌ریخت
شهری که می‌شد در اسم‌اش رقاصه‌ای باشم
و جنون را ببوسم از آوندهاش
مراقبتی نبود اما
مراقبتی نبود
لازم به ذکر است آیا که پاک باخته‌ام؟

در بیمارستان‌ها و گورهای پاره‌وقت؟
در چهار ـ راه ملاصدرا
جایی که پنج انگشتِ ماه از پنج مفصل قطع می‌شد
وقتی من از تو پل‌های هوایی بودم
من از تو سیلوی تا گلوگاه     کر خود ـ اش به خود ـ اش می‌ریخت

ای همه‌چیزِ فوقِ چیزها
ای همه‌ی چیزها
بیا با رنگ‌های فسفری در بنرها و بیلبوردها
بیا با درخشش وایتکس‌ها بر سطحِ مسحورِ قرنیه
نشت کن از آب‌سردکنی در گلوگاهِ اماکن عمومی
و بگذار ایمانِ ما از زیرِ پیرهن لب‌پَر بزند
بگویم سلام
پوستِ کشیده بر سیمان و خون
پوستِ این همه مخدوش
ای آرزوی خوش‌بختی برای زَهره‌ای که می‌ترکد
چنگی حزین و جامی بر سطحِ دیوانه‌ی شیراز بیا
چنین که می‌توانی اره‌های احساساتی عمرِ مرا ببوسی
دیوانه می‌شوم
چنین که جوارحِ مخدوشِ تو هر دقیقه می‌ریزد
خود ـ ام را خواهم کُشت

اسم نداری به خدا که اسم نداری حتی
ای میانجی شده به قتلی تصادفی در دره     در کوچه     در خانه‌ی شخصی
که مطمئن بودی از یورش دست‌ها و پاها
که مطمئن بودم از این‌که افق فرو می‌ریزد از گوشه
که روزی روزی تطمئن قلوبهم به الفبا
ما مفت باخته‌ایم
در تلفیقِ طناب‌ها و جرثقیل‌ها
و نسلِ واقع در زیرگذر با لب‌گونه‌های پروتز
نسلی که نعره زد سلام غربِ سکسی

و جایی در ستارخان در آخرین ارگاسم از هوش رفت

کجاست دستی رقصنده بر کیبوردها و تاریکی‌ها؟
چرا که باید آخرین یاخته‌های دیوانگی را تحمل کرد
وقتی که خوش‌بختی از ما عاجز می‌شد
تو یک‌ریز می‌مُردی
و من یک فقره رویای مثله بودم در شیراز

در شیراز
دستی که بپراند پرنده‌های کشته‌ی من را کو؟
من که از احاطه‌های خود ـ ام به فارسی آشوب‌ام از مقطعِ حروف
شیرازِ وحشی
شیرازِ لعنتی در عشق     بوسه     رقاصگی
بیا با یک جفت وحشت در قرنیه‌ی عصرها
و پوستِ خود ـ ات را در بیناییِ من منفجر کن
متقاعد کن مرا به معجزه‌ای از هیچ
که من به کشته‌های خود ـ ام جوری معتقدم که می‌توان از گریه مُرد

لازم به ذکر است آیا که کار تمام است؟
و مایل‌ام به شعر برگردم؟
خیال کم و خیال را از چهارسوی افق ادامه به فاجعه‌های مطمئن بدهم
برخیزی با زانوهای مثلِ من
به پاسِ جان‌بخشی به اشیاء برخیزی
ای همه چیزِ مطلقن از دست رفته
ای همه چیزِ مطلقن بیست و یک سالگی
ای همه چیزِ عبارت شده از امیدی با دست‌های باخته

## چه می‌کنی با عطوفتی وحشی که تو را در دست‌ها می‌کُشد؟

سرفه می‌کنی که بگویی همه چیز با اولین شست‌و شو در فاضلاب پیچیده‌ست
می‌ایستی که نشان بدهی اسمی از ریشه متلاشی را بر در و دیوارها
و بپرسی کو شعری زیباتر از آن عمر که باختیم در کهکشانی از انقلاب؟
تو را می‌بینم که در مقیاسِ تنهایی همه‌ی ما می‌رقصی
و دست‌های برخوردار ـ ات را در ستاره‌ها تکان می‌دهی
آن آخرین کثیفیِ معمولی در آبشار نئون‌ها که مرا می‌کُشت
آن ناخن‌های زیادی طبیعی
که مثل ضرورتی زخمی وادارت می‌کرد
و آن خوش‌بختی دست‌کاری شده در صورت
که این بدبختی اکید در لب‌ها و نرگس‌ها و استعاره‌ها را می‌بوسد
تو را می‌بینم که مثلِ مهربانیِ بی‌فایده‌ای بر دیوارِ خیابان افتاده‌ای
و ترس‌ها و چراغ‌های اخطار را ساکت می‌کنی در عکس
تو را می‌بینم از خلال تی‌شرت‌ها و عینک‌ها و مشت‌ها
که سرنوشت‌ات را بغل کرده‌ای
و قرار نیست به رویایِ منطقی ما برگردی
تو را می‌بینم روی دیوارها
وقتی می‌دویدی به آن ظهرِ جان‌باخته در ظلِ آفتاب
آن‌جا که کارگرانِ بالای شصت سال را بوسیده بودی
و می‌خاستی همه‌ی کارگرانِ زیر ده سال را هم بغل کنی
و بگویی زنده باد
و بعد سیفون را بکشی

و بگویی زنده باد
و سیفون را در استنشاق‌های دیوانه‌ی یک قرن خراب کنی
و بگویی زنده باد
لعنتی

چه می‌کنی با عطوفتی که تو را در دست‌ها می‌کُشد؟
چه می‌کنی با نقطه‌ای مهربان که این سعادتِ طولانی را پاره می‌کند از کنجِ لب؟
همه‌اش سلامی‌ست به سلاخی شدن در رضایتِ محض
همه‌اش لبخندی که مثلِ آخرین گریه متلاشی‌ست
همه‌اش خریتی که مثل قرصِ ماه؛ دیوانه بود و کامل بود

نگاه کن او را در فواصلِ پلک‌هایِ متفق‌اش
او که می‌آمد در حدقه‌های دیوانه‌اش نگه‌ات دارد
هم‌چنان که روی مونیتورها نگه‌ات داشته بود
و روی حافظه‌ای هجده گیگابایتی نگه‌ات داشته بود
مثلِ دروغی روشن و زیبا نگه‌ات داشته بود
چیزی نبود آن هجوم دیوانه در آستانه‌های ما
چیزی نبود آن دقیقه‌ی گداخته در ما چیزی نبود

سُر خوردن به بغل‌ها و گریه‌ها و مهدِ ـ کودک‌ها
سُر خوردن به دبیرستانی از پله‌های روشن و براق
سُر خوردن به گواهیِ پایانِ همه‌ی پایان‌ها
سُر خوردن به آن تباهیِ آرام
وقتی می‌گفتم گداخت جان            و گریه می‌کردم
وقتی تو در آخرین جمله‌هایت خوشه‌بندی شده بودی
و صورتِ فلکی‌ات بالای دکل‌ها می‌سوخت
چه می‌کنی با خود ـ ات چه می‌کنی؟
ـ آخرین دگمه‌های خفگی را می‌بندم

مرا بچسبان به تپش‌هایت در سینه
و بگو چیزی نیست
این وحشت معمولی، چیزی نیست
این درختِ قطعه قطعه
که خود ـ اش را در خرده‌شیشه‌ها قلمه می‌زند
این زندگی
این زندگی
این زندگی

# ◈ خالق گرجی

## یک

این‌جا که ایستاده‌ای
آن‌جا نیز ایستاده‌ای
داری راه می‌روی و حرف می‌زنی
و همین نزدیکی خیلی درشت‌تر
پشت کرده‌ای به خود ـ ات که آن‌جا ایستاده‌ای

رد می‌شوی از خیابان و
یک لحظه برای یک لحظه
کسی از ابر بالای سر ـ ات عبور می‌کند (تو از کنار ماشین‌ها)
روبروی تو می‌ایستد
با تو دست می‌دهد
(آقای توی ابر)
و تو را به سمتی می‌برد
(که هی وقت از ابر بالای سر ـ ات عبور نکرد)

این‌جا که راه می‌روی
آن‌جا نیز راه می‌روی
و همین‌جا خیلی نزدیک‌تر
ناگهان کنار جوی پرت می‌شوی
می‌بینی
مرگ می‌تواند با سرعت به تو نزدیک شود با ترمز پرت کند گوشه‌ای تو را و بعد سراغ بعدی برود
مرگ می‌تواند... مرگ می‌تواند... و این‌ها از ابر بالای سر ـ ات محو می‌شود...
و من خیابان نبودم
پرت نبودم
آدم بودم که هرجا راه می‌رفتم جای دیگری بودم

**دو**

من روزنامه‌ای مچاله شده بودم روی صندلی
تو رفته بودی اجاق گاز بشوی
از آشپزخانه برگشتی
و مرا با پنجره اشتباه گرفتی
بعد گنجشک کوچکی شدی
چسبیده به شیشه‌ام این نبض توست تند ـ تند می‌زند در دستام
در نبض تو برف می‌بارد
اتاق سرد شده است
در قاب عکس افتاده از دیوار
برف می‌بارد
شیشه‌ها شکسته‌اند
پدر ـ بزرگ تا وسط اتاق آمده
و گنجشک‌ها پریده‌اند...


در نبض تو برف می‌بارد
هیچ خبری نمی‌رسد از مسکو تفلیس یا ترکمن صحرا
خون از تنه درختی سر می‌خورد لای برف
از پله‌های تلگراف‌خانه سربازی محو می‌شود
برف در مسکو همان‌جور می‌بارد که در کرکوک
همان‌جور که در تهران همان‌جور که در کجور
همه جا برف قرمز است

[۴۸۶]

از نبض تو در دست‌ام تلگراف نمی‌شود خبری تنها برف می‌بارد در آشپزخانه

چه‌قدر برف
چه‌قدر ببارد
چه‌قدر جای درخت‌ها بایستم
برف بیاید
روی صندلی تو
بنشیند چه‌قدر

## ◈ اهام گردی

### یک

دیوانه‌ی تو ـ اَم
و زیارتِ مناره‌های سینه‌ام
دست کج‌ات را شفا نمی‌دهد
اهل قبرهای نشسته در منی
اهل حیات‌های رو به باران
در این حیاط اما لب‌ات را شسته‌ام
و در حوضچه‌ی ناف‌ام
ماهیِ زبان‌ات، وارو می‌زند
تعلق منی
به ساعت شش صبح
و چسبندگی نان در کف دست‌هایم
تعلق منی
به زیباییِ در خود نشسته‌ام
حصرِ خانگی
و پیراهنی که به ذبح می‌رود

دیوانه‌ی تو ـ اَم
و پشت به گردن‌ات، درخت‌های داغ دیده
زنجیر می‌زنند

بلند شو
بلند شو
در این مهمانیِ شام آخر
رقصی دو نفره
دایره‌ها را پنهان می‌کند

بلند شو
بلند شو
پناه بر دستان‌ات
با جذبه‌های محدود
بچسب به این کلمه‌ها
ساعت از روبه‌رو، زخم می‌زند
و خاطره‌ای که در گذشته، به آینده نزدیک‌تر است

## دو

لبریز ـ ام از چای
که ساقِ پای زنی
در آن سُر می‌خورد
از کیسه‌ای
که مزرعه را در آن داغ کرده‌اند
و از بورژوایی که لهجه‌ی گیلکی دارد
دراز کشیده‌ام
در شمال این فنجان
و در جنوب کارگری نیشکر را زخمی می‌کند
تکه
تکه
تکه
شیرین می‌شود دهان‌ام
شیرین می‌شود خونی که در تظاهرات مرده است
و کورمال، کورمال راه می‌رود
تا دانشگاه
تا روسری‌ام
تا گشتی که موهایم را ارشاد کرده به تاریکی

اعتراف کرده‌ام
به دست‌بندهای سبز

به شفای خواهر ـ ام
در امین آباد
که پشت به زندگی، سلفی می‌اندازد

اعتراف کرده‌ام
به افسردگی‌ام
در جشن‌های ملی، که مولودی خوانده است
و در جمهوری بزرگ
فکرهای روشن‌اش، سد معبر کرده
به چنارهای بریده
کارگران شهرداری
و تهران با گردن‌بندِ یاقوت

پرده
پرده
بگذار شهر را ببینم
مجسمه‌ی دربند را
و جرثقیلی که با مرده‌ها دوستی بیشتری دارد

◈ سعدی گل‌بیانی

## فراق

خود ـ ات را بگذار جای دوربینی که فیلم می‌گرفت
از وداع ما
خود ـ ات را بگذار جای من
خاک را می‌کندم
به زخم نامشروعی که زیر سطح زمین را پوشانده بود
خیره شوم
خود ـ ات را بگذار جای خود ـ ات
با آن عینک فریم مشکی
و چشم‌های کشیده‌ی فریم مشکی
خود ـ ات را بگذار جای فیلمبردار
وقتی تصویر غم‌انگیز اندام ما در دوربین
بدون احساسات ما
بر شبکیه‌ی غیرانسانی‌ش رنگ می‌شد معکوس
خود ـ ات را بگذار جای تماشاچی‌های سینما
با صدای تخمه‌هاشان در صدای تخمه‌هاشان در صدای تخمه‌هاشان می‌شکست

با زرورق‌های چیپس‌های فلفلی یا سرکه‌ای
بدون هیچ دلالتی بدون هیچ دلالتی
بعد از رفتن تو از فیلم
می‌افتاد توی زباله‌ها
خود ـ ات را بگذار جای سینمایی خالی در ساعت سه‌ی صبح
صندلی‌هاش باز و بسته یا نیم بسته
یا پاره‌چرم و دسته‌شکسته
با زباله‌های مالیده‌ی جامانده از جاروها و تی‌ها بر کف
با پرژکتورهای خاک‌گرفته‌ی مایوس
و اهرم‌های افسرده‌ی گردن‌هاشان

استیون ددالوس به عالمی دیگر رسیده بود، گویی از خواب قرن‌ها بیدار شده بود
چهره‌ی مرد هنرمند در جوانی، جویس

## جوان خام

جوان را با زور بازو
و چشم‌انداز مسی‌رنگ صورت‌اش
در ظهری آفتاب‌سوخته
جوان را
نان‌آور و شکیبا
که باد رامِ انگشت‌هایش بود
و سوال آن سوال بلیغ سرگشتگی
در یقه‌ی مچاله‌اش مرتب نمی‌شد هرگز
جوان را به صحنه آوردند
و مشغول بود به کار و زندگی
مثل شکستن هیزم هر روز
یا کشیدنِ گاری خسته‌ی روزگار
یا نوشتنِ اسناد طاق و جفت
یا آراستنِ میز با بدنی خدنگ
و بعد در یک روز که مثل آمار مرگ و میر، معمولی بود
یک پری را که نیمی ماهی و نیمی انسان بود
با درخشش آب بر شانه‌هاش
از برکه احضار کردند

پری آمد از برکه بیرون و
جوان یک دل نه صد دل به او باخت
دیگر صدای هیزم شکستن او را نشنیدند
قایقی به آب نینداخت
در سپیده‌ی جلبک‌پوش رودخانه
دیگر حرامیان را در شب‌های تار تعقیب نکرد
دیگر نتوانست ارقام تعارض صورت‌های مالی را
دیگر مفاهیم کتاب فلسفه شدت نداشت
دیگر همه چیزش چیزی کم داشت
کنار پری را کنار پری را دوست می‌داشت
چند ماهی گذشت
پری را به برکه‌های قصه باز تبعید کردند
تا داستان بعد
و پری در حیات ابدیش با درخشش آب بر شانه‌هاش
و با کمرگاه و انگشت‌ها و گیسوان‌اش
که از جنس کلمه بود
رفت تا حتی آرزوی مرگ‌اش محال باشد
بلکه چاره‌ای به اندازه‌ی یک استکان چای در شبی عزلت‌ناک
اما نبود
چراکه او انسان نبود پری بود
با دروغ قصه‌ها چندان تنها بود هنوز
جوان اما
چنان‌که باد پاییز برگ‌های بیشه‌ها را به هوا پراکند
مثل درخت شاخه‌هاش را به گنجشکان تقدیم کرد
بخشی از طبیعت شد بس که زانو بغل کرد
یا هم‌چون شهرهای خاموش شب
به سوسوی چراغ هواپیماها زل می‌زد
گاهی ماه را به دو انگشت برداشت گذاشت توی پنجره
گاهی ترانه‌ای ساخت بلکه شبی پری بشنود
گاهی سوی چشم‌هایش را به صندلی‌ها بخشید
بلکه طرز نشستن پری را یاد کند

گاهی در نیم‌شبی بارانی
به صدای جویده شدن چیزی در راه‌پله
گوش سپرد
شاید نشانه‌ای حتی خبری از پری
اما پری را برده بودند به زندان قصه‌ها و
جوان هرگز نتوانست کاری را تمام کند
پس دراز کشید توی اتاق
و دراز کشیدن در اتاق آخر حکایت او بود
چراکه قلب‌اش را باخته بود و
آواره بود

## ◈ لیلی گله‌داران

### آپوکالیس ما

گونه‌ام را به جانب    چشم‌های به راه    نواخت
گونه‌های بدیع از سه‌گاه بعید
در دسترس بگذار
وقوع‌ام
در دست و استرس
و از جوانب به کنار
کنارم هر کس تشنه است از واقعه بی‌خبر است
افتاده‌های به های
سنگ‌های هار
های نترس های تو ـ آم حار
عارض‌ام به ها ها ها
گرم نمی‌شود از    سر انگشتان‌اش    سرد شد
زنده نبود و مرد دم
تا به پا ها
به پا

خلخالی از خار بر قوزک من و خالی بر شقیقه‌ی تو
انکار ـ ام نکرده‌ای
من منکر ـ ام
در حجله و خروس‌خوان
تا
می‌کوبید یکی بر میخ صداش
تا
بر نعلی از نعلین‌اش
تا
از دم خود برون‌ام کن
بر مرده دست بسای
به تعلق‌اش به هوا
سنگ‌ها و آسیاب‌های منجمد ـ اش در دهان
به نام بجو
بجُو ریشه‌های تاریکی از بید و عود در کفِی از کنف
سر داده‌ام به نون
بود و نبود
بید و نبید بر سنگ نبشته و
خاکی که نون نداد
نهال تنکی
نه حال خوشی
دفینه‌ی مسکوکی
عجیب نیست که می‌ترسیم و ترسیم و وهم‌مان هم‌زمان
زمان در مرگ ما افتاده است
و هرکس نگفته‌ای است
گفتم آن هستی؟
On و off
در چت و چرند
و تمنای تن از دست من به در
به نوشته برگرد
به ابتدا به

Hi
های های های های و
برآورده کن بلا یا
ببار ببار ببار
اُ اُ اُ
تردید در برادران‌ات مانده
مهتری که از کشتی اعظم جا ماند
هاه هاه هاه
و مهتری که از کشتی اعظم جا ماند
غرق نشد پیش از
dose over
ایمان‌مان بیاورید
ایمان به مان بیاورید
ای جادوگران و برزگران
که ایمان‌مان از ما
نبود
بکارید و جارو و جادو از ما نبود
و هرکس تشنه است در هاون بکوبد
آهن‌های تلخ در جبال شمال غرب مذاب و روان مقرر
بنوش که زمان در فرا رسیدن است
این جام به انجام نرسیده تمام می‌شود
و کسی که گفت تسلسل‌مان را ندیده گفت
سلسله‌های از صله افتاده به هوا کردند شست
تا چند قطره به مرز و ناموس
مکتوبه‌ی این مقال اما
سیلی سرخ و سیل سرخی انداخت در رود غلتیده بر خاک
رود
رود
رودُم
نوحه‌ی عذبی بود بر ناکامی
از اصل و نسب‌ام بود و

نسبتی با ما نداشت
خواهد آورد و آورنده می‌خوانند ـ اش
که از مقدسی خواهد ساخت
سه رشته‌ی باریک
سه  شنبه‌ی تاخیر
به دو رود فرات و
حجله‌ای به جان‌های دیگر ـ ام
که از گل‌های سرخ جگرآب رحیم بیمار
تا صراحت سه راحت و

یا یاکوب!
نانی تا سَـ سَـ سَق

و
سبت بود و معجزه مکروه و هنوز سه روز پیش رو
شهر باختری در مجرووووووووح
گندم‌ها در بادیه‌ی مقدس باد کرده بودند
روی دست
شهر شرح جراحتی عتیق بود
عقیق انگشت‌ات اما در ما مهر تازه‌ای نبود و
مرگ را دقیق می‌کرد
و حال
حالا
حالی‌ام کن به محال و حول حالنا به
هاله لویاااااا هاله لو یا
به حلول خود ـ ام بَر ـ ام گردان
حل‌ام کن بحل‌ام کن در هلهله‌ی کلید سلیمان را بر دار که قفل
نچ نچ
چشم‌هایت را باز کن
قفل هیچ‌وقت قفل نبوده
پس بر این گشایش نام خدای خود را بگذار
اسپخمانداره
یا سپاخمانداره

و بر فرزندان کور و ذکور
ذکر ـ اش واجب
اختیار اما
غافل
تا او از آنانی
قافله را از راه به در
بدر
به دور
به دور رویای بد ـ کاره‌ی آپوکالیس از ما
از ما بود
من آنان‌ام و
نان‌ام سنگ

دسترس‌هایی از ملکوت
ماهی شدند به سه سبد
و سیر شدند و نانی باقی نماند
آمین!

تف
تو را از دهان خود بیرون کن
و بر من بگذر
کلیکاهای مونده‌ی سبد معجزه

از من بگذر
با پاهای اردکی بره که بر آب می‌رفت
بر من که دریای شکاف خورده‌ی اسراییل‌ام
ریخته در چاه بابل و گاو خونی از انشقاق‌ام
تصویر ضد نوری از او
در نور تلخ زحل

حلق‌ام را چسبیده بود
بلا گذشت
بلا به لا
به لابه
گذشت

آسمان خراب و
خورشیدهای دیگری  خورشیدهای دیگری را می‌سوزانند
و سه چهار فرشته‌ی عریان چهار عورت عور در لابی شیطان
رودهایم را به آتش بستند
واویلای دیگری
گذشت؟
در خرده شیشه‌هایمان دو باره دمیده خواهد شد
از دم همه
و از دم شیشه‌گر در آبگینه‌ی مذاب
بطری لب‌پری بر دهان‌مان گذاشته خواهد شد
بنوش از نجسی مکرر
و گر تشنه نیستی به این‌جا به بالا بیا
یا از پشت خویش به سدوم
بلای سوم به ودیعه از راه می‌رسد
و درهای رحمت است که
باز
به سختی بیفتید     به تخت     بسته
بستگی‌های تو ـ اَم
تو ـ اَم
تو ـ اَم با تو ـ اَم
برگرد به ما
و به گِرد ما
و به گَرد ما
که محبوب منی به تعلل و به لا
لاتقربی و تعال
یا عجل ای علاج
که تو حبیبی یا حباب
و به غزلِ غزل‌هایم که هیب در بطن و باطن است
با خون نیلی‌ام در آمیز
تا
قید لا قیودی

نفس‌ام را به جحیم برسان
مرا به رجیم‌ام

## ◈ محمد گنابادی

### یک

سارا نخوانده بازی می‌شود
حالا عروسک ارس جا خوش کرده‌ای که چه؟
سبلان مرا می‌گذرد و
خیابان هزار شبان دل‌داده
سارا بخوانم‌ات؟
قرار ـ ام نمی‌شود
بخوانم‌ات سارا؟
تا می‌شود از چشمان‌ات دروغ می‌بافم
سیاه می‌شوم
گیرم دستانی از آسمان و بعد
این ابرها
تکه
تکه
می‌شکنند
نمی‌باردم

بخوانم‌ات سارا؟
قرارم نمی‌شود

# دو

بگذار راحت بشود مرگ
که عمرِ بی‌دلیل زندگی بودیم
و دلالت آفتاب برای سوزاندن پوستمان بود
بگذار بیاید و سر راه
راه افتاده در دوردست تنی
تنی در دوردستِ افتاده
در تکنیک نقاشی که آفتاب از گذر پوست‌اش
این پوست کلفت سیاه که آفریقایِ خانه‌ی ما بود
و مرگ که از حادثه در لب تو
سرد شده
مگر نه این‌که
سیاه
ماهی کوچکی بود و حالا بزرگ شده در تن‌ات
سر راه
مرگ
ببخشید کجای نبودن آفتاب بودیم در کوله‌های
مرگ
با تو می‌شود در مشت‌های گره که کرده بودند
کرده بودند و
انقلاب از سمت دیگر
دست چپی‌ها بوی جوخه می‌دادند و صدای شلیک چند خانه دورتر پرنده‌ای را

که کشت
آفریقایِ خانه‌های‌مان
اصلن هرکسی در خانه‌اش یک آفریقا دارد و
یک آفریقایِ نداشته‌ی دیگر که راه را دوردست می‌کشید پشت شاید
چشم‌های خورشید
نام معشوقه‌ی قبل از سفره‌ی عقد پدر بزرگ بود
که کوه برداشت‌اش و
آن‌طرف زمین را سوزاند
حالا بی‌آن‌که
به لعنت چشم‌های نقاش نمی‌ارزد
این همه خاموشی جوخه و
این مبارز
سر از راه تنی دوردست
جا مانده
مرگ
آفریقایِ آفتاب بود و
نام دیگر کوچه‌ای کنار باغ گلابی

## ◈ پدرام مجیدی

### یک

۷ به ۴ نامه نوشته بود
واقعن ۷ به ۴ نامه نوشته بود!
آن‌جا صدگان هزاران نفر اعشاری و غیراعشاری ایستاده بودند
وقتی ۷ به ۴ نامه نوشته بود
روزنامه‌ها تیتر زدند "هفت به چهار نامه نوشته بود"
مادر ـ ام سید است
خواب راستکی می‌بیند
**«۷ به ۴ نامه نوشته بود»**
۵ حاضری شهادت دهی که ۷ به ۴ نامه نوشته بود؟
**(پنج رفته گلاب بیاره)**
اما من مطمئنن ۷ به ۴ نامه نوشته بود
سند محکم‌تر از این که شما هفت بار تکرار ۷ به ۴ نامه نوشته بود؟!
یا بیش‌تر ۷ به ۴ نامه نوشته بود
چه بود؟
متن مهم نبود

مهم ۷ به ۴ نامه نوشته بود بود
که نبود
۶ بود
۶ به ۹۹۹۶ نامه نوشته بود
آن‌جا صدگان هزاران نفر اعشاری و غیراعشاری ایستاده بودند
وقتی ۶ به ۹۹۹۶ نامه نوشته بود
روزنامه‌ها تیتر زدند "شش به نه هزار و نه‌صد و نود و شش نامه نوشته بود"
مادر ـ ام سید است
خواب راستکی می‌بیند
**« ۶ به ۹۹۹۶ نامه نوشته بود»**
۵ حاضری شهادت دهی که ۶ به ۹۹۹۶ نامه نوشته بود؟
**(پنج رفته گل بچینه)**
اما من مطمئنن ۶ به ۹۹۹۶ نامه نوشته بود
سند محکم‌تر از این‌که شما شش بار انکار ۶ به ۹۹۹۶ نامه نوشته بود؟!
یا پیش‌تر ۶ به ۹۹۹۶ نامه نوشته بود
چه بود؟
حاشیه مهم نبود
مهم ۶ به ۹۹۹۶ نامه نوشته نبود بود؟
یا مهم ۶ به ۹۹۹۶ نامه ننوشته بود بود؟
نبود را گم کرده بود
ـ ۹ پیدا کرده بود
ـ ۹ به ۲۲۲۲۲ نامه نوشته بود
آن‌جا صدگان هزاران نفر اعشاری و غیراعشاری ایستاده بودند
وقتی ـ ۹ به ۲۲۲۲۲ نامه نوشته بود
روزنامه‌ها تیتر زدند "منفی نه به بیست‌و دوهزار و دویست‌و بیست‌و دو نامه نوشته بود"
مادر ـ ام سید است
خواب راستکی می‌بیند
**« ـ ۹ به ۲۲۲۲۲ نامه نوشته بود»**
۵ حاضری شهادت دهی که ـ ۹ به ۲۲۲۲۲ نامه نوشته بود؟
**(۵ رفته کون بده)**

سند محکم‌تر از این که ۵ رفته است تهی به دوست‌پسر ـ اش بزند و ـ ۹ به ۲۲۲۲۲ نامه نوشته بود؟

ـ ۹ به ۲۲۲۲۲ نامه نوشته بود
به ۲۲۲۲۲ نامه نوشته بود
۲۲۲۲۲ نامه نوشته بود
نامه نوشته بود
نوشته بود
بود
نبود
به هیچ برخورده بود
و نوشته بود:
صدگان هزاران نفر اعشاری و غیراعشاری رفته بودند
وقتی‌که هیچ به صفر نامه نوشته بود
شایعه کرده بود
۵ شعر را نوشته بود!

## دو

با دست دود سیگار را کنار می‌زند و می‌گوید
با دست که دود سیگار را کنار می‌زنم
با همین دست
در شرجی یک غروب
تصویری کشیدم از درناهای غمگین
که غم خاطره‌ای را زندانی کرده بودند در چشم‌هاشان درناهای غمگین
به او می‌گویم: درناهای غمگین؟
و چرا دارکوب‌ها نه؟
دست‌ها را باز می‌کند باز چون درناهای غمگین
سعی می‌کند هی سعی می‌کند دوباره سعی می‌کند
نمی‌پرند درناهای غمگین نمی‌پرند سعی می‌کند اما سعی می‌کند اما نمی‌پرند
درناهای غمگین
دست، غمگین که می‌افتد
دستی او را محکم می‌گیرد و در ساحل بندر می‌روند از بوم خارج شوند

خارج از شهر امام‌قلی‌خان از بالای تپه به ما زل زده
و برهان سر ـ اش را به دیوار هی به دیوار سر ـ اش را به دیوار هی می‌کوبد و
می‌گوید هی می‌کوبد و می‌گوید می‌کوبد و می‌گوید چه کنم بندر دارکوب ندارد
چه کنم بندر دارکوب ندارد هی سر ـ اش را به دیوار دارکوب ندارد چه کنم
و ما کاسه‌ی چه کنم چه کنم به دست می‌گیریم سراغ الکل‌ها را از درناهای غمگین
به هم می‌زنیم

به سلامتی موهایت که باید بلند فریاد بکشم تا باد از میان‌شان بگذرد
به سلامتی آغوش گشوده به گلوله
به سلامتی آغوش امام‌قلی‌خان
و آغوش آن دختر بندر که تنها می‌خواست حامله شود
گفتم از مرد خاصی تصمیم داری حامله شوی؟
و دختر بندر تنها می‌خواست حامله شود


تا لب اسلکه دوان دوان رفتیم
من دوست داشتم واژه‌ی دیگری برای قاچاق‌چیان پیدا کنم
آن لحظه که قاچاق‌چیان آبجوها را از قایق پیاده می‌کردند
من دوست داشتم واژه‌ی دیگری برای قاچاق‌چیان پیدا کنم
حتی آن لحظه که قاچاق‌چیان آبجوها را از قایق پیاده کردند و رفتند
برای چندین ساعت فقط دوست داشتم واژه‌ی دیگری برای قاچاق‌چیان پیدا کنم
برهان با ته آرنج به پهلویم زد و گفت:
سیگار می‌کشی؟
دریا موج می‌زد و من به خاطره‌ی زندانی در چشم‌های درناهای غمگین می‌اندیشیدم


آن شب که دوباره مست کردیم
زنی پشت بازار ماهی‌فروشان خم روی زمین دنبال چیزی می‌گشت
و من در عجب بودم که خدا کونی به این اندازه را چه‌طور روی کمری به این باریکی گذاشته
اذا زلزلت... کونی به این اندازه را چه‌طور روی کمری به این باریکی گذاشته
برهان غش‌غش می‌خندید و می‌گفت
تو قرآن مجیدی هستی باید اعجازها را بهتر بدانی
و هی غش‌غش می‌خندید
سایه‌هایی در چند قدمی ما از هم خداحافظی می‌کردند
و عابرانی که کبریت‌شان نم کشیده بود آتش می‌خواستند
و من فندک یادگاری‌ات را به آن‌ها بخشیدم
ماه روشن در ناکجای بندر ایستاده بود
و زن هم‌چنان روی زمین دنبال چیزی می‌گشت

من بعدها متوجه شدم مادر کودک گرسنه در بندر چه‌ها که نمی‌کند

چشم‌هامان به نقشه‌ی روی دیوار چت کرده بودند
و با بی‌چشم - و - رویی خاصی خاطرات سکس با دوست دخترهاشان از حوالی روستایی در رشت تا هرمز را می‌نوردیدند
و ناگفته نماند که شیراز نقطه داغ ماجرا بود
که امام‌قلی‌خان سر رسید
به چشم‌هامان نگاهی کرد
و سعی داشت در ریش‌های زرد شده از دود چپق‌اش پنهان شود
چشم‌ها این چیزها را خوب می‌فهمند
به یاد ایام شباب در گرجستانات به نقشه می‌نگریست
و می‌گریست
گفتم:
هنوز دوست‌شان داری و دل‌ات برای‌شان تنگ می‌شود؟
و امام‌قلی‌خان به چیزی که نبود می‌نگریست
و می‌گریست
گفت:
آن‌ها می‌روند و تو می‌مانی و این خانه‌ی کوچک

به این‌جای زمان که رسیدیم از من می‌خواهی تا برایت «داستان خرس‌های پاندا به روایت یک ساکسیفونیست که دوست دختری در فراکنکفورت دارد» را بخوانم
و بی‌مکان من را می‌شنوی مثل این‌که من صدای تو هستم
بی‌آن‌که بدانیم ما بیش‌تر صدای پر زدن بال‌های درناهاییم
آن هنگام که در ساحل بندر غمگنانه ایستاده‌اند
و او با آن یقه‌ی چاک خورده هنوز آن‌جاست
پس ما آسیمه سر پاچه‌هامان را بالا می‌زنیم
پا می‌گذاریم در تجمع اشک‌هامان، دریا!
بعد تو می‌گویی
برایم شاملو بخوان
و من دلی دارم و حسرت درناها

و به هنگامی که مرغان مهاجر
در دریاچه‌ی ماهتاب
پارو می‌کشند
خوشا رها کردن و رفتن؛
خوابی دیگر
به مردابی دیگر!

بعد از ظهر در قهوه‌خانه‌ای کنار ساحل نشستیم
شاگرد قهوه‌چی یک استکان چای آورد
ناگهان سایه‌ای که نیم دارکوب بود و نیم درنا از کنارمان رد شد
به دنبال‌اش دویدم
با سرنوشت و استخوان‌های درشت و پوست آفتاب سوخته‌ام به دنبال‌اش دویدم
وقتی به خود آمدم تا سینه در آب بودیم
در خوفِ مرگ غروب شد
و او از در مخفی پشت دریا رفت
شاگرد قوه‌چی گفت:
چای‌تان سرد شده، عوض کنم؟
و من و برهان سایه‌های هم را بغل کردیم و گریستیم

دوست داشتم برایم ساز بزنند
بندری‌های همه‌ی دنیا خوب ساز می‌زنند
پس چراغ‌ها را خاموش می‌کنم
و به شن‌های ساحل غمگین دست می‌کشم
گرمِ توی تاریکی با گرماهای دیگر فرق می‌کند
گرمِ توی تاریکی را دست می‌کشم
و با جای پاهای دختران لوندی که مادران‌شان شب‌های زیادی با پرتقالی‌ها
و انگلیس‌ها خوابیده‌اند می‌خوابم
دوست داشتم برایم ساز بزنند
دوست داشتم آن‌قدر برایم ساز بزنند تا بخوابم
و در خواب با امام‌قلی‌خان
دختران بندر

و هم‌چنین دختران گرجستانات را به آغوش واقعی‌شان بازگردانم
چرا که شنیدن ساز توی تاریکی تسخیر بکارت خورشیدهاست
در اقتدار یک احساس مردانه

آه برهان!
آن هنگام که سر ـ ات را به دیوار هی به دیوار سر ـ ات را به دیوار هی می‌کوبی
و می‌گویی می‌کوبی و می‌گویی می‌کوبی و می‌گویی چه کنم بندر دارکوب ندارد چه
کنم بندر دارکوب ندارد هی سر ـ ات را به دیوار کوب ندارد چه کنم می‌گویی
آه رفیق من!
می‌گویم
آه احساس مردانه!
آن هنگام که ماه بالای دریا ایستاد
زنگ می‌زنم به انگلیس‌ها
می‌گویم
الو الو انگلیس‌ها
الو الو
شما کیر من و برهان اکبری هم نیستید
و بعد من و برهان اکبری غش‌غش می‌خندیم

من تصمیم گرفته‌ام
بعدها بندهای زیر را در یکی از شعرهای عاشقانه‌ام استفاده کنم
درناهای غمگین
لب ساحلی
که یکدیگر را بوسیدیم
در پس‌زمینه
هنوز همان جایند
خوش به‌حال‌شان!

## ◈ شیدا محمدی

### در کوچه‌های ماهوتی

در باد
گیسوان من
عقربه‌های فش‌فش و افشان

در باد
بزم نارنجی و گسِ خدایان
در باد...

تو آن‌جا
در باغ تاریک لیلی‌ات
کت و شلوار مست و بی من — و اِی چشم شوم بیدار شو
نفس‌های چنبر و سوزان — و اِی چشم شوم بیدار شو
شیشه‌های گستاخ و طرار — و اِی چشم شوم...

و صورت من رعد ﺆ برق ﺆ کلاغ ﺆ — چشم‌های تو مگس‌های وز - وز

و مرواریدهای سیاه من وُ این گردن وُ　　　　　چشم‌های تو وز - وز
و این پیراهن پلنگی وُ این پستان‌های بی‌رحم وُ　　　چشم‌های تو وز - وز
و این دست‌ها وُ این گِل وُ این استخوان مطرب وُ　　چشم‌های تو وز - وز
و این لاله‌های تن‌ام وُ این صبح تازه‌ی این‌جا و...

زمان!　　　　چشم‌های تو در منقار من
زمان!　　　　خون تو در باران
زمان!　　　　بوی تو در خواب‌های خیس وُ خون‌ریز

سایه‌ات حالا　　　　ساعت شنی را بر می‌گرداند
سایه‌ات حالا　　　　کج در کوچه‌های ماهوتی
سایه‌ات حالا　　　　کوه‌های برف‌آلود آن دور
سایه‌ات حالا　　　　کوزه‌های شکسته و دیر

در باد
این دست قرمز　　　　که چشم‌های سیاه مرا می‌خرد
گوشواره‌ها و سرمه‌دان و آینه و این دفتر پنهانی را
این دست گوشت‌آلود و خپل
در باد
تن تو که دیگر آتشکده‌ی فارس نیست　　　دشت مغان نیست　　　بوی
سیمرغ و شیر نمی‌دهد

و این دست قرمز
که پرده از صورت‌ام می‌کشد
تا شب شقیقه‌هایم
از گریه‌های ماه　　　خیس نشود

## دو

زن چندم‌اش بودم
زن دستِ چندم‌اش بودم
هر بار که خم می‌شد رو به جلو
رو به عقب
مایل به معاشقه
پایین      پایین‌تر از تنه
تنه می‌زد به زار ـ زار گریسته بود جمع در خود ـ اش
که از پشت   خم شده بود رو به غفلت مادر ـ اش
آخ که می‌گفتم
آخ که می‌گفت
بند بند کبوترهایش پر پر می‌زدند از شانه‌هایش
یَش یَش  بگیرش بگیر در دستان‌ات  ات  ام
آخ که می‌گفت
مادر ـ اش قحبه‌ای می‌شد در شهر نو
گوشواره‌های زن‌اش را تحفه‌ای در سینی
می‌گذاشت کنار سر من
و همه را با پسری که نزاییده بودم برایش
دار می‌زد دار دار در کوچه‌هایی که نام‌شان را قرض داده بودند به باکره‌ای از
بلاد بلخ

زن چندم‌اش بود
زن دستِ چندم‌اش بود
هر بار که تمام‌اش را برمی‌گرداند تمام روی تخت
ورق ورق‌اش می‌کرد
بی‌بازگشت   بی‌تمبر   بی‌بهانه
پشت‌اش را که از پشت او برمی‌گرداند
زنگ می‌زد به زن اول‌اش
با دستمالی پاک می‌کرد جبین‌اش را   جای بوسه‌هایش را   چکه‌های
درخشان بودار ـ اش را
و غلت می‌زد از پیامی به پیامی
و جوراب‌های لنگه به لنگه‌اش را
بوی چسبناک عطر ـ اش را   می‌برد راه به راه   برای دعوایی دیگر
پایین سنجاق پیراهن‌اش
ته مانده ماتیک مرا   می‌سایید به یقه سفید گردن‌اش
به چاق ران‌هایش
و هر بار که قسم‌اش می‌داد به جان تو به جان تو به جان تو
که زنَمی   مال منی   عشق منی
و توی دل‌اش قحبه‌های زیادی   غلت می‌زدند در رحم خالی‌ام
به غلط
تخم‌های نکشیده‌اش را
تخم‌های کوچک شده‌اش را
می‌شکستند در ماهی‌تابه روز
قحبه‌های قشنگ

## ◈ امین مرادی

### قطعه‌ی شماره‌ی هفت

در سیگار ـ ام ماری جوانه می‌زند
هفت طریق، در هفت برگ، خودکار ـ ام کرده بنویسی:
من آسمانِ بالای سر ـ ام را به سرمای افتاده روی چهار پایه پیوند می‌زنم
تا به معلومِ این ماجرا، نایِ بریده
نام‌ام را به نامی قطعه‌قطعه بنشاند
پس آن‌چه پنهانی‌ست مرا گم نمی‌کند
آن‌چه گم کرده‌اند در چهره‌ات پیداست
و می‌توان به شکلِ آن تنی شسته بخشید

چه‌گونه شمعی در حجاب خود کشف کنم؟
چه‌گونه این دود، لبخندی باستانی را در سینه‌ام باستانی کرده است؟
حفره‌ای در الفبای این متن کاشته‌ام
که از چند جهت پراکنده‌ام می‌کند به خود

من به حالتی کاملن گیاهی، غمگین‌ام!

## در ابتدا

من نمرده‌ام
و این اعلامِ بلند در کجا مرا سیاه کرده است
که این‌گونه چون گریه‌ای در طول، کشیده می‌شوم؟
کجا توانسته‌ام گور ـ ام را در حفره‌ای از ماه
که در چهره‌ات پنهان است
عمیق نبینم؟
تقریبن این‌جایی!
و از گوشتِ خود، چون گیاهی دارویی نوشیده‌ای
تا بهبودی را به لایه‌های این سنگ فرسوده، ساییده باشم
آه زیبایی!
من پوست‌ام را با عذابی که در آتش‌فشان غسل داده‌اند
به‌سوی تو پرتاب می‌کنم

## ◈ مهدی مرادی

### قلاب می‌اندازم به جان خود ـ ام

دست برده‌اند
در ترکیب این رودخانه
که لابد
ماهی‌ها از همین نمی‌آیند

من ایستاده‌ام آن‌جا
که قلاب می‌اندازم به جان خود ـ ام
بالا می‌کشم
خالی‌های سنگین

روزی چه‌قدر دل‌ام می‌خواست
روی پل بایستم
ببینم
جریان آب از چه قرار است؟

بر عکس تو
که هر وقت چشم باز می‌کنم
ساحل را تا کرده‌ای
پل را برداشته‌اند
و دست که برده‌اند
در ترکیبِ این رودخانه
برده‌اند

## ماهِ عسل

تا این‌جا
زنی به نام مروارید دارم
و دیگر
یک صندلی که پشت به دریا
من می‌نشینم
بردارید
از خودشان بپرسید ماهی‌ها

این جزیره حالا
سند که می‌خورد
به نام من است
مَن
که در زندگی‌ام دست نداد
دست بگیرم
به یک بطری از این خلیج
یا بشنوم
در سوت کشتی‌ها که می‌گذرند

تا این‌جا
زنی به نام مروارید
و دیگر

به چه جان کندنی که
تخته پاره‌اش را
به شیریِ این سرزمین می‌کشاند
مَن
دزد دریاییِ عاشق

## ◈ فروغ مصدق

### یک

نمی‌تواند درست باشد
که این من‌ام
بازتاب لرزی
در گرمای جمعیت
عابرانِ پیشاپیش
که کفش‌هایشان را می‌آزارند
برای دو پرس نان و راسته‌ی گوشت سیاه
نمی‌تواند به درد ـ ام آورد
گوزن‌های بافته بر لباس‌شان
با شاخِ پشمیِ نرم
و از آن کوچه‌ها که راه بر پیشانی من گم کرده‌اند
تکه پارچه‌ی رنگی
برنمی‌گردد
که دهانی را بپوشاند!
می‌خواهی بایستم

و در ضمیر پنهان شیشه
چراغ‌ها را بشمارم؟
می‌گویی که جایی از موجودیت این زمین در زیبایی یگانه‌ست؟
که زیر جرقه‌های سقوط‌اش آسمانی پیداست؟
هزار خط سفید می‌بینم
جاده‌ی زیر پایت
که تو را در هوایی آغشته به اشباح می‌برند
و در سیاه نرم چشم‌ات
تولد بی‌صدای چند خمپاره
ما را از زمین‌مان جدا می‌کند
نمی‌تواند درست باشد
تو می‌روی!
چه کسی این کوه‌ها را بر عهده گرفته‌ست؟
با سر و سینه‌ی سوراخ‌شان
که نشان‌ات نمی‌دهد
لرزیدن نمی‌تواند اندام من شده باشد
ظرف انباشته از ذغال داغ
دسته‌ی ذرت‌های قربانی
و صدای پراکنده‌ی خنده در هر جا
باور کن که تو نبودی
و خیابان ما در آتش می‌سوخت
و باران به گیس من می‌بارید
نام‌ام را می‌دانی؟
از آخرین مرگ‌ام
فقط چند ساعت می‌گذرد
لب‌هایت کجاست
چانه‌ام در نور تکان می‌خورد
جاده‌ی کمربندی هنوز تکان می‌خورد
اتوبوس‌ها در رفت و آمدند
می‌بینم‌ات که از بازار شیاطین بیرون می‌زنی
با کیف سنگین از حیات

با سری گرم از کلمات
جایی از موجودیت این زمین در زیبایی یگانه‌ست
خود ــ ام را می‌بینم
در احاطه‌ی گوزن‌ها
به تاخت در بوران
بلال‌ها زخمی‌اند
گاز خورده
پاره
به استخوان رسیده
نم‌دار

## دو

از نان گرم چیزی بگو
از نان گرمی که در آستین داری
وقتی که از کارخانه می‌آمدی
کشتارگاه
سردخانه
انبار ضایعات
از خرده‌های آرد
روی هاون
نرسیده به آتش
خرده‌های لشگری که روی اسکناس می‌دود
فتح نمی‌کند
می‌مالد به هم
تا می‌خورد
گاوهای سرازیر به شهر
از خرده گوشت چیزی بگو
باقی مانده روی سنگ
بعد از مه غلیظ شست‌و شو
پاکیزگی
تحویل شیفت
بگو!
از خرده‌های دست‌هایت

## ◈ داریوش معمار

### عاشقانه‌های یک سرباز

نشانِ پای مفقود ـ ام را از آفتاب نیم‌روز بگیر
سر ـ ام را از نی‌زار
دست‌ام را از خور
تکه‌های تن‌ام را از ارتفاع و باد
چشم‌ام را از منقار پرنده‌گان

جمع که شدیم کنار هم،
روی برجک نگهبانی در مرز طلاییه
کنار ایستگاه پمپاژ نفت
می‌بینی هنوز سعی می‌کنم،
در خیابان‌های شلوغ شهر
تو را پیدا کنم با دوربین نظامی
درست پیش از آن‌که
خمپاره مرا
تکه تکه کند این‌طور،
دلبر غمگین‌ام!

## دو

می‌شود به جای مرگ
مثلن گرفت دست تو را
رفت همین پارک که هیچ ندارد جز صندلی
خیره شد به بازی بچه‌ها با هرچه هست

می‌شود به جای مرگ، صبح زود
ببینم نگاه تو را در آینه که زیباتر شده
با رنگ قرمز روی لب‌هایت
خط دور چشم‌ات و بعضی چیزهای دیگر

می‌شود به جای مرگ، دیر وقت
فکر کنم به این حرف‌ها، و حرف‌های دیگری
که نوشته‌ای درنامه:
سرما نخورم، غذای شب مانده، روزنامه سفید

می‌شود درخت‌ها را مشایعت کنم در باد
از پنجره سوت بکشم برای گربه‌ها
و منتظر باشم برگردی تو
به‌جای مرگ

## ◈ پویان مقدسی

### رسیدن رویا

صورت‌های زخمی عبور
با خشم سیم‌های خاردار آشناترین‌اند
با برفِ روی برجک‌ها
با پَر پَر شانه به شانه‌ی پرچم‌ها
با تنگی لوله‌ی تفنگ‌های آویزان از شانه‌ها که نشانه گرفته‌اند
پابستگانِ ناگزیر اما
تصویر گنگِ گریز در سر
به ریسیدن رویا،
و پنجره‌ای رو به امید
با چشم‌اندازی خوش‌بین مشغول‌اند
هیچ گلوله‌ای قلب‌شان را نخواهد شکافت
هیچ نَه‌یِی از دهانی پرتاب نخواهد شد
هیچ موجی کودکان‌شان را نخواهد دزدید

## چشم‌های تو دریاست

در چشم‌اندازِ چشم‌های تو دریاست
آن جا
آن آبیِ پیچیده در سبز و سیاه
آن لهجه‌ی شور شرجی
ببین منتظر ـ اند مرغانِ بی‌تاب دریا هم‌چون من
که فریادهایمان در مسلسل آرام صدایت گم شده‌اند
و ماهی‌گیر،
ماهی‌گیر خسته‌ی دست‌خالی
بر قایق مدور افق غرق‌تر می‌شود
چشم‌های تو زیباست
این جاست
این آبیِ سبز و سیاه!

## ◈ بی‌تا ملکوتی

### مرز

من و تو از مرز گذشتیم
شهر من از محدوده دست‌های تو آغاز می‌شود
شهر تو از انحنای کتف من
من و تو وطن نداریم
دو اسب چوبی داریم و از روی کابوس‌ها می‌پریم
بی‌گذرنامه

گذرنامه‌ات
همان کشت‌زارهای آفتاب‌گردان است
که از پشت پنجره قطار به سویت می‌چرخیدند
گذرنامه‌ات دو ورق آزادی است
و برگی از بهار پراگ

شناسنامه‌ات
گل‌های نسرین

آوازهای خانگی کوچه اختر
و یک پای روی مین مانده پسر همسایه
شناسنامه‌ات
ابرهای منتظر است
و بوی شیرین لیموهای شیمیایی شده

برگه‌ی عبور نداری
اما هر شب
لالایی می‌خواند برایت ماه
از گلوی کولی‌های دوره گرد
و هر صبح
پدر یک درخت می‌کشد
روی پیشانی‌ات
هر بار گریه کنی
برگ‌ها می‌ریزند زمین
و می‌پوشانند گلوله‌ها را

پسر ـ ام شهر تو ابتدای باد است
تهران
تنها طرح پارچه‌ی پیراهنی است
عیدها بر تن‌ام
در عوض کنار ماست
گور کافکا
سال که تحویل شود
حسن یوسف‌ها را می‌بریم
خویشاندوی نیست
چخوف اما می‌آید
آن‌وقت به نام‌ات می‌کند هر چه باغ آلبالوست
یک روز یلنایت می‌شوم
و فردایش نینا
اصلن همان دختر گرجی می‌شوم

که برایت
روی رود ارس راه می‌رود...

## تهران تن تو

تو
تهران بودی
تو را پوشیدم
بیدار شدم
با یک ماه‌گرفتگی بر گردن‌ام
یوسف آباد افتاده بود پشت چشم‌هایمان
تآتر شهر اما
لب‌های تو بود

برج میلاد را آویز گوش‌ام کردی
دست گذاشتی روی قوس گردن‌ام
از تپه‌ها پایین آمدیم
تجریش را رد کردیم
تا بلندی‌های سعدآباد
پوست‌ام کش آمد
نقشه شهر ترک خورد
دربند پاره شد
ناف‌ام افتاد بیرون
پنهان‌اش کردی پشت سرب
لای نرده‌ها

کاخ‌ها همه ماه زده بودند
خالی
خواب آلود
آزادی دربست!
تنها تو بودی و باغ‌های سوخته
تاکسی‌ها همه گور بودند
پر از گوشت و عرق

گفتی از چنارهای بریده
گردن‌بندی برایت ساخته‌ام

انگشتان‌ات روی ستون فقرات‌ام لرزید
دست‌هات همه دروس بود
آغشته به بوهای دور
ترسیدم
لب‌هات را در کیف‌ام پنهان کردم
تو اما
از ولی‌عصر پایین رفتی
تا ایستگاه راه‌آهن ران‌ها
تا جنوب‌ترین جای پام

بادها همه گریه بودند
شور و آشنا با گوش‌هام
فرودگاه کجای تو بود
در کدام رگ خلوت
که آن‌همه خاطره زمین‌گیر شدند؟

◈ **محمد مهدی‌پور**

## از پنجره‌ای که باز نشد

### اپیزود اول

از پنجره‌ای که باز نشد / صدایت می‌زنم
به پنجره‌ای که باز نشد

دست‌هایم / به قلبی که یاد ـ اش رفت
**احساسِ میان دنده**

و گوشتی که فشردم
فشردم‌ام
و آخر...
از تنهایی کلاغ/ میانِ زیبا
و احساس پرواز در مسیر **شمال**

از جنوبی که به جنون راه می‌بردم
صدایی که خواندم / به ابتدای نقطه/ به ضربانِ قلب/ درمسیر نوشتار

سر بلند کردم
خواندم «الف» آب بستن بر چشم‌هایم
گفتم «ب» بندهای این شعر بسیار شد
همین‌جا ماندیم
فرو رفتیم / در آبی که دیگر نداشت [ **متوجه شدی چی گفت؟** ]
به خود به بلندای نفس
به عبور ذهن از خیال
به تنگنای این تنهای تنگ‌شده ف
سرزمین ما هیچ وقت قا نداشت
همه چیز قصه‌ای بود
از زبان
گرگ! [ **گرگ** ]

## اپیزود دوم

از پنجره‌ای که باز نشد
به تویی که دست نمی‌زنی
فرار می‌کنم
از کلمات به حروف
از ابتدای انتهای دفتر
به روی جلد
به نقاشی کودکی
داخل نون
[ ببخشید! ] می‌شود نون را کمی بزرگ‌تر
آن‌قدر که پر کند خالی را بکشی؟

از سطر به سر می‌رسم
به عکس / به تو / که پشت به دیوار عینک زده
چه‌قدر همه چیز خوب است [ خندیدن ]
حالا هیچی نیست [ از منی که تو ـ اَم / و تویی که منی ]

از همه‌ی دنیایت که عکس بود             عکسی نمانده
یاد ـ ات رفته بود
دوربین صدا حرکت ندارد
می‌گفتی: «عکس صدا در دست‌هایم کو»
صدا مگر عکس می‌شود؟
                شاید آن‌هم کو؟
            کوه

از سطر به سطر می‌رسم
به سِر شدن این کلمات میان سَر ـ ام
وقتی که قیچی شده بود / از تویی که نبودی
فرار کن از منی که تو ـ اَم
        شاید به اویی که من نیستم راهی باشد
بغلم می‌کنی؟
در عکسی که دستی قیچی گرفته می‌برد / یاد ـ ات نیست؟
از سطر به ستون می‌رسم
            و         همه
        چیز         خراب
            می‌شود

## خواستیم آب باشیم

خواستیم آب باشیم / کلمات شُل شدند
و آبی که رفت
به جوی باز می‌گردد
آیا؟

خیال بود
خیل آدم‌های شاد
از خیل آدم‌های شاد
آدم‌هایی که ـ بودند ـ

**خوبی؟**
گوش نبودیم / که چشم همه چیزمان شد / و دیدن جهت گرفت
دیدیم صدای قیچی را کنار
شنیدیم که به نخ کردند چشم‌های پیش
و حال دست می‌زنم برای تو
**دیدی پا می‌خوریم زیر این دست‌ها**
**می‌بینی همه چیز جورِ ـ جورست؟**
**حتی اگر نخواهی باز هم دراز ـ ات می‌کنند!**

می‌روند ـ ام
بالا
شن‌ها

و نمی‌رسم به تویی که نمی‌بینم
**برعکس**
بـــــاد
نشسته بر


**خوبی؟**
مانده‌ام با این جوب خشک
**درخت هم بکاریم؟**
باران می‌گویند نزدیک است
فقط دست بزن


**چه کنیم**
**آتش این‌جا فقط برای سوختن‌ست**
**باید سرد بمانی**
ساده است
بگریز از این فرد روبه‌رو
و بخوان به نام آتش
فقط
گاهی دست‌ات را روی زیرا بلند کن


**می‌گویند طلاست این بندها**
**که به دست‌ها**
**عجبا!**
که دود بسیار داریم
و تاب نداریم...
فقط آخرین حرف‌ام مانده است ـ می‌شود؟ ـ


**نه فکر ـ اش را نکن ـ تاکید را بخوانید می‌شنوید؟ ـ**
**بگوید شاید بشود؟**
«از دوست‌ات دارم؟ / از خواهم داشت؟»
از پیچیدن در لباس عروس

**می‌دانی تابوت هم زیبا می‌تواند شد**
**از چوب‌های زاگرس / که بلوط بودند بلند؟**

جایم که خوب است
بوی کوهستان درخود ـ ام حبس دارم
بوی سر ـ ریز آب از دیواری بلند / که شاید کشیده باشم توی گوش‌ام
**بگو** ب
از نبودن/ از نخواهم بود از فکر عبور از این دیوار ل
ند

◈ کیوان مهرگان

## یک

بگذار با چشمان بسته ببوسمات
برخی بوسه‌ها فقط بوسه هستند
برخی بوسه‌ها
یک تاریخ

# دو

سرباز سفیدپوست را خفه کردند
سیاه شد و
جان داد

گلوله، سینه‌ی سرباز سیاه پوست را درید
خون‌اش جاری شد
رنگ‌اش پرید
سفید شد و
جان داد

ما هر یک
چیزی را زیر پوست‌مان پنهان کرده‌ایم
که تنها مرگ رو می‌کند

## ◈ گراناز موسوی

### دیوانه خانه

دیوانه نیستم
فقط با نبودن‌ات گپ می‌زنم
جواب که نمی‌دهی قهر می‌کنم
دست به موهایم می‌کشم
مثلن ناز می‌کنی
هوا را بغل می‌کنم
هوایی می‌شوم
یاد ـ ام می‌آید که هوا به درد ـ ام نمی‌خورد
یاد ـ ام می‌رود نفس بکشم

دیوانه نیستم
فقط هر روز با خود ـ ام جناغ‌ام را می‌شکنم
دل‌ام را که بد می‌کند تنگ می‌شود
لت می‌زنم
دور می‌اندازم نان کلاغ‌ها شود...

مرا یاد و تو را فراموش می‌شوم

این‌جا دیوانه خانه نیست
دوزخ است
که هی دروغ بگویم که این‌جایی
و هی خدا در آتش‌ام بیندازد

دیوانه نیستم
پشت سر ـ ام یک کلاغ چل کلاغ...
دل‌ام را کباب کرده‌اند

## قاچاق

چشمانِ تو عصرِ جمعه و زنگِ اذان
به افقِ بحرالمیتِ سکوتی که میانِ ماست...

پوست‌ات اما سدّ معبر است
پلیسی که گاه‌ُو بی‌گاه ایست می‌دهد
و بازرسی می‌کند تا مطمئن شود
هر چه را که باید از دست می‌دادم
از دست داده‌ام

از دستان‌ات اما هیچ نمی‌گویم
از خطوطی که خواب‌هایم را جعل می‌کند
تا کسی را که در قریه‌های تن‌ام زخمی‌ست
بی‌حرفِ پیش و گوشِ شیطان کر
از مرزهای جان‌ات شبانه رد کند

◈ محسن موسوی میرکلایی

## یک

دیگری فکر کرد
به زبان دیگر
و اصوات معلق را باور نکرد هرگز
رودخانه از سقفِ خانه زد بیرون
و ابرها شکل بی‌شکلی ساختند از خود
خود را رها کرد
حتا رها را رها کرد
و با جبرییل ماهروی هم قدم شد
اما باران نبارید....

## دو

بودا را گذاشت لبِ طاقچه
و نیلوفر را چید
بویید
رفت به حال‌ُ هوایِ نپرس
از چشم‌ها رد شد
از شانه‌ها
پرسش اما
همه جا سرک می‌کشید

کرگدن شد
چون تنهایی سفر کرد

## ◈ اسماعیل مهرانفر

### یک

صحنه را از اسب
خالی کرده‌ام
و می‌گذارم که باد
تنها به یال بپردازد
و می‌گذارم که باد
چون گرمِشِ پاییزی
فاصله در یال‌ها
ایجاد کند
سواران در این تصویر
تصمیم گیرنده‌اند
و وقتی که تو را غارت می‌کنند
من هم گوشه‌ای از تو ـ آم
گوشه‌ای از زیبایی‌ام
که دارم به یاری باد
می‌وزم

که دارم در این تصویر
سکونت‌ام را از دست
می‌دهم
باید تکان بخورم
و بر منبری که در گوشه است
خطبه‌ای در عشق
جاری کنم
خطبه‌ای که در آن
دیگران‌ام می‌رقصند
و در ظلمات
برخلاف هم
می‌وزند

## دو

و لعنت ما
بر دو چشم شما باد
که خواب مرا هم ندیدید
که رجعت‌تان سمت ما نبود
و لعنت ما بر ساعت هفت
که بی‌دلیل بیدار است
و در علم‌الهدی
دنبال قهوه‌خانه‌ای قدیمی‌ست
و لعنت ما بر خیابان باد
که مکان دقیق‌اش هنوز
مشخص نیست
اما چه کنم
که لعنت ما بر خیابان باد
آن‌هم به واسطه‌ی مرگ
به واسطه‌ی ارجعی الی مکان مخوف
به واسطه‌ی درک درد مخوف
و لعنت ما بر علم‌الهدی باد
به سنتی‌ترین دلایل بیداری
و تشابه موجود
با کاشف غربی
که در ما به دیده‌ی کشف می‌نگریست

اما نمی‌دانست
و جهان
اصلا به ساعت هفت
نمی‌مانست

## ◈ آرمان میرزانژاد

### انسان سگ

سگ آواره
در معبر عبث
دندانِ کینه شکسته به شعله زار زخم...

سگ تیپا خورده‌ی خانه به‌دوش
ول‌گرد و بی‌شکیب
چو زنجیریِ بزه‌کار
زوزه می‌کشد که هر روز گرسنه است
با رنج و اشک‌های همیشه‌اش...

سگی که پشت چراغِ هنجارهای مردود،
عادت‌های سمج، سنت‌های غلط
پشت شکنجه‌گاه قوانینِ قراردادیِ وضعی
سرکوب بوده رانده شده
منکوب مانده است...

سگ فریب خورده‌ی افیونی
بی‌تکیه‌گاهِ کسان
خنجرِ دود ـ بار مرگ نوشیده است از دست ناکسان!

سگِ بی‌کار
که مطرود مانده از نگاهِ سرمایه‌دارِ رند

سگ ژنده‌پوشِ شوربخت
که هزاران بار دیده‌ای در هر کنار و گوشه‌ی شهر
در قفس پر تعفنِ روزمرگیِ ماشینی
هی می‌دود و به مقصد نمی‌رسد

این‌جا چنان که گفتم
سگ بی‌وفای شهر کثیف
برای یک لقمه نان
برای محبت بی‌منت
هاری گرفته، طغیان کرده است...
جان داده هزارها بار و هنوز
محکوم مانده است...

## دو

من مَرد ـ ام
اگرچه صامت و سرد ـ ام،
باید عبور کنم عبور از دام و دارِ رذلِ هر قحبهٔ رندی
که تلخ‌کام شوم
تا جاهلانه نهانگاهِ سینه‌ی من را
از سوزشِ بی‌تخفیفِ حادثه‌های شرورانه بیانبارَد!

من مَرد ـ ام
که پشتِ سنگرِ فقری که تحمیل می‌شود، با تیرهای طعنه و اندوه
سر خم نکردم...
اقرار می‌کنم از تازیانه‌های مداومِ کار
که هر بار
بیدار می‌کند ـ ام در صبحگاهِ ناستوده‌ی بیمار!
برای تهیه‌ی نان...
با رنجارنجِ پر تلاطمِ دردِ هزار ساله
در فرسایش تنانه‌ی خود به تدریج
با خونآبه‌های مُلوَن از تنگ‌نای زخمِ قلب من که
فرو می‌پاشید بر صفحه‌های کاغذِ سپید ـ بختی‌ام!
حق،
حقیقت،
حق،

حقانیت،
حَق حق هق هق را
در ناله‌های مستمر خود پنهان نکرده‌ام...
من مَرد ـ ام آه
اما بسیار مُرده‌ام
در سیاه و سپیدِ چشم‌های غریب زنی افسرده و پریش
که رنگِ بختِ معلقِ خود را
با سیاه مشق‌هایِ پنهانِ شبی دل‌تنگ
به صبح زخم خورده می‌آوَرد
من مَردم
اگر چه در
تار و مار بسیار نامَرد ـ ام
یعنی برای آن دیریافته آن سعادتِ موعود
در چاه و راه، با تشنگی و آه
آن خویشتن را
گم نکردم
مخلصانه گذشتم از مسلخِ سیگارهای تکیده و ملعون
که تنهاترین رفیقانِ سازگارِ من بودند
ضیافتِ وزینِ حلقه‌های دود را
تا ورطه‌ی نبود / در کوچه‌های غربتِ شهرِ کبود
مزین کردم!
دوستانِ من اما، حق‌گزارانِ صدیق من بودند...
از پشت پرده که دیدم: دشمنانِ بی‌نظیرِ من بودند!
من مَرد ـ ام
اما به‌سانِ شما هرگز نمُرده‌ام
در صف‌های بلند و پُر ـ خواهشِ یک کاسه آشِ داغِ نذری
در های و هویِ اراجیفِ پُر ـ جاذبه‌ی یک مردِ مستبد
در عشق‌های مصرفیِ چهار ماه بوسه و فریب
در لفاظیِ مدید "ولش کن، بی‌خیال، بی‌حوصله‌ام، بس کن"
در فوجِ فوجِ الفاظِ مجیز ـ گویانه‌ی ابزاری از دیگری ساختن!
دیگری را گداختن...

من پاک‌ام شاید
اما باید
رها کنم هرچه که گفتم از دامگاهِ ننگ، از شبِ دل‌تنگ
از قلب‌های مزورِ صد رنگ
نه من مَرد ـ ام
هرچه کردم اقرار می‌کنم
با این تجاهلِ افراطیِ یک عمر همیشه همان بودن
ادامه‌ی دردم
بگذار بگذرم،
اگر چه صامت و سرد ـ ام...

## ◈ فریاد ناصری

### قوس نزول

بازگشت همه به سوی اوست    ای نفس مرضیه
پس می‌روم دنبال او
او که بازگشت همه است
همو
و دنبال می‌کنم او را
او را
هو را
من که ضمیری از ضمایر راوی‌ام
و در کنج دوری از زبان می‌زیم
در حالی که دنبال می‌کنم او را
همو را

جان‌ام عزیز ـ ام لوحی بودم روزی سفید
که به اعتقاد سید حیدر آملی موسی در آن معاش نوشت و
عیسی در آن براش نوشت...

اما به اعتقاد خود ـ ام وقتی که سرباز بودم
من بودم که آن تیرها را به هوا می‌زدم
و سیبل را
مثل قلبی بدلی
نجات می‌دادم
در حالی که دنبال می‌کردم او را

پرنده‌ی سیاه که جگر گاو آورده بود    از من پرسید:
این‌ها کیان تو ـ اند؟
و من گفتم: این‌ها کیان من‌اند
آن‌گاه لوح سفیدی را نشان‌اش دادم
حمو را بی‌آن‌که قانونی داشته باشد ای نفس مرضیه  که بازگشت همه اوست
اوست که باز می‌گردد به همه   حتی اگر همه    نپذیرند این را

**دو**

هیچ پرچمی
ارزش پا کوبیدن ندارد
موهایت را یله کن
تا انگشت‌های نازک‌ام را
به پیشانی‌ام بزنم

سر هیچ برج و بارویی
به تماشای ماه ننشسته‌ام
فقط خبردار ستاره‌هایی‌ام
که هر شب
مشت مشت به شانه‌های تو می‌دوزم

پا به هیچ طبلی نسپرده‌ام
نبضت را به من بده
تا جهان را
از پا در آورم

نه صبحگاه و
نه شامگاه
سرود ملی من
نام کوچک توست

که تنها
وقتی که مست می‌کنم
خوانده می‌شود

◈ الینا نریمان

# یک

هیچ‌کس مراقب تنهایی سایه‌ها نیست
که صورت‌شان روی زمین کشیده می‌شود
تو نیستی
و کسی نیست تا از نیمه‌ی گمشده‌ام در شب مراقبت کند
و با دستمالی خیس بر پیشانی‌ام
تب خانه را پایین بیاورد،

یک جای کار لنگ می‌زند
تو در قاب عکس بر دیوار غریبه‌تر می‌شوی
و شناختن‌ات از پشت این همه پیری سخت است،

چراغ را روشن می‌کنم
دنبال سایه‌ات می‌گردم
دنبال سایه‌ی میز
سایه‌ی تخت خواب

[۵۷۰]

سایه‌ی نور مهتابی
در را باز می‌کنم
سایه‌ای با صورتی زخمی
خود ـ اش را از پاگرد
به خانه می‌کشد

## دو

شبی شمعدانی‌ها را کنار پنجره می‌چینم
و ماه می‌تواند به این ضیافت بگوید نه!
اما آن‌چه کوچه را زیباتر کرده است
سایه‌ی در هم روی دیواری‌ست
گم‌نام که دهان ندارد و
بی‌صدا گریه می‌کند
شبی پنجره را باز می‌گذارم
بی‌شک
در جایی از این جهان
سایه‌ای با بالی کوچک
به اتاق می‌آید و
سیگاری دود می‌کند و می‌رود

## ◈ سهیل نصرتی

### یک

بگو با لالاییِ مادری الکن بزرگ شدیم
که در گهواره قنداقِ تفنگ بود
ما که در تولدمان فوت شدیم
از سینه‌ی بریده‌ی مادرمان شیر خوردیم

می‌گفتی از این آبِ آغشته به خونِ پدر
چنان بنوش که تارهای قانع موهایت هم
مست شوند لایعقل
با من از خود بگو وقتی شکلِ کودکانِ داغ‌دار
زیر آوار گیر افتاده‌ای
ای از دمن برگشته بسان آهوی نازا
بگو ما با گلوی خونین از عشق می‌خواندیم
ما در رثای هم بودیم

وقتی خاطره و آرزو به استخوان چسبیده بود

با خونِ تو روزه را باز کردند
اشک‌ها هرگز پیر نشدند که
فرقِ بینِ حنوط و هبوط را نفهمیدیم
به قیمتِ قبر فکر نکردیم و به استقبالِ لوایحِ مرگ رفتیم

بگو با آبِ باران شستم‌ات
یا در سوگِ فرزند ـ ات ای معشوقِ مجسود؟
تو از بخیه‌های شکم‌ات شهید شدی
از که شهیدانِ که‌اند این‌همه خونین کفنان
از هیهات من الذله
آری که مشق خاک در مشت‌ام استعاره از چیزی نبود
خاکستر تو بود
که در باد می‌گریست

امروز سوگوار روز پیش است
فردا مصیبتِ امروز
به بوی کدام پسر مرده‌ای بگریم در رثای خود ـ ام
که من مستعدِ اشک‌ام مستعدِ مرگ
مرا همین تن عزادار کرد

بر این پیراهنِ ناتنی چشم ندوز
که عریان‌ات می‌خواهم
شکلِ نوزادی خونین که اولین بار در آغوش‌ام می‌نهند
ای عروسِ بی‌کفن
تویی که بعد از مرگ‌ات از سینه‌های معصوم‌ات
شیر خواهد آمد
تویی که بعد از مرگ‌ات از نافه
بوی مشک را بیرون می‌دهی

آن‌گاه که مغازله‌وار آغوشِ خونین‌مان را برهنه یافتیم
در رثای هم بودیم

شعرها را چه سوگوارانه بر هم می‌خواندیم
ما وارثانِ رنج، معشوقانِ مغموم
آن‌چنان در رثای هم
که گرسنه بودیم و گلوله می‌خوردیم

## دو

کاش از دنیا همیشه کمی باقی بود
تا از زنِ در خواب‌هایم بگویم
که با یک پستان
تعادلِ مهربانی را سخت‌تر حفظ می‌کرد
بگویم که حلقه‌ی نامزدی‌اش گم نشده بود

تمامِ حسرت‌ام این بود که نتوانستم
بوی اشکِ بر پیرهن و غمِ در صدا را برایش بنویسم
بنویسم که مادرانِ مست
لباس‌ها را بهتر می‌ساوند

بنویسم هر چند که گل بود مادر ـ ام
عین پروانه دور ـ اش نچرخیدیم
خیال‌اش تخت نبود و روی زمین می‌خوابید

بنویسم دست او با غذاهای جادویی‌اش
توی یک کاسه بود و لوبیا پلوی سحرآمیزی داشت
او آن‌قدر برای پدر شیرین بود
که پهلوی چایش می‌نشست
و حیایش بوی دارچین می‌داد

بنویسم نمی‌دانستم که سیگار
جایگزینِ مناسبی
به جای سینه‌ی مادر نخواهد شد
باید به یاد می‌سپردیم که مرگ
شاید شبیه عادت ماهانه به تعویق نیفتد

باید می‌نوشتم
از عشقِ به او خسته نمی‌شویم
چرا که آفتاب‌گردان‌ها هم هیچ‌گاه
گرمازده نشدند

◈ محمد علی نوری

## یک

سکوت
گاهی مردی‌ست
ایستاده بر میدانِ اصلی شهر
و گاه چوپانی‌ست
تکیده بر درختی خشکیده

حرکت می‌کند
و می‌توانی رد ـ اش را بر شیار سنگ‌فرش‌ها

دنبال کنی
حرف می‌زند
و خوب که دقت کنی
صدای سوت زدن‌اش از حفره‌ی میله‌ها
به گوش می‌رسد

پنجره را می‌بندم
هر چند برای تو این شهر امن باشد
که پله‌هاش
کفش‌ها را بالا ببرند
و پل‌هاش
اتومبیل‌ها را جابه‌جا

من اما در سکوتِ این اتاق
دستی را می‌بینم
که بی‌دلیل پرده‌ها را تکان می‌دهد
و گلدان‌ها را از روی طاقچه
نقشِ بر زمین

بترسید از سکوت‌هایی که می‌توانند
برخیزند
از سکوت‌هایی که می‌توانند
زنجیر پاره کنند

## دو

جغدی نشسته است روی لوستر
بچه شیری روی مبل
اگر این اتاق روزی جنگلی بوده باشد

پنهان شده است
قزل‌آلایِ پشتِ میزِ تلویزیون
و مار ـ ماهیِ بزرگی درون لوله‌ی فاضلاب
اگر این اتاق روزی زیرِ آب بوده باشد

سمندری روی کاشی‌ها می‌لغزد
و می‌توانست
تخت‌خواب‌ام
درست بر دهانه‌ی شکافی عمیق
اگر این اتاق روزی دشتی بوده باشد

می‌ترسم
کشوها را بیرون بکشم
گوشه‌ی فرش را بلند کنم
و پشتِ تابلوها را

کسی چه می‌داند

شاید اولین انسان هم در همین اتاق متولد شده باشد
در همین اتاق عاشق شده باشد
و در همین اتاق
شکست

چراغ را خاموش می‌کنم
پرده را می‌کشم
نمی‌خواهم به این فکر کنم
که اولین انسان
در این اتاق گریسته باشد

◈ سمیرا نیک‌نوروزی

## شتاب سطرها

شال مشکی‌ام را از سر برداشتم
مانتوی قهوه‌ای‌ام را آویزان کردم
به خانه رسیدی و گفتی:
اسبی در خیابان‌های تهران می‌دوید
می‌دانستم
همیشه آن‌که شتاب می‌کند
برای گفتن خداحافظ زود می‌رسد
دستی در خانه نبود
جز چمدان که دست‌هایم را بگیرد
دستی در خانه نبود
جز دستگیره‌ی در
اعتراف می‌کنم
اعتراف می‌کنم
اسب‌ها برای خداحافظی زود می‌رسند

## ما با هواپیماهای روسی سقوط می‌کنیم

ما با هواپیماهای روسی سقوط می‌کنیم
رییس جمهور با پوتین از پله‌های کاخ بالا می‌رود
و قطره‌قطره از خون خزر کم می‌شود

پدر از دریا باز می‌گردد
ما نان و تور خالی می‌خوریم
و ماهی کباب شده روی میز
می‌ماند برای رییس جمهور و میهمانان
تا فردا شام آخر با روزنامه‌ها به خانه‌هایمان برسد
فردا
همین فردا دور ساحل‌مان را سیم‌خاردار می‌کشند
و سربازی ما را نشانه می‌رود
پدر از زمستان می‌ترسد
می‌ترسد دختران‌اش با پوتین برقصند
و نمی‌داند
ما با پوتین  پالتو
سوار بر توپولف یا هر واژه روسی دیگری
سقوط می‌کنیم

# ◈ مازیار نیستانی

## یک

لازاروس!
این‌بار که برمی‌گردی پیشمون
یه کم کالباس بگیر
مرگ حوصله‌ی آدمو سر می‌بره


لازاروس!
تا حالا فیل هوا کردی!
من اما
یه فیل و تو هوا کردم
بعد توی کیسه‌ی مخصوص هواپیما آوردم بالا

هواپیما احمقه
هواپیما مزدوره
مذهب و تقویت می‌کنه هواپیما

وال‌استریت و جابه‌جا می‌کنه هواپیما
آبولا رو پخش می‌کنه هواپیما
هواپیما هواپیما
من تو کیسه‌هات
تو تموم کیسه‌هات بالا آوردم

تو چرا زرد کردی پسر؟
هواپیما استعاره‌ست،
مهمون داراش فکر می‌کنن
همه‌ی مردا مرده‌ی باسن اونان
من اما لازاروس
مرده‌ی چیز دیگه‌ای بودم
دنبال کلمه‌ی حقیقت
انگشت انداختم ته حلق‌ام و
جلق زدم
هواپیما سفیده
هواپیما بوره
هواپیما شوره
هواپیما
هواپیما

اول گریه، گریه می‌کنه که می‌خواد ـ ات
بعد فراموش می‌کنه که گریه، گریه کرده

لازاروس من توی پوست خود ـ ام گیر کردم
توی پوست تابوت خود ـ ام
کون خشک‌ام و همه دیدن
تو بد کردی که شفا یافتی رفیق
تو بد کردی

من قبر ـ ام و گم کردم
قبر هواپیمام و گم کردم
"حالا تو قبرکی بشاشم؟ " رو
گم کردم
" تو قبر کی بخوابم؟" رو
گم کردم

لازاروس یه کم کالباس بگیر
می‌خوام یه فیل هوا کنم

# دو

شلیک کردی
بی‌مقدمه و دقیقن در شقیقه‌اش
اسبی در من درد می‌کشید

وظیفه‌ی من
پریدن از خواب است
معمولن بعد از هر شلیک

تو اما با ظرافت این سطر
و دو بافه‌ی مویت خوابیده بودی
پشت گردن‌ات را می‌توانستم
با آخرین کتابی که خوانده بودم اشتباه بگیرم

به کسی که گوشه‌ی اتاق ایستاده بود
زل زدم
گذاشتم جلو بیاد ـ الفت بگیرد
شعری شود
که این وقت صبح باید نوشت
افسردگی‌ای که این وقت صبح
پشت گردن تو ورق می‌خورد
و دو بافه‌ی مو

درد می‌کشید
معمولن صدای شلیک
طبقه‌ی اجتماعی نمی‌شناسد


به او نگاه می‌کنم
که مبتنی بر احکام زیبایی‌شناسی است
که می‌تواند هر لحظه میدانی را در چشم منفجر کند
و هر بار فرزندهای کشته شده را
زنده به آغوش مادران‌شان بازگرداند
به او نگاه می‌کنم
می‌گذارم جلو بیاد
دو بافه موی تو را کنار بزند و بگوید:
" باید همه چیز تمیز اتفاق بیافتد"

## ◈ فرشته وزیری‌نسب

### یک

و لب‌های شرجی که می‌بوسند
اندام‌های نهانی گرم می‌شوند
و چیزی در مرکز زمین می‌جوشد
عشق باید افسانه لب‌های شرجی باشد
که ما با لب‌های شکاف خورده بیابانی
دل هایی واحه گونه از آن می‌سازیم
لب‌های افسانه‌زده می‌گویند:
عشق مرطوب‌ترین خشکی دنیاست
با جنگل‌های استوایی
خزه بسته تا تاج درختان
عشق، این بی‌ساکن‌ترین جزیره
توفان‌هایی دارد که تن صخره‌ها را می‌شکند
تنگه‌هایی که بر کشتی‌ها دام می‌گسترد
سیرن‌هایی که در گوش آدمی آواز می‌خوانند
و لوره لای را که به وسوسه مو می‌افشاند

و عشق دست‌هایی دارد مرطوب
چشم‌هایی دارد مرطوب
عضوهایی دارد مرطوب
که خدا آن‌ها را نفی می‌کند
که فرشته آن‌ها را نفی می‌کند
که مقدسین آن‌ها را نفی می‌کند
اما این رطوبت کتاب‌ها را پر می‌کند
از اعضا سر می‌رود
در دهان و چشم مردمان می‌ریزد
و در شعر
و در کلمات خواب‌زده
که بیدار می‌شوند
که می‌رقصند
که می‌میرند
از عشق مرطوب
از لب‌های شرجی

## دو

میان شکاف‌های این کاشی‌ها
در رفت‌و آمد ـ ام
و پلک‌ها پوسته پوسته
پایین می‌افتند
یک کمپ پناهندگی آتش
یک کشتی پناهنده ناپدید
در میان این کاشی‌ها،
و در میان اجناس فروشگاه‌ها
کسی به میله‌ها فکر نمی‌کند
کسی به تغییر فکر نمی‌کند
مژه‌هایم بلندتر می‌شوند
پوست‌ام صاف‌تر
از کافه‌ها و سیگارها لبریز می‌شوم
و از عشق‌هایی که در میان ران‌ها شکل می‌گیرند
می‌پرسی "دوست داری بندهای این شعر را در دهان‌ات؟"
و من می‌دانم چه می‌گویی؟
پلک‌هایم افتاده است، می‌دانی؟

در میان این کاشی‌ها چه می‌خواهم؟
در میان عشق‌های مجازی
در میان کشتی‌هایی که از آفریقا می‌آید

یا راه‌هایی که به کینه ختم می‌شود؟
امروز پنج‌شنبه است
و باران مسلسل می‌بارد
و ابرها بر پلک‌هایم سنگینی می‌کنند
و تو عاشق هر کسی هستی
که زیر گام معلقات فرش پهن کند
و من عاشق هر کسی
که شکاف‌های این کاشی‌ها را نبیند
که شکاف‌های بین سلول‌ها را نبیند
که پلک‌های افتاده را نبیند

◈ سابیر هاکا

## یک

تا به‌حال
افتادن شاه توت را دیده‌ای!؟
که چه‌گونه سرخی‌اش را
با خاک قسمت می‌کند؟
[هیچ چیز مثل افتادن درد آور نیست]
من کارگرهای زیادی را دیدم
از ساختمان که می‌افتادند
شاه توت می‌شدند!

## دو

هر انسانی
گاهی برای زنده ماندن
نیازمند این است که دستی را بگیرد
دوست دارم زندگی کنم
با این‌که می‌دانم زندگی هرگز خیال ندارد روی خوش به من نشان بدهد!
چرا که هر بار دستی را گرفتم
دست‌هایم تاول زدند
و هیچ فرقی نداشتند
دست بیل
دست کلنگ
یا دست تو!

# ◈ هنگامه هویدا

## یک

در بندر مارسی
سراغات را از ملاحی گرفتم
زیرِ لب آواز می‌خواند
و به خاطر نمی‌آورد تو با کدام کشتی رفته‌ای
گفت
تا غروب صبر کن!
مرغان دریایی بسیاری را دیده‌ام
آن‌جا می‌نشینند
روی آب
کنار آن دکل زنگ زده
و بعد به یک‌باره پر می‌کشند
انگار که هرگز بازگشتی ندارند
اما غروب نشده
می‌بینی‌شان
دارند بر کف‌های کنار اسکله تک می‌زنند

راست می‌گفت
تو حالا این‌جایی
نشسته روی شانه‌ام...
و از کافه‌س روبه‌رو
صدای دعوا و همهمه می‌آید
انگار آن‌جا هم
پرنده‌های بی‌وطن
که هر آسمانی آسمان اوست
از پرواز خسته است...
تو به من نگاه می‌کنی
و می‌گویی
اما آشیانه‌ی من شانه‌های توست...
از پس دریاهای دور
از میان طوفان و باد
هر جا که باشم به تو باز می‌گردم!

## دو

این‌جا وطن تو نیست
هیچ جایی وطن تو نیست
مثل مسافری
با چمدانی بسته کنار در
آدم‌ها در خودشان غریب‌اند
بیگانگانی در ماه
که وزن خود را گم کرده‌اند
و در خود دست و پا می‌زنند
دست و پا می‌زنند
شاید از خواب بیدار شوند
ببینند
وطن خود را یافته‌اند!

## ◈ بردیا یادگاری

### یک: از شعر بلندِ انقلاب تابستانی

پیر ـ زن جام‌های گمشده را در کیسه‌های پر شده از گل‌سرخِ پسر ـ اش می‌گذارد
درهای مهتابی را چارطاق روی دشتی از کلوچه و فندق می‌گشاید
لیوان آب را به دست شوهر ـ اش می‌دهد
و قرص‌ها را جلوی پرنده‌ها می‌ریزد
نخست‌زادِگانِ نر حیوانات را وقف پرندگان می‌کند
و برای پسران‌اش که یکی‌ست اما هزار است و تنها عطیه‌اش به او سبزینه‌ی
ترخون و آب‌نمای فلزی‌ست نامه می‌نویسد:
پسر سرود مریم و آب تلخ
پسر هزار پاره‌ی سرگردانی در گریز از نگهبان جنگل سدر
بامداد نابینای قرن پرستوهای شیدا،
سهره‌های تلخ، چشم کودکان بیابان‌اند
و اردوگاه اساطیر، روایتی از سرنوشت قالب‌ها
برایم بگو از سردابه‌ها و دالان‌های دهان گشادی که در آن‌ها فرو رفتی
گریزگاهی با دهلیزهای مشتعل و آب‌انباری در چشم انکیدو
پسر ـ ام، قوم سرگردان، آواره‌ی آب و آتش و دریای سرخ

برایم بگو
از احوال جاده‌های سرد
از بلای خون در رودخانه‌های گسسته
از نیم‌کره‌ی دیگر جهان و بلای دمل، تگرگ و تاریکی
تو گریختی از پوست درختان و پادشاهان اساطیری
از خاطرات ضحاک و چشمه‌های بنفش گریختی
از زخم ناسورِ کیفر در شارستان‌های انقلاب و لبه‌های جهان
از تجدد و تهران و دختران دارچینی گریختی
خروج تو به دنیای زیرین و انکار گرمای ریشه‌ها
خروج تو از مرتع شب‌نامه‌نویسان و ببرهای اخته‌ی طبرستان
تو می‌گریختی از پرستشگاه اختران خاکی
به بانک‌داران شگفت‌انگیز و سیاه‌پوستانِ سفیدپوست
و پیش‌گویی دوستان تو از بررسی نوسان یک حلقه‌ی معلق
تراوش زهراب مهاجرت در عود بلسان بود
و بارش نان از شبنمِ بلدرچین
و تراوش آب از پوزه‌ی صخره‌ها
و دست‌های بالا گرفته‌ی موسی در هفتمین روز امانت داد
تو به نوشانوشِ بی‌پایان شراب تنهایی
و شاخ غربت در سرزمین سرخپوستِ مرده
و ساکسیفون‌های داغ و کرم‌های سفید و آزادی فرود آمدی
به آمریکا گریختی و دوستان‌ات، نمک‌سازان، سه‌تار به دستان و خوردندِگان مرهم و قربانی
خطابه‌ی مُعاصی را در بنگاهِ رو به آتش و باد تاب آوردند
به خاطر خانه‌ها
و روزنه‌های عاصی        و رویای مادر ـ ات
حالا از چوب اقاقیا صندوقی بساز و یک میز و چراغ‌دانی از طلا
خیمه‌ای از کتان ریز ـ بافت و نخل‌های کالیفورنیا و قربنگاهی چهار گوش به قاعده‌ی اضلاع یک خانواده
و سینه‌بندی از اوراق زرین که چهارمین رج آن از جزع و یشم است
دست و پایت را در حوض مفرغین بشوی و از معقد گوساله‌ی زرین برای دوستان‌ات که این روزها

سواره نظام عجیبی شده‌اند سخن بگو:
یکی از دوستان قدیمی من که معتقد بود زیبایی بلمران است در شب آرس ایستاده بر کرجی دنبال مسیر رویش بادها و لاویان و وزیدن دریا، به خانه‌ای بی‌خاطره در پیچ جاده‌ای سرد در آمریکای شمالی رسید و حالا روی ایوان آمده تا برایتان از سرخوشی‌هایمان در حاشیه‌ی خزر، طهارت از جذام، رستوران اسب طلایی، طعم علف در جوانی، دره‌ی جفت‌گیری کودکان و کارخانه‌ی آدامس‌سازی و فریب دادن دخترهایی که فریب‌مان می‌دادند بگوید
: ما آدم‌های بیچاره‌ای بودیم
تو زندگی غم‌انگیزی داشتی
غروبِ جمعه یک هفته طول می‌کشید
تهران طول می‌کشید، سیگار می‌کشید، تیر می‌کشید
جوانی‌یمان سوزاندن بخور بر آتش مهتاب بود
غسل دادن مکان‌های آلوده به کمرگاه بی‌عطر
موج‌های غرقه که کفاره‌ی صخره‌های کینه‌جو بودند
و طرد شدن قراولان جزیره سوسن‌ها در عادت ماهانه‌ی دو دختر
هر روز عید شیپورها بود در دکان گوشت‌فروشان و صرافان
و تقسیمِ زیر - جامه‌های پنج دلاور در هیاهوی موتورسواران، پاداش اطاعت بود
زخم‌بند بستر تزریقی‌ها، تاجی از غارهای سیاه
در جوانی ما، شکوفه‌های عسل و شبان‌های ساده‌دل فرو می‌رفتند در استخوان درخت و تکرار اسکلت
و قله‌های در مه، قطار رزمندگانِ عازم جبهه را، بر ریل فرسوده بیمه می‌کرد
و تعقیب کوپن‌فروشان را در دنیای زیرین فراموش می‌کرد

تو خائنی به فراموش کردن بار - انداز و خانه‌های آفتاب‌گیر - اش،
به پشت سر گذاشتن فکِ زندگی در دهانِ عشق
و تربیتِ موج‌ها
تو محکومی به نگاه کردن ماه در شبابِ تنهایی بوستون،
به ترکِ پناهگاه دنبالِ ستونِ هق‌هق،
به فراموش کردنِ مُهرِ زمان در گذرنامه‌ی تشنه‌ات
و محاصره‌ی تهران در دره‌ی معتادان
تو مشغول چیدنِ شقایق از قلب مجروح‌ات بودی

و ما به پنهان کردن کتاب‌ها،
تو خوابِ هند می‌دیدی و ما
بودا تزریق می‌کردیم،
تو نگهبان بچه‌ها بودی و ما
برای گفتن کلمه‌ی آزادی به ساختمان‌های نیمه‌کاره پناه می‌بردیم
پروانه‌ی بزرگی بودی که به ستوه آمده بود اما دستان تو هنوز کویر لوت بود،
تو بالای پله‌ها بودی اما به قتلگاه امیران فکر می‌کردی
نمی‌خواستی اما هر روز، ارگ بم در تو فرو می‌ریخت
و بانگ جرس شیدایت می‌کرد،
خواب‌ات نمی‌برد تا ستم در تهران نمی‌خوابید
و پیراهن سوراخ‌ات به شوری خون در جنگ نفت‌کش‌ها بود
سرگردان و خوش‌حال چون یک ساحل ولگرد
تو عاشق می‌شوی تا فراموش کنی،
دنبال باکره‌ی مدیترانه‌ای از معبد رومیان می‌گذری
جشنی از دست‌های مسطحِ تو شاخه می‌شود
دانه‌ای گُل، نُکِ ناخن‌هایت بیرون می‌زند
و انگشتان‌ات چراغدانی می‌شود از طلا و شهرت نور که با هفت شعله‌ی
عطرآگین چون ابری از آتش، خیمه‌ات را می‌پوشاند

## دو: از شعر بلندِ انقلاب تابستانی

با من چه می‌کنید ای شهادت‌نامه‌ها
من از رطوبتِ انسان در ترک‌های تندخو سخن می‌گویم
از شاخِ معنا که اندامِ حیرت‌اش را پنهان می‌کند
مادر، من به تو دروغ گفتم
عشق افشانه‌ی تنهایی‌ست
و زمان نمی‌میرد جز در خنکای گور
می‌بایست تا زانو در فصلی دیگر فرو رویم،
در قلبِ گورپشته‌ها و دستانِ لرزان زنی در شربت‌خانه‌ها
سامره در محاصره است
سنگِ تهران، نشانه‌ی عهدی‌ست که فرو می‌ریزد
دویست گرم سنگ‌دان کبوتر را به پنج مثقال نقره می‌فروشند
و چهار مرد جذامی با غرش موتورسیکلت‌هایشان به اردوگاه سربازان سوری
یورش می‌برند

با این همه هنوز نه کسی باد را شگفت‌زده می‌کند و نه بیدی از بیابان را
و هنگامی که رگ‌های آبی دستان توبه‌کار با تپه‌های سبز آشنا می‌شود، کودکانی از
نی‌شکر به انهدام یک ماشین
اکتفا می‌کنند
چه‌قدر آوازِ شربت‌فروشان در کوچه‌ی آهکی خوب است
و گاهی تنها تکان دو لب نجات‌ات می‌دهد

خود ـ ام را پسری با موهای بهم ریخته می‌بینم که توی ساحل پشت به دکه‌ها
دست توی جیب‌هایش کرده و چانه‌اش در پیراهن پنهان می‌لرزد
ادامه بده
خشونت ماجرا
آنی شهامت‌مان می‌دهد

گیس سفیدان ایل من
هنگامی که در بازارچه‌های مرزی
مجسمه‌های شرم‌آور می‌فروشند
زبانِ زرد روی دندان‌های مصنوعی می‌کشند

آواز تالار را
غوک‌ها می‌خوانند
دیگر حتی اندوه نیز از آن مرگ نیست
و در شقیقه‌ی من، سپیده دم از تختِ شکنجه
بیدار می‌شود
شب، کودکی‌ست جادو ـ زده، پنهان در موهای من
و یقه‌ی آهاری پیراهن‌ام ارغوانِ آتش است

پیر ـ مردها می‌پرسند: کجا می‌شود عکسی از ما گرفت؟
: آن‌جا که اسب‌ها دوان در خون صخره‌ها شیهه می‌کشند.
پس‌زمینه را عوض کنید
اتاقی که برای آخرین‌بار پیراهن‌ام را کنار دامن‌ات آویختی
پیش از فراموشی سفید
در دروازه ماهی
دروازه دره
و دروازه خاکروبه

پس کجا هستند معاشران بید در این دره‌ی استخوان‌ها
خط سبز افق را می‌بینم و آنتن‌ها را
و صدای مویه درختان را در گیسوانِ سفر می‌شنوم

بوی برگ‌های سوخته را از پشته‌ی مندرس معتادان تشخیص می‌دهم
اما شکاف صخره‌ها را نمی‌بینم
کوچه را می‌بینم که سر ـ اش را به خیابان می‌کوبد
سر رفتن هوشِ مرکب را از عطر پرتقال در ساحلِ شوریده،
می‌دانم که در گلوی مه دست روشنی پنهان است
گرمای گوشت میوه‌ها را می‌توانم بفهمم
حتی از فاضلابِ اساطیری تهران گاهی بوی کندر و سوسن می‌آید
اما باغی که گفته بودی را نمی‌بینم
مرا بیدار کن از این کفاب تدریجی در ساعتِ استخر
من طاقتِ ایوب‌ام در به غم نشستن کابوس به ساعتِ سوگِ غلامان،
و بتاب مشعل خورشید را در انارستانِ کم‌حرف
در دندانِ پوسیده‌ی معتادان
در غروب انتهای خیابان و شوهرانِ تبدار و خمارآلود
و تکه‌تکه کن راز ـ دارانِ کلاله‌ی عشق را

مادر ـ ام کاش
کودکی از پاره‌های تنش نداشت که بمیرد وقتی می‌میرد
چه‌گونه باید تاب بیاورم کسالت بافه‌های رها شده را
چه‌گونه باید تاب بیاورم لگد کردن انگور در تاریکی شب را
نریان آغوش‌ام سوده شد به کافور قیصوری
ای جنبنده‌ی رنجه
سرود ملی شکست
شگفتا که هنوز در غرب تهران
دختری از تپه‌های زاینده
تابوت و پنبه آتش می‌زند

می‌توانی نصفِ آخرتِ برگ‌ها را ببینی نصفی چراغانی خانه‌ی سیاه
ناگزیر است آغاز بهشت در آیینه
از تو می‌گویم با واژه‌هایی آشکار
جهان فانی‌ست، گلو ـ راه زندگی غرق خواهد شد
و از تنگنایی به شکافی خواهی لغزید

زنی که امشب عاشق مرد شد
صبحگاه
وقتی برای خرید با دامن گل‌دار به سوی فروشگاه شهرک ساحلی می‌رفت
دریافت که یائسگی بیماری مردانه‌ای‌ست

◈ معصومه یگانه

# یک

به ناله‌ی تبریز در تلویزیون
و تقارن عزای عمومی
و خصوصی من
به ردای خواهر و موعظه‌ی پدر
به مسیح که هبوط کرده در فیس‌بوک
به غرور چرک کرده‌ی جوانی‌ام

بسته‌اند تمام پنجره‌ها
اما مه گرفته درون خانه را
و ارتفاع آسمان گچی اتاق
با ارتعاش ساق‌هایم متناسب است

به لاشه‌ی سفید بوم توی انباری
روزی که شکست
سرد بود اما برف نمی‌بارید

و آسمان گچی اتاق
زل زده بود به لکه‌های رنگی دامن‌ام

به خشکی درخت پرتقال درون حیاط
و شیوه‌ی تیغ‌های شاخه‌ی انار
که سرکشیده روی دروازه

از تابلوی شکسته گوشه‌ی انباری
از سفیدی درخت‌های بوم
زنی دست می‌کشد به پیشانی‌ام
به خطوط موازی و نرم

و یخ می‌زند ملحفه
بر او که رنگ از سر ـ اش پریده و
فکر می‌کند
به شاخه‌ی لخت انار
که سرکشیده تا کوچه
و برگ‌های یشمی پرتقال...

## دو

از بی‌تابی ملحفه‌ها
بر پشتِ بام
از دلواپسی پرده
پشت پنجره
از حواس جمع دیوار همسایه
سقوط کردیم

تا نفس حبس شده‌ی راه پله
تا کفش‌های پاشنه بلند افسانه
که غش کرده بودند
پشت در
تا گریه‌ی کودکی
که جا مانده بود از زمان
و داشت به عروسک پشت ویترین
به کفش‌های پاشنه بلند ـ اش
نگاه می‌کرد

از دهان باز کیف افسانه
رو به لباس‌های مسلوخ کف اتاق
از قبض و قرص و ماتیک
که گیر کرده بودند در گلوش

صعود کردیم

تا بی‌قراری تخت
تا درماندگی یک مشت
در سیالیت ملحفه
تا موی بلندی
که به یاد نداشت
بر چند دست دخیل شده
تا صدای گریه
و زخم پاهای کودکی
که جا مانده بود از زمان

## ◈ پدرام یگانه‌معافی

### گوودی

اما درون چیز پلشتی‌ست
که درون من است
هم جدا شده جایی آن بیرون
هم، گندیده
لاشه‌ای‌ست این درون
که درون من است
جایی ساییده شده پرت از استکان و لب
و رابطه‌اش با گرمای درون
سرمای درون
سگِ درونِ بال‌دار ـ ام
سگِ درونِ بال‌دارِ عزیز ـ ام
نفس
به جایی بکوب که بزنم بیرون
بروم بیرون
و سراغ آن کسی را که آشناست بگیرم و بپرسم‌اش که آیا می‌شود به درون‌اش

راه ببرم؟
مته‌ای باشم با رعایت اصول مهندسی و بشکافم شکم کوچک‌اش را
بگایم روده‌هایش را
عبور کنم از تحریک مته‌وار و مته‌هایم را در مراسم شمع‌کوبی خاطره - رویا و عاطفه بنامم
من حدس می‌زنم جایی قبل از این ملاقات‌ات کرده‌ام
در اتاق تاریک در هیات یک بازجوی ساواکی
آن‌ها که نقش‌شان را می‌دهند مردان سبیل کلفتِ کراواتی بازی کنند
آن‌ها که در تاریکی شعله‌ی سیگارشان سرخ است و دست‌هایشان سیاه
زن به حرف بیا
زنی باش که ران‌هایش را فشار می‌دهد دورِ گردن‌ام
مجبورم بچرخم
آن وسط که راه نفسم گرفته
در میانه‌ی سکوتِ وهمناک سالنِ خالی آمفی‌تآتری چیزی
چیزی شبیه سکوت آن مکان‌های بسته که می‌شود تووش زمزمه کرد
خواند
تف انداخت
به حرف بیا
بخوان
بخوان به نام پسرهایی موطلائی
بخوان: تو باید مراقب گل‌ات باشی
بگو به آن روزی فکر می‌کنم که در سیاره‌ات تنها هستی
لیوان را از روی پروانه‌ها برمی‌داری
پرشان می‌دهی بیرون
آن‌جا
اشاره کن به درون
ولی بگو آن داخل
کرم‌های آن داخل
انبرهای آن داخل
ولی خاطره می‌آید پایین تا به ناف‌ام برسد
می‌دوم

با شکمی دریده
روده‌هایی در دست
بدونِ سر
یا سری سوراخ که باید از ابتدا سوراخ‌اش را نشان‌ات می‌دادم دکتر
نه دکتر
نرو دکتر تورو خدا
دکتر خاطره آمده پایین
رسیده به پاهایم
این رویاست
این عاطفه است که در چهره‌اش مادیان‌ها سم می‌کوبند
این‌ها مشخصن روی نشئگی تاثیری ندارند
اما درباره‌ی نشئگی:
فقط حاشیه‌ی جدول نشئه‌ام می‌کند
فقط تماشای تو در چارچوب در نشئه‌ام می‌کند
فقط وقتی می‌خندی و لثه‌های صورتی‌ات مجاب‌ام می‌کند
فقط وقتی ایستاده‌ای در برابر ـ ام
یعنی روی صورت‌ام، نشئه‌ام
آن موقع
تنها آن موقع است که می‌توان به «حالتِ عادی نداشتم» قسم خورد
من
لکنتی از قطره‌های باران را روی پوست‌ات پخش می‌کنم
خواب می‌بینم
درون‌ام چه زیباست
رویا
خاطره
عاطفه‌ی عزیز ـ ام
فقط وقتی به نماز ایستاده‌ام فرود بیایید
وارد شوید
و گوشت‌ام را قسمت کنید
اگر این لحظه دهان‌ام پیله‌اش را بدرد
سرود ـ ام را بازخواهم گفت

سرودِ جشنِ شانه‌هایم را
زمزمه می‌کنم
طوری که بیایی
زانو بزنی
بزاقی که از چانه‌ام آویزان است را بلیسی
بیا
بیا بیرون
از این طرف
بیا
بیا بیرون

## یک مرثیه با گریه اگر سنگ با گریه اگر سنگ و چکش

یک مرثیه با گریه اگر سنگ با گریه اگر سنگ و چکش
با گریه اگر سنگ بازهم سنگ با شکست/ دربست تا ارومیه بازهم سنگ
با شکستِ شکستن دربست با گریه در هراتِ احمد موسوی که گریه اگر سنگ
سنگ اگر گریه اگر احمد از هرات راه بی افتد بگویم سنگ‌ها سنگ‌ها سنگ سنگ
سنگ‌ها ها سنگ‌ها سنگ با گریه اگر بی‌افقی روی کوک در کرکوک و کراچی
اگر سنگ با گریه اگر سنگ اگر سنگ با گریه که افق زخم ران‌هایت را بشکافد
که مادر اگر گریه اگر مادر یک سنگ بزاید با سه سرِ تراشیده که گریه اگر سنگ
الف لام میم سنگ با گریه الف اگر سنگ که لام میم میم میم اگر سنگ زانو
اگر سنگ یک توله در اکباتان افسرِ ناله افسرِ جیغ افسرِ نعره‌هام اگر سنگ
هی دیاز: پام
هی اگزاز: پام
هی کلوناز: پام
با گریه اگر غایبی (آقا اجازه کدئین غایب است) پام
ای پام
ای پام
ای پام
ای پام اگر سنگ
سنگ بابلسر سنگ
رامسر سنگ
سنگ سنگر که راننده شیشه‌ها را پایین بکشد: تا توشیبا هفت‌صد تومن
تا خانه هفت‌صد تومن

تا کارخانه هفت‌صد تومن
همین توشیبا اگر سنگ
توشیبا همین گریه‌هاست اگر سنگ
سنگ، سنگِ سوم که دوِ دندانِ جلوییِ به لبه استخر سنگ
سنگ، سنگِ سوم که پیانوییِ روی مهره سومِ گردن سنگ
سنگ علی علی سنگ علی از استکهلم سنگ
یک شکاف روی سنگ های علی علی سنگ
علی علی علی علی علی سنگ
علی علی علی علی علی سنگ
سنگ سنگ سنگ سنگ
سنگ سنگ سنگ سنگ
سنگ سنگ سنگ سنگ
سنگ سنگ سنگ سنگ
با گریه اگر همین سنگ‌ها
بوسه‌ها و مته برقی‌ها مغزم را سوراخ می‌کند
بوسه‌ها و مته برقی‌ها مغزم را سوراخ می‌کند
این‌که با هشت سوراخ هشت زندگی تازه را به درون می‌کشم طبعن یک سنگ پیدا می‌کنم و خدای چهارشنبه‌ها به نگین فیروزه‌ام اضافه می‌شود پس هشت سوراخ تازه هشت پروانه را زیر ناخن‌ام می‌برند پس هشت بار کزاز میان بازوهام رخنه می‌کند که هشت زندگی اگر سنگ
اگر زندگی اگر گریه اگر سنگ
حاشیه سوزندوزی پالان مادیانِ خوشگل‌ام اگر سنگ
که مادیان سم‌های شکسته‌اش در کاسه سرکه ترک بردارد اگر سنگ
با گریه اگر به مرمرها قدم بگذاری همه سنگ
همه تالار سنگ سنگ‌ها و شمعدانی‌ها اگر سنگ
و زانوها اگر همین سنگ‌ها باشند
سنگ اگر گریه در ماهور اگر گریه اگر سنگ
شوشی شوشتری اگر سنگ
یک گاو خونی دو گاو خونی هامونی هامونی اگر سنگ
یک گاو خونی دو گاو خونی اگر لب‌هایی اگر سنگ
یک گاو خونی دو گاو خونی سی و سه گاوخونی سه پل اگر گریه اگر سنگ

چشمی اگر درون عرق ریواس بجوشد کف بهمنشیر لای عرق‌گیر در سرای مشیر اگر گریه گریه‌ها اگر گریه اگر سنگ
سنگ سنگ سنگ‌ها اگر سراها گذرها اگر گریه اگر سنگ اگر سنگ‌ها سنگ‌ها اگر گریه اگر سنگ

www.ingramcontent.com/pod-product-compliance
Lightning Source LLC
Chambersburg PA
CBHW021931110726
47901CB00003B/792
*9781949743340*